Dios, amor que desciende

Colección «EL POZO DE SIQUEM»
235

Karl Rahner

Dios,
amor que desciende

Escritos espirituales

Introducción y edición:
José A. García, SJ

2ª. edición

Editorial SAL TERRAE
Santander – 2009

© 2008 by Editorial Sal Terrae
Polígono de Raos, Parcela 14-I
39600 Maliaño (Cantabria)
Tfno.: 942 369 198 / Fax: 942 369 201
salterrae@salterrae.es / www.salterrae.es

Diseño de cubierta:
María Pérez-Aguilera
mariap.aguilera@gmail.com

Con las debidas licencias
Impreso en España. Printed in Spain
ISBN: 978-84-293-1786-2
Dep. Legal: BI-1887-09

Impresión y encuadernación:
Grafo, S.A. – Basauri (Vizcaya)

ÍNDICE

PRÓLOGO

Hᴀʙʟᴀʀ de Karl Rahner sugiere inmediatamente dos cosas: profundidad de pensamiento y dificultad de lectura. El consenso sobre ambas cosas es muy general.

Sobre la primera, baste decir que K. Rahner es para muchos –siempre con excepciones, claro está– el mayor teólogo católico del siglo XX. En cuanto a la segunda, se ha hecho ya célebre el dicho atribuido a su hermano Hugo, también teólogo y jesuita, de que cuando fuera mayor se dedicaría a traducir las obras de su hermano «al alemán». Sobra decir que Rahner escribió siempre en esa lengua...

Quienes lo conocieron y fueron alumnos suyos dicen que estaba más dotado para el lenguaje hablado que para el escrito. «Casi nadie se libraba de la fascinación que causaba su lenguaje, hecho de búsqueda y tanteo, de argumentación, confesión y testimonio», relata su discípulo y colaborador H. Vorgrimler. Cuando le acusaban de la dificultad de entender sus escritos, se defendía –a veces vehementemente– diciendo: «Quien sólo tiene en cuenta una parte dentro de un estado de cosas complejo, puede hablar claro. Pero su claridad es sólo la de un temible *simplificateur.* Cuando el objeto no permite que su realidad se simplifique, resulta inevitable una cierta complicación del lenguaje».

Con todo y con eso, en 1973 Karl Rahner recibiría el *Premio Sigmund Freud* «como maestro de la palabra literaria, que había hecho posible una forma nueva de escuchar la palabra de la religión».

En esta Antología de textos, agrupados en torno al título *Dios, amor que desciende,* hemos intentado acercar su propuesta espiritual a un público más amplio que el de los expertos en su pensamiento. No es preciso haber leído su obra para entenderlos. Lo que sí podemos asegurar es que merece la pena el esfuerzo añadido por entrar en su propuesta.

* * *

¿Quién fue Karl Rahner? K. Rahner nació en Freiburg im Breisgau, Alemania, el 5 de marzo de 1904 y murió en Innsbruck, Austria, el 30 de marzo de 1984. Acababa de cumplir, por tanto, ochenta años. Un esbozo de autobiografía escrito por él mismo en marzo de 1979 comienza así:

«Yo provengo de una familia católica de la burguesía media. Mi padre fue profesor de Instituto en Pfullendorf, Emmendingen y, durante la mayor parte del tiempo, en Freiburg im Breisgau. Mi madre era una mujer sencilla, pero muy inteligente y piadosa. En mi casa paterna, incluido mi padre, posiblemente de un modo especial por influjo de mi madre, todos eran por supuesto católicos y, si así puede decirse, piadosos, sin que yo tuviera la impresión de que ello implicara algún tipo de búsqueda de apariencia social o de hipocresía. Los siete hijos de la familia cursaron el bachillerato y estudiaron en la universidad: dos fueron médicos; otro hermano, que era cuatro años mayor que yo, fue también jesuita y profesor en Innsbruck, lo mismo que yo».

De estudiante, K. Rahner participó activamente en el movimiento juvenil «Quickborn», de marcado espíritu anti-burgués, donde tuvo ocasión de conocer a Romano Guardini, que dio al movimiento un nuevo impulso. En marzo de 1922, a los 18 años, terminó el bachillerato con nota de sobresaliente, y un mes más tarde ingresó en el noviciado de los jesuitas, donde su hermano Hugo le había precedido 3 años antes.

Terminada la formación, sus superiores pensaron en él como futuro profesor de Filosofía, y hacia esa disciplina enfocó Karl Rahner todos sus esfuerzos. El proyecto, sin embargo, fracasó: su tesis, que sería publicada más tarde con el título *Espíritu en el mundo,* no fue aceptada por su director. Rahner se negó a rehacerla, hecho que motivó su destino a la Facultad Teológica de Innsbruck, en la que sería profesor durante muchos años. Exactamente desde 1937 hasta 1963, si excluimos los 5 años que estuvo cerrada la Facultad por orden del régimen nazi, y otros 3 más que Rahner enseñó en Pullach, cerca de München.

Ese año, 1963, K. Rahner sustituiría a Romano Guardini en la cátedra de «Filosofía de la religión y visión cristiana del mundo», en München. No con mucho éxito, por cierto. «Los oyentes de Guardini –señala H. Vorgrimmler–, deslumbrados por el estilista e intérprete literario, quedaron decepcionados por el estilo duro y trabajoso de Rahner. Por eso, de un modo visible, dejaron de asistir a clase».

Mientras tanto, había terminado ya el Vaticano II, del que Juan XXIII le había nombrado teólogo oficial (*peritus*), tras muchas maniobras para impedir su presencia en el Aula conciliar. Su influencia, al lado de otro puñado de teólogos, fue decisiva en muchos momentos del Concilio.

«Rahner –comenta René Laurentin– no podía suponer siempre de antemano que sus oyentes le valoraran de un modo benevolente. Pero sus afirmaciones se enraizaban siempre de manera muy profunda en la teología clásica. Los miembros más competentes del Santo Oficio reencontraban allí sus argumentos y seguían de manera bastante fácil el camino por el que Rahner les invitaba a seguir. Yo estaba impresionado por los frecuentes golpes de cabeza con que el Padre Gagnebet asentía durante sus intervenciones. Esto constituía una sorpresa. La fuerza y novedad de aquello de lo que hablaba Rahner se arraigaba de manera tan fuerte en toda la tradición que la mayoría de las veces sus intervenciones lograban un amplio asentimiento».

La producción de K. Rahner es inmensa y se extiende prácticamente a todos los campos de la teología. No es momento de hablar de ella, aunque sí de destacar un dato: su entronque en la espiritualidad ignaciana.

En una conversación informal en Salamanca, comentaba Olegario González de Cardedal a este respecto: «No hay duda de que los dos mayores teólogos católicos del siglo XX, de quienes los demás no hemos hecho sino beber, han sido Karl Rahner y Hans Urs von Balthasar. Y lo llamativo es que ambos provienen de los *Ejercicios* de San Ignacio».

En efecto. Si hay algo nuclear en la teología de K. Rahner, algo de lo que parece derivar todo lo demás, es la afirmación de la autocomunicación gratuita de Dios al mundo; una autocomunicación que el hombre puede experimentar y en la que le es dado sentir y conocer el amor y la voluntad concreta de Dios sobre su vida.

Pues bien, eso lo aprendió y vivió Rahner en los *Ejercicios* de San Ignacio, que tantas veces hizo y dio. ¿Qué otra cosa es su teología sino un despliegue a muchas bandas de esta verdad fundamental? ¿Y qué es su método «trascendental» sino el intento de explicar qué es lo que hace posible esta verdad en Dios y en nosotros? Basta leer su obrita *Palabras de Ignacio de Loyola a un jesuita de hoy,* que él mismo calificó como su «testamento espiritual», para verificar la centralidad de tal influencia.

Por lo que respecta al libro de los *Ejercicios,* él mismo escribiría lo siguiente:

«Existe, desde luego, una literatura devota que anda en las manos de todos y de cada uno, pero que es secundaria confrontada con una elevada teología, dado que se limita a repetir de manera simplificada lo que está ya en los manuales de teología. No obstante, existe también una literatura devota que se halla en muy distinta relación con la teología docta..., una literatura devota que va por delante de la reflexión de la teología, que es anterior y más original que ésta, más sabia y experimentada que la sabiduría de las escuelas; una literatura en la que la fe de la Iglesia, la palabra de Dios y la acción del Espíritu Santo –que no cesa de obrar en la Iglesia– se manifiestan con más originalidad que en los tratados de los teólogos...; que es una asimilación creadora, original, de primera mano, de la revelación de Dios en Cristo... con una "ejemplaridad productiva" de sentido histórico. De *esta* literatura devota forma parte el libro de los *Ejercicios*».

* * *

Objetivos de este libro. Esta recopilación de textos no intenta en modo alguno esbozar un resumen del pensamiento teológico de K. Rahner. Su objetivo es otro. Lo que ofrece al lector es, simplemente, una serie de fragmentos de su obra, agrupados en torno a siete ejes fundamentales: 1) *Dios y el mundo;* 2) *La experiencia de Dios;* 3) *Jesucristo;* 4) *La Iglesia;* 5) *María;* 6) *Una espiritualidad cristiana para nuestro tiempo;* y 7) *Ser sacerdote hoy,* tema al que Rahner dedicó tantos esfuerzos.

Evidentemente, este libro no es para leerlo seguido. Por el material que ofrece y por el modo en que está presentado, se adapta más a una lectura sapiencial y meditativa que nutra la esencia de nuestra vida cristiana: el encuentro con Dios y la inmersión en el mundo a la que este encuentro nos remite. Siempre será posible que, tras un rato de lectura, nos preguntemos en actitud callada y orante: ¿en qué me *ilumina* lo que acabo de leer?; ¿qué me *inspira*?; ¿hacia dónde me *llama*?... Si lo logra, este libro, *Dios, amor que desciende,* habrá cumplido con creces su objetivo.

En algunas ocasiones hemos corregido ligeramente la puntuación de las diversas traducciones o dividido los párrafos para hacer más asequible su lectura, sin modificar el texto como tal.

* * *

No quisiera terminar estas líneas de presentación sin agradecer sinceramente a mis amigos Rafa Vázquez y Miyako Namikawa su valiosa ayuda en la confección de este libro. También a las Editoriales donde han sido publicadas en castellano las obras de Rahner de las que hacemos mención, y a sus respectivos traductores. A todos ellos y ellas mi más sincero agradecimiento.

1

DIOS Y EL MUNDO

«Si el punto de partida de la teología de Rahner es el problema de la presencia de Dios en el mundo, la afirmación de la existencia del mundo en Dios es el punto de llegada. Inmanencia y trascendencia de Dios en el mundo crecen en proporción directa, no inversa»

(A. Cordovilla).

1. Dios, el problema de nuestro tiempo

Dios ES LO MÁS IMPORTANTE. Los problemas más importantes son quizá aquellos que los hombres de la actualidad no consideran particularmente importantes. Tomemos, por ejemplo, la pregunta básica de la teología acerca de Dios. La mayoría de los hombres actuales, al menos en el plano más superficial de su conciencia ordinaria, defenderían una de las dos opiniones que siguen: unos dirían que esta pregunta sobre Dios no es importante en modo alguno; otros añadirían que, incluso en el caso y en la medida en que la pregunta por Dios es importante, habría que plantearla de esta forma: ¿por qué y en qué medida Dios es importante *para los hombres*? Yo considero que esta pregunta antropocéntrica por Dios resulta en último término equivocada y opino que esta extraña manera de olvidarse de Dios (es decir, del Dios en sí) constituye quizá la problemática más importante de la actualidad.

No estoy diciendo que los hombres no hablen lo suficiente sobre Dios; tampoco digo que no se impriman suficientes libros de filosofía y teología sobre Dios. Lo que opino es esto: hay muy pocos hombres que piensen que, en último término, no es Dios el que existe para ellos, sino que son ellos los que existen para Dios. Ciertamente, a juicio de las habladurías teológicas normales, yo también pertenezco al grupo de los teólogos «antropocéntricos». *En último término,* eso constituye una absoluta falta de sentido.

Yo quisiera ser un teólogo que dice que *Dios* es lo más importante y que nosotros estamos aquí para amarlo, olvidándonos de nosotros mismos; que estamos aquí para invocarlo, para ser suyos, para saltar desde el ámbito de nuestro ser al abismo de la incomprensibilidad de Dios. Naturalmente, ha de darse por supuesto que la teología debe afirmar que, en último término, aquel que está vinculado a Dios, el que debe olvidarse de sí mismo poniéndose en manos de Dios, es *el hombre.*

Pues bien, en ese sentido, una teología antropocéntrica no resulta suficiente. Esto es así, simplemente, porque Dios no es, por supuesto, ningún tipo de objeto particular *en* nuestro mundo, no es ni siquiera la piedra de cierre o el ángulo más alto de un edificio del mundo. Al contrario, Dios es el Absoluto, el Incondicionado al que nosotros nos hallamos vinculados, mientras sabemos que él no se encuentra vinculado con nosotros de esa misma forma. Dios es aquel a quien debemos rogar, aquel a quien debemos entregarnos con Jesús Crucificado, rindiéndonos a él sin condiciones. Éste es, en realidad, el problema más importante del hombre, y el hecho de que el hombre, en general, no lo sienta así sigue siendo también hoy el problema más importante.

– *Karl Rahner im Gespräch,* vol. 2, 166-167

Dios, fundamento incondicionado, misterio santo. Dios no es «algo» que, junto con otras, cosas pueda ser incluido en un «sistema» homogéneo y conjunto. Decimos «Dios» y pensamos la *totalidad,* pero no como la suma ulterior de los fenómenos que investigamos, sino como la totalidad en su origen y fundamento absolutos; el ser al que no se puede abarcar ni comprender, el inefable que está detrás, delante y por encima de la totalidad a la que pertenecemos nosotros, con nuestro conocimiento experimental. La palabra «Dios» apunta a este primer fundamento, que no es la suma de elementos que sostiene y frente a la cual se encuentra, por eso mismo, creadoramente libre, sin formar con ella una «totalidad superior».

Dios significa el misterio silencioso, absoluto, incondicionado e incomprensible. Dios significa el horizonte infinitamente lejano hacia el que están orientados desde siempre, y de un modo trascendente e inmutable, la comprensión de las realidades parciales, sus relaciones intermedias y su interacción. Este horizonte sigue silencioso en su lejanía cuando todo pensamiento y acción orientados hacia él han sucumbido a la muerte. Dios significa el fundamento incondicionado y condicionante que es precisamente el misterio santo en su eterna inabarcabilidad.

Cuando decimos «Dios», no debemos pensar que todos comprenden esa palabra y que el único problema sea el de saber si realmente existe aquello que todos piensan cuando dicen «Dios». Muchas veces, Fulano de Tal piensa con esta palabra algo que él con razón niega, porque lo pensado no existe en realidad. Imagina, en efecto, una hipótesis de trabajo para explicar un fenómeno particular hasta que la ciencia viene a dar la explicación correcta; o imagina un cuco hasta que los propios niños caen en la cuenta de que no pasa nada si se comen las golosinas.

El verdadero Dios es el misterio absoluto, santo, al que sólo cabe referirse, en adoración callada, como al fundamento silenciosamente abismal que lo fundamenta todo: el mundo y nuestro conocimiento de la realidad. Dios es aquel más allá del cual, en principio, no se puede llegar, porque, aun en el caso de haber descubierto una «fórmula universal» –con la que, de hecho, ya no habría nada más que explicar–, no se habría llegado con toda seguridad más allá de nosotros mismos; la propia fórmula universal quedaría flotando en la infinitud del misterio precisamente en cuanto comprendida.

– La gracia como libertad, 20-21

2. Dios se da a sí mismo en la creación

DIOS QUIERE COMUNICARSE. El obrar de Dios a lo largo de la historia no es un monólogo que Dios realice para sí mismo, sino un largo y dramático diálogo entre Él y la criatura. En él concede Dios al hombre la posibilidad de dar una respuesta auténtica a su palabra. Y con ello hace depender realmente su propia palabra ulterior de la respuesta libre del hombre. La historia no es un espectáculo que Dios se represente a sí mismo y en el que las criaturas serían lo representado. La criatura es, por el contrario, auténtico actor en este drama humano-divino de la historia. Por eso, esta historia tiene una seriedad absoluta e implica una decisión total que no se puede relativizar por lo que toca a la criatura, diciendo –lo que es falso y verdadero a la vez– que todo brota de la voluntad de Dios y que nada puede contradecirle.

Dios no está solo frente al mundo y la historia como la «causa primera», efectivamente independiente del mundo. En el éxtasis de su amor él se ha introducido dentro del mundo, llegando a ser la entelequia más profunda, y ha enderezado toda la realidad y la historia del cosmos al momento donde Dios estará «cara a cara» y, en la eterna beatitud, constituirá la plenitud radical e inmediata de nuestra existencia.

– Schriften zur Theologie, IX, 213

Él (Dios) es el amor libre, quiere *comunicarse* «hacia fuera», a lo no divino Y porque quiere *comunicarse* de esta manera, Él ha creado el mundo como destinatario de la donación de sí mismo Así, la *autocomunicación* de Dios, aun siendo la meta que todo lo configura, sin embargo no se convierte en derecho de la criatura finita, sino que permanece siempre libre gracia del amor divino. Dios crea «lo exterior» para comunicar «el interior» de su amor.

– Sacramentum Mundi, II, 550-551

DIOS SALE DE SÍ, Y EL MUNDO ES ASUMIDO EN SU PROPIA VIDA. La realidad de Dios es eterna, espiritual y personal, existente por sí misma, infinita y necesaria. La realidad del mundo es auténtica, pero dependiente de Dios, procedente de Él por creación, desarrollándose en el tiempo, con orientación hacia una perfección final y, por tanto, encuadrada en un proceso histórico.

La relación entre estas dos realidades tan distintas, no es simplemente, en un sentido específicamente cristiano, la relación de criatura a creador, sino una relación que está determinada por el hecho de que Dios crea al mundo no sólo como algo distinto de Él, sino como aquello a lo que libremente quiere comunicarse y se comunica, en su propia realidad absoluta... de modo que Dios mismo sale de sí, y el mundo es asumido en la propia vida de Dios, en un proceso que sólo acabará con la consumación de los tiempos. [...]

Esta participación, que asume el mundo exteriorizándose en amor, tiene diverso resultado en la esfera de lo creado, según cuáles sean las posibilidades de los individuos que componen esa esfera. Alcanza su auténtica meta específica en la criatura personal y espiritual, la cual, gracias a la ilimitada capacidad natural de apertura en el conocimiento y en el amor, constitutiva de su ser como existente, está dispuesta para recibir inmediatamente la participación de Dios, en su sentido auténtico, cuando Dios se da en la liberalidad de su gracia.

En esta historia de la autocomunicación, la humanidad entera se sitúa ante Dios en actitud de interpelada... Cuando se da la comunicación de Dios a la persona humana espiritual y corpórea, es obra de la libertad del hombre el aceptarla. Pero, de nuevo, es Dios mismo quien lleva a cabo esta obra por medio de la ayuda eficaz de su gracia, y así la historia del hombre que recibe a Dios sigue siendo la historia gloriosa de la gracia divina, pues también aquí es Dios quien crea en el hombre la condición para que éste pueda participar de Él. [...]

Esta comunicación de Dios se dirige a toda criatura espiritual. Su fundamento propio, su punto culminante único, su captabilidad histórico-salvífica y su término irrevocablemente definitivo se encuentran en el hecho de que Dios mismo se hace presente al mundo en la encarnación de su Verbo.

Esta encarnación se presenta como el fin supremo de toda autocomunicación de Dios al mundo, fin al que, de hecho, está subordinado todo lo demás como condición y consecuencia, en tal forma que, si consideramos desde el punto de vista de Dios la totalidad de su auto-participación en el ámbito de los seres espirituales-personales, la encarnación es un medio, mientras que, considerada desde el punto de vista de las realidades creadas, es la cumbre y meta de la creación.

– María, madre del Señor, 9-12

AMOR QUE DESCIENDE, *HOMO CAPAX DEI.* Es teológicamente hermoso y cierto lo que afirmamos del retorno de las criaturas a Dios. Pero si eso es la verdad completa, deberíamos decir que Dios no sólo ha creado el mundo, sino que ha descendido personalmente y para siempre al mundo con su Palabra eterna, aunque es el Dios de la luz inaccesible... Porque Dios, en su *descenso* personal, con su realidad propia y como *ágape,* se ha perdido en su creación para nunca ya retirarse de ella, por eso podemos encontrarle de hecho. Piensen siempre que la *inme-*

diatez de la visión beatífica probablemente –para decirlo con toda cautela– sólo es posible en la encarnación y a través de la encarnación del Logos, pues de otro modo no se comprende cómo la *inmediatez* de la visión respecto del medio, si es que tenía que darse, no acabaría por consumir también a la criatura capaz de conocer.

¿No desaparecemos necesariamente a medida que nos acercamos a Dios? Si no es así, ¿por qué podemos, nosotros criaturas, establecernos, por así decirlo, en la luz absoluta, infinita, inabarcable y consumidora de Dios? ¿Cómo es que la criatura, radicalmente finita, es *capax infiniti,* capaz de lo incomprensible como tal? Capaz del misterio infinito del Dios incomprensible, ciertamente, mas ¿cómo es posible experimentar y vivir esa incomprensibilidad y de esta forma inmediata? En definitiva, eso es posible al menos porque Dios mismo, sin dejar de ser Dios, puede darse al mundo; con otras palabras, porque la encarnación del Logos eterno, la mundanización de Dios, la salida de sí mismo como *Ágape,* constituye la verdad, realidad y posibilidad fundamental de Dios.

Pero esto significa que ese amor afecta tan directamente a Dios que Dios, en su propia vida y señorío, se convierte en el contenido de nuestra vida de criaturas, y que tal amor sólo es posible porque Dios desciende personalmente al mundo. El resultado es que el amor ascendente que nosotros tenemos a Dios es siempre complemento de la bajada de Dios al mundo. [...]

Ese amor de Dios es el amor que desciende, que se comunica al mundo, el amor que de algún modo se pierde en el mundo, el que opera la encarnación del Logos, que significa la permanencia del Logos eterno en su condición de criatura y que, por ende, significa también la divinización del mundo y de la Iglesia. Mas quien complementa con su amor personal este amor divino que baja a nosotros en el mundo y lo acepta, debe por la misma razón servir, debe intentar realizar su amor en esa objetivación del mundo. Este servicio no es una prueba externa de algo esencialmente independiente de la misma prueba; ese amor es un servicio con Dios, que desciende a lo exterior, a lo perdido y pecaminoso de este mundo. En consecuencia, ese «amor» no es *eros*, sino *ágape* en el sentido típico del Nuevo Testamento.

– El sacerdocio cristiano en su realización existencial, 269-271

EL AMOR DE DIOS ES CREADOR. *Cuando Dios ama, su amor es verdaderamente creador; es un amor que pone realmente en cada uno las notas singulares que hacen de él un ser amado de manera única.* Expliquémonos. Si Dios ama según el amor sobrenatural que consiste en hacer una entrega absoluta de sí mismo y de su propia vida íntima, es éste un acto de Dios que, por más que se exprese en términos generales, si se quiere de él una inteligencia exacta, hay que comprenderlo como concreto e individual en grado sumo. Efectivamente, cuanto más personal es un amor, tanto mayor es la medida en que constituye un compromiso y un don de la persona, y en tanto mayor grado también se hace singular, único, insustituible.

Y esto se entiende, naturalmente, en el sentido más radical cuando el ser que ama es Dios, y cuando este amor divino, don sobrenatural que Dios hace de sí mismo, alcanza la medida absoluta, por encima de todas las supervaloraciones posibles. Entonces el amor no podría ser más que singular, único en cada caso. Es decir, que Dios puede, en tal amor, realizar algo muy distinto de la benevolencia que por lo general tiene el Creador para con sus criaturas, el Señor soberano para con sus súbditos en la «equidad» y la «justicia». Sí, se trata de algo muy distinto. Dios ha de amar a cada uno con un amor único, con un amor cuya singularidad es fundamentalmente original y no podría incluirse en el orden puramente creacional. Por lo tanto, no es extraño que este amor sea representado y expresado por el amor que, en nuestra experiencia humana, es más personal y más insustituible: el amor del noviazgo y del matrimonio.

Pero si este amor de Dios por cada hombre en particular es un amor de esta clase, con una singularidad que no pertenece sino a Dios; si Dios hace la entrega gratuita de sí mismo no de un modo global, como si se tratase de una realidad igual para cada uno, accesible y dada a cada uno en la misma medida; si, por el contrario, el acto por el cual Dios se da a sí mismo en herencia a cada hombre singular es la maravilla que toma cada vez vías nuevas e imprevisibles y que tiene un carácter siempre y constantemente único, el de un amor sobre-personal, de una esencia radical y única que es propia de Dios..., entonces el que es objeto de tal amor es, por el mero hecho de este amor, con toda verdad, un ser absolutamente único.

Es, pues, muy cierto que Dios ha llamado a cada uno por su nombre.

— *Misión y Gracia,* 146-147

¿Qué hace posible encontrar a Dios en todas las cosas? Que él precisamente, en cuanto gloria y vitalidad que jamás se confunden con el mundo, se ha dado a ese mismo mundo. Este buscar y hallar a Dios en todas las cosas no es una verdad filosófica ni el espiritualismo de un espíritu que simplemente experimenta su trascendencia en la necesaria intervención sobre lo finito y objetivo. [...]

El cristiano que consuma esa bajada de Dios al mundo, ese amor de Dios a este mundo, amor en el que Dios ha aceptado de un modo eficaz y definitivo al mundo para toda la eternidad como su realidad más peculiar, como manifestación de sí mismo, el cristiano puede con ese amor, pese a toda la indiferencia, pese a todas las distancias y pese a toda muerte de cruz en Cristo, amar al mundo con un sentido tan verdadero y radical como no le es posible al hombre hacerlo de otro modo y ni siquiera imaginarlo. Nadie puede volverse al mundo con un amor tan radical como aquel que lo hace en ese descenso de Dios, como aquel que en Jesucristo ha aceptado para siempre jamás la carne de la humanidad y del mundo, cada cosa naturalmente en su orden y categoría.

Tal como lo describe Ignacio, este amor sale en misión de servicio al mundo, al tajo, según se pide en los *Ejercicios,* preguntándose siempre *qué debo hacer,* puesto que estamos llamados a sufrir fatigas con Cristo. Ese amor mira desde sí, no se olvida de sí mismo; no es una especie de estado de una sublime introversión espiritual, en la que se está consigo mismo; sino que se está consigo mismo en cuanto que, sirviendo, trabajando, esforzándose y consumiéndose en favor de los otros, uno se olvida de sí.

Porque ese amor no se busca a sí mismo, sino a Dios y su mundo, en el que Dios se ha perdido con su entrega amorosa, por eso siempre se puede dejar mover por Dios. Porque no se busca a sí mismo, porque no es un amor que se erige en norma y medida de toda la realidad y porque se olvida de sí, por eso es capaz de permitir que Dios sea siempre mayor que todo lo demás y también, desde luego, mayor que él mismo. Por eso puede ser siempre adoración, alabanza y fuerza instrumental al servicio de la redención del mundo. Por eso sabe este amor que aquí nos acercamos más al ensanchamiento de la distancia y que ello constituye el secreto paradójico de nuestra relación con Dios; que humildad y amor, distanciamiento y proximidad, disponibilidad incondicional en manos de Dios y propia realidad crecen en la misma proporción y no en proporción inversa.

– Ibid., 272-273

3. Una teología del hombre y del mundo

EL HOMBRE, GÉNESIS NUEVA, NO MERA MODIFICACIÓN DE LO YA EXISTENTE. El hombre es un ser que se diferencia, en sentido estrictamente metafísico, de todo lo infrahumano. En el ámbito de las cosas infrahumanas puede ser difícil señalar dónde corre entre ellas la frontera metafísica real entre sus esencias, pero el hombre sabe (porque es espíritu, persona, auto-conciencia, trascendencia en el conocimiento y en la libertad, que por encima de lo concreto de su mundo ambiente se distiende hacia lo Ilimitado, que conoce «desde dentro») que entre él y todo lo que se halla bajo y junto a él existe una frontera radical y «esencial».

El hombre no es una simple combinación y variación de lo que existe también en otras partes del mundo material. Lo que el hombre es no puede entenderse como modificación de otras realidades. El hombre tiene una *esencia* realmente diferente de todo lo demás y que, en cuanto una e íntegra, es irreducible a otra. Tiene, por tanto, que ser génesis nueva puesta por Dios. Todo lo que de lo ya existente en el mundo (viviente o no viviente) pueda quedar incluido en este neo-comienzo originario, y cualquiera que sea el modo en que el hombre pueda, dentro de la dimensión una de lo vivo, tener una conexión realmente genética con el mundo animal, todo eso no cambia nada de lo decisivo; el hombre uno y total, en cuanto totalidad, es resultado de una intervención originante de Dios y no *simple* producto de las fuerzas intramundanas que habrían engendrado al hombre en virtud de las permanentes posibilidades en ellas entrañadas.

– *Escritos de Teología,* I, 318-319

CUANDO DIOS QUIERE SER NO-DIOS, SURGE EL HOMBRE. La abreviatura, la cifra de Dios, es el hombre, es decir, el Hijo del Hombre, y los hombres, que son, en definitiva, porque el Hijo del Hombre había de existir. Cuando Dios quiere ser no-dios, surge el hombre, precisamente el hombre y ninguna otra cosa, podríamos decir. Con ello el hombre no ha sido interpretado, claro está, desde lo superficial y cotidiano, sino que viene a ser introducido en el misterio siempre incomprensible.

Pues bien, este misterio es el hombre. Y si el mismo Dios es hombre y así permanece para siempre, si *toda teología sigue siendo para siempre antropología,* si al hombre le está prohibido rebajarse cuando piensa de sí mismo, porque en ese caso rebajaría a Dios, y si este Dios sigue siendo un misterio irresoluble, entonces el hombre es para siempre el misterio manifestado de Dios; entonces el hombre participa eternamente del misterio de su fundamento, que incluso allí donde va pasando todo lo que es pasajero debe ser acogido como misterio insondable en el amor bienaventurado.

Por eso, si nosotros no podemos atrevernos a opinar de otra manera, entonces no podemos contemplar la auto-expresión de Dios saliendo de sí mismo que es el hombre, como si ella y nosotros mismos pudiéramos acabar cayendo en el aburrimiento... Por eso, si nosotros no podemos atrevernos a pensar de otra manera, no podemos ir más allá del hombre, no ser contemplándole en la misma hondura de la bienaventurada tiniebla de Dios, para empezar a comprender entonces rectamente, de esa forma, que esta finitud del hombre es la misma finitud de la infinita Palabra de Dios. *La cristología es fin y principio de la antropología, y esta antropología, en su realización más radical, es decir, como cristología, es eternamente teología.*

– Ibid., IV, 150-151

LA PROFESIÓN DE FE EN DIOS EXPRESA ALGO DEL HOMBRE. Existe en realidad una teología del hombre, una predicación y una teología que ensalzan y alaban a Dios en cuanto que dicen algo del hombre. Intentemos explicarlo. En primer lugar, Dios es todo en todas las cosas. No hay nada que pueda parangonarse con Él cuando se trata de proclamar la fe o de hacer teología. En rigor, en la santa casa de Dios no se puede alabar o mencionar nada más que al Dios eterno y a Él solo. Ante Él, todo lo restante se hunde en el abismo de su total insignificancia. Para la teología y la fe no existe algo así como un Dios, y junto a Él todo lo imaginable, sino que existe sólo el Dios único, incomprensible, tres veces santo, digno de adoración. Y cuando el corazón, por el pensamiento y por la fe, se eleva hacia Él, todo lo restante debe callar y permanecer en un silencio absoluto; el hombre entonces no puede hacer otra cosa que adorar y alabar a Dios. La vida de la fe y el esfuerzo de la teología deben crecer hasta llegar a esa única vida cuyo contenido es la *visión* amorosa de Dios cara a cara, el premio eterno de su gracia incomparable.

Pero, a pesar de todo, existe una teología del hombre en cuanto tal, una profesión de fe que expresa algo del hombre mismo, no paralelamente a la profesión de fe del único Dios eterno, sino incluida en esa misma profesión de fe; porque Dios mismo, en su vida trinitaria, en su gloria insondable, en su vida eterna, nos ha asumido en su misma vida personal... Nos ha hecho salir de la nada para que existamos verdaderamente, nos ha dado la libertad para que podamos ser ante Él, con toda realidad y verdad, sus interlocutores y amigos. [...]

Si eso es así, si pertenece al misterio de nuestro Dios el ser no sólo el Dios de los filósofos, sino el Dios de Abraham, de Isaac y de Jacob y, todavía más, el Padre de nuestro Señor Jesucristo que se ha hecho hombre y hermano nuestro, entonces nosotros, cristianos, no podemos confesar al Dios eterno sin alabarlo como quien se ha dado de tal manera a nosotros que, con toda verdad, podemos decir que es también hombre y que «está sentado a la diestra del Dios eterno»; reconociendo con toda verdad que no se puede hacer teología sin hacer al mismo tiempo antropología; que *no* se puede decir quién es Dios verdadera y realmente, como alguien concreto y viviente, sin afirmar que su palabra eterna, esa palabra por la que Él se expresa a sí mismo, es hombre por toda la eternidad.

Hoy día, después de Jesucristo, no se puede decir nada verdadero, auténtico y concreto acerca de Dios sin reconocerlo como el Emmanuel, el Dios con nosotros, el Dios de nuestra carne, el Dios de nuestra naturaleza humana, el Dios en los sacramentos, signos humanos, el Dios de nuestros altares, el Dios, en fin, que ha nacido de María virgen y que, como hombre entre nosotros, es hombre y Dios en una sola persona.

Y porque éste es el Dios verdadero, real y viviente, por eso se explica que aparezca en el punto central de nuestra fe y de la teología acerca de Dios el rostro de un hombre; y ésta es la razón por la que la auténtica teología, real y necesariamente, y no sólo de una manera accesoria, sino en su plenitud más íntima, es la teología de la exaltación del hombre, logrando en esa misma exaltación la alabanza única de Dios. [...]

– *María, madre del Señor,* 26-28

– *EL HOMBRE DEBE* PODER *RECIBIR EL AMOR DE DIOS, A DIOS MISMO.* Dios quiere comunicarse a sí mismo, prodigar su amor, que es él mismo. Esto es lo primero y lo último en sus planes reales y, por ello, en su mundo real. Todo lo demás existe para que pueda existir esto, que es lo único: el milagro eterno del amor infinito. Dios crea así a un ser al que pueda amar de esta manera: el hombre. Lo crea de modo que el hombre pueda dar cabida a este amor que es Dios mismo; que lo pueda y lo tenga que recibir a un tiempo como lo que es: el milagro eternamente asombroso, el regalo inesperado, indebido...

1. El hombre debe *poder* recibir este amor, que es Dios mismo. Tiene que poseer una congeniabilidad para tal amor. Es necesario que pueda recibirlo –la gracia, la visión de Dios– como quien posee ámbito y amplitud, intelección y tendencia hacia y para él. Tiene, pues, que tener «potencia» real para este amor. Y tenerla *siempre*. Pues este amor le habla y le invita siempre. El hombre, tal como es de hecho, está creado para él. Ha sido pensado y llamado a la existencia para que este amor pueda entregarse. Según esto, tal «potencia» es lo más íntimo y lo más auténtico suyo, el centro y la razón radical de lo que él es. Tiene que tenerla siempre. Pues aun el condenado, que se ha apartado de este amor para toda la eternidad y se ha hecho a sí mismo incapaz de recibirlo, tiene que poder sentir realmente es-

te amor –que por haberlo despreciado le quema ahora como fuego– como aquello a lo que en el fondo de su ser está ordenado. Tiene, pues, que seguir siendo siempre el mismo que fue creado: la ardiente aspiración hacia Dios mismo en la inmediatez de su propia vida trinitaria. Esta capacidad para el Dios del amor personal, que se entrega a sí mismo, es el existencial central y permanente del hombre en su realidad concreta.

2. El hombre real, como interlocutor real de Dios, debe poder recibir este amor como lo que necesariamente es: un don libre. Ello significa que hay que caracterizar de indebido, de «sobrenatural», el mismo existencial central, permanente, de la ordenación al Dios trinitario de la gracia y de la vida eterna. No porque el hombre posea –«evidentemente»– una naturaleza fijamente delimitada, y en este sentido, comparada con ella –en cuanto magnitud fija y conocida desde siempre–, la gracia –en último término, Dios mismo– aparezca como improporcionada, con lo cual habría que llamarla sobrenatural. Sino porque la tendencia y ordenación al amor de Dios, el existencial sobrenatural, sólo salva el carácter indebido de la gracia siendo él mismo indebido, y en el momento en que, lleno de gracia, se hace consciente, presentándose como sobrenatural, es decir, como indebido al hombre real.

El hombre debe conocerse a sí mismo no sólo como quien ha sido creado libremente por Dios, sino que, por existir y a pesar de existir, debe realizar el amor divino como regalo y milagro inesperado. Pero si él fuese en cierto modo tan sólo este existencial, si tal existencial fuese –sólo ahora y desde aquí surge la palabra *teológica* «naturaleza»– sencillamente su naturaleza, es decir, si este existencial no fuese separable, en alguna manera, de algo que también el hombre es y que puede entender como realidad suya, entonces ciertamente tendría siempre la posibilidad, por ser libre, de obrar contra esta naturaleza suya, hasta de odiar el amor. Pero no podría recibirlo como amor donado, indebido a él, interlocutor realmente existente de Dios. Si el hombre no fuera más que este existencial, y si tal existencial fuera simplemente la naturaleza del hombre, sería también esencialmente incondicionado. Es decir, siempre que se diera, y por el hecho de darse, «sería necesario» que Dios ofreciese su amor: que se ofreciese a sí mismo.

3. Así pues, el hombre, al recibir este amor –en el Espíritu Santo y en la palabra del Evangelio–, sabe que el existencial para el amor no le es debido a él, hombre real. *A partir de este saber* distingue claramente, dentro de lo que él siempre es –su «esencia» concreta, inevitable–, por un lado la capacidad real, indebida, para recibir la gracia, el existencial sobrenatural, y por otro lo que queda como resto al sustraer este centro íntimo de lo que encuentra en su esencia concreta, en su naturaleza.

«Naturaleza», en sentido teológico –en contraposición a naturaleza como consistencia, sustancial, que aparece siempre, de hecho, en el ser–, es decir, como contra-concepto de lo sobrenatural, es, pues, conceptualmente, un resto. Y esto quiere decir que es necesario, según lo dicho, postular en el hombre una realidad que queda al sustraer el existencial-sobrenatural como indebido, y que esta realidad ha de tener un sentido y una posibilidad de existencia, aun prescindiendo de la realidad del existencial sobrenatural. En otro caso, aquella realidad exigiría necesariamente tal existencial, que como momento de la creación en general sólo sería indebido al hombre puramente posible.

Con todo, la naturaleza «pura» no es algo claramente delimitable, definible; no puede trazarse, para decirlo con Philip Dessauer, una horizontal limpia entre esta naturaleza y lo sobrenatural (el existencial y la gracia). Y es que jamás tenemos esta naturaleza para postulada por sí sola, para poder decir *exactamente* qué es lo que en nuestra experiencia existencial se debe a ella y qué a lo sobrenatural. La vivencia del anhelo concreto de verdad eterna y amor puro, infinito, de la necesidad inevitable de una decisión libre ante Dios, del parto doloroso, la concupiscencia, la fatiga en el trabajo, la muerte –es decir, la vivencia de la esencia real del hombre en su realización–, es una experiencia humana que está irremisiblemente –sépase o no se sepa– bajo el influjo del existencial sobrenatural, aunque no siempre de la gracia.

No se puede, pues, determinar con rigor cómo reaccionaría y qué sería exactamente su naturaleza por sí sola. No decimos con esto que, a base de la experiencia y, sobre todo, de la revelación, no pueda determinarse, en cierto aspecto, con un método trascendental el contenido de esa naturaleza humana. En este sentido, el *animal rationale* puede ser todavía una descripción acertada. El filósofo posee, naturalmente, desde sí mismo, una noción justificada de la naturaleza humana: la realidad insuprimible del ser humano, determinada en su consistir por la experiencia humana, independientemente de la revelación del Verbo. Este concepto puede, además, equivaler al concepto teológico de naturaleza humana, en cuanto que, sin la revelación, no se advierte la mayor parte de lo que trasciende esta «naturaleza» teológica, y en todo caso, sin la ayuda interpretativa de la revelación, no puede conocerlo *como* sobrenatural.

Pero no es necesario, en principio, que los contenidos de la noción filosófica de hombre y el concepto teológico de «naturaleza pura» sean sencillamente equivalentes. El concepto filosófico puede, de hecho, tener un contenido mayor –es decir, ya sobrenatural, aunque no como tal–. Así pues, si se intenta definir con rigor cuál es el contenido preciso del concepto de naturaleza pura y expresamente, por lo que se refiere a Dios y a su ley moral, surgirán de nuevo las dificultades, la imposibilidad de que poseamos una horizontal limpia, como lo muestra con claridad más que suficiente la historia de la teología. Y es que tales dificultades radican en la naturaleza misma de la cuestión: el hombre puede tener experiencia de sí mismo únicamente en el ámbito de la voluntad amorosa sobrenatural de Dios; nunca podrá mostrar químicamente pura, separada de su existencia sobrenatural, la naturaleza que busca. En este sentido, la naturaleza es siempre, conceptualmente, un resto. Pero tal concepto es necesario y se basa en la realidad, si queremos concebir el carácter indebido de la gracia, a pesar de la ordenación interior, incondicionada, del hombre hacia ella. Porque la misma ordenación incondicionada tiene entonces que ser concebida como indebida y sobrenatural. La esencia humana de la experiencia concreta se divide en el existencial sobrenatural en cuanto tal y en el «resto» de la naturaleza pura.

4. Según esta perspectiva, no se pueden evitar las cavilaciones de la teología especulativa sobre la relación entre lo sobrenatural –incluido el existencial sobrenatural– y la naturaleza en sí. Séanos permitido acudir tranquilamente al concepto de *potentia oboedientialis,* que De Lubac no acepta. Es necesario que la naturaleza espiritual posea una apertura hacia ese existencial sobrenatural, sin que por ello lo exija incondicionalmente por sí misma.

– Escritos de Teología, I, 341-347

– *EN COMUNIDAD SOLIDARIA.* A esto se añade una segunda reflexión: nosotros los hombres dependemos unos de otros, no sólo en nuestra vida cotidiana, no sólo por el hecho de tener padres y porque en el terreno de lo biológico, de la comunidad de vida cívica externa, del arte y de la ciencia, estemos siempre religados a la sociedad. El motivo de nuestra dependencia no se reduce simplemente a esos campos. No; también para nuestra salvación dependemos de los demás hombres. Esto es evidente y, con todo, difícil de comprender. [...]

Cada uno tiene su propia libertad intransferible, de la que no puede escapar ni puede cargar sobre otro. Pero esta libertad no es una libertad aislada, ni siquiera en el instante en que decide el destino eterno del hombre, en que fundamenta la existencia definitiva del hombre. Porque el Hijo eterno, la palabra eterna de Dios Padre, se ha hecho carne de la Virgen María. En nuestra familia y de nuestra raza, que se extiende desde Adán, el primer hombre, hasta el último, se ha hecho carne la palabra del Padre. Por naturaleza y por gracia existe, pues, una comunidad que se traduce en la solidaridad en el pecado y en la culpa, en la comunidad de la misericordia de Dios y de su gracia, en la unidad de origen y de fin. Culpa y gracia, origen y meta, son criaturas de Dios. Esta comunidad de los hombres se vale también en el terreno de la salvación del hombre ante Dios. Ante Dios, la comunidad de los hombres es una comunidad de salvación y de condenación, una comunidad solidaria que como totalidad, y no meramente desperdigada en sus individuos, representa el gran drama de la historia ante la mirada de Dios; ese drama en el que se manifiesta la idea de Dios acerca del hombre...: «Hagamos al hombre a nuestra imagen y semejanza».

Precisamente por el hecho de que estamos religados los unos a los otros no sólo en lo cotidiano de la vida, de la política y de la historia profana, sino también en la historia de la salvación, existe un orden salvífico en el que todos dependen de todos, y ninguno es insignificante para los demás; un orden en el que todos deben soportar solidariamente el peso de la culpa y el beneficio de la gracia. Lo que cada uno sufre, ora, llora, sus cargas y sus alegrías...: todo es importante para los otros, para la incalculable multitud que avanza a través de esta única historia de significado decisivo...

Puesto que Dios ha querido que, en la historia de la salvación, los hombres dependan los unos de los otros, debemos –al proclamar la fe y exponer la teología, cosas ambas que explican el obrar de Dios en nosotros– hablar de nuevo acerca del hombre. Y esto, simplemente, porque Dios ha querido que la salvación que Él opera en nosotros sea llevada a cabo por mediación de los hombres.

– *María, madre del Señor,* 30-33

– *SALVACIÓN DEL HOMBRE ENTERO, NO DE SU «ALMA»*. El hombre es uno; ciertamente consta de cuerpo y alma, pero no está compuesto de tal manera que esta acoplación sea simplemente algo posterior y accidental, casual, para las partes de que consta. Desde el comienzo, en el proyecto creador de Dios el hombre es ya uno en la realidad de su humanidad única y de su definitivo destino. Por tanto, no se ha consumado totalmente más que cuando ha alcanzado en la totalidad de su ser espiritual y corporal su completo acabamiento. No se puede, en un último análisis, separar en el hombre un alma que encuentre su perfección junto a Dios y un cuerpo que se deja en cualquier parte o que no será finalmente admitido más que secundariamente en la felicidad ya consumada del alma. No; el hombre uno, como tal, sólo está real y perfectamente consumado cuando es consumado en su totalidad concreta y corporal de su situación humana.

Por eso ha hablado siempre la Iglesia, ya en su magisterio primitivo, de la «resurrección de la carne» cuando se refería a la consumación de todo el hombre. Por «carne» entiende el hombre entero, uno, verdaderamente corporal; y de él afirma que su último fin, su consumación, consiste en la participación, en todas las dimensiones de su realidad, de la gloria eterna de su creador; transfigurado en su cuerpo, circundado por un nuevo cielo y una tierra nueva, lleno en su realidad espiritual de toda la gloria del Verbo encarnado. Éste es el único fin eterno del hombre. [...]

Pero al intentar imaginarnos en concreto qué aspecto tendrá esa consumación, ese fin, nos falla la imaginación. Por lo demás, éste es el conocimiento de la meta que tiene el peregrino que se pone en ruta desde una lejanía infinita. Con todo, podemos por la fe escuchar el mensaje de la palabra divina: el hombre ha sido llamado a penetrar en cuerpo y alma en la vida de Dios y en su propia gloria.

Toda la historia de la salvación de toda la humanidad es un enorme y único drama. Ya hemos hablado de que esta historia salvífica, por el hecho de que el Verbo de Dios haya venido a este mundo, ha entrado ya en su fase última y definitiva, y también que en esta historia ha quedado insertado ya un factor que la asume definitivamente, aun cuando el destino particular de cada individuo permanezca todavía inseguro.

La verdad decisiva de la fe cristiana es, en efecto, la siguiente: el Señor ha resucitado en verdad. Puesto que Él ha resucitado en nuestra humanidad, en nuestra carne y en nuestro cuerpo, y ha sido glorificado y acogido en la gloria de su Padre, este dogma fundamental del cristianismo atestigua desde su origen que la gloria eterna es en adelante una posibilidad de la historia de este mundo, de esta humanidad y de esta carne, y que es posible ya ahora, precisamente porque en la carne de Cristo, que es una parte de este mundo, ya se ha hecho realidad.

– Ibid., 115-119

4. Rodeados y perforados por el misterio

PARA MÍ Y PARA EL MUNDO SOY UNA PREGUNTA INFINITA. Resulta evidente, a mi juicio, que ni siquiera la experiencia que los hombres logren alcanzar en el futuro más lejano y, de un modo derivado, tampoco la ciencia llegarán a situarse en un nivel desde el que puedan responder a todas las preguntas y en el que puedan elaborar y finalmente resolver todos los problemas. Me causa en verdad admiración el hecho de que la mayoría de mis contemporáneos compartan conmigo este convencimiento, incluidos quienes niegan la existencia de aquello o de aquel a lo que yo o a quien yo llamo «Dios».

Pues bien, en contra de eso, yo pienso que ese tipo de personas [no creyentes] deberían estar convencidas de que el hombre, esta realidad particular que yo mismo soy, podría llegar de un modo radical hasta el fondo de todas y de cada una de las cosas, de manera que, en último término, debería ser capaz de descubrirlo todo, porque para él [para el hombre no creyente] la totalidad se encuentra constituida por la suma de esas cosas particulares [que vamos conociendo por la ciencia].

De esa forma, al final, una vez que hubiéramos penetrado en todo, podríamos dejar que todo cayera en su banalidad, es decir, en la Nada. En sí misma, esa Nada a la que uno viene a ser conducido a través de esas preguntas no plantearía ya más preguntas ni más explicaciones, porque realmente esa nada es sólo nada; y con esa palabra [nada], que no guarda en sí secreto alguno, no queremos señalar ninguna cosa que sea «totalmente distinta».

A mí, en cambio, me domina y perfora el Misterio eterno, el Misterio infinito, que es algo «totalmente distinto» de una especie de conglomerado donde se vinculan todas aquellas cosas que aún no conocemos ni experimentamos; el Misterio, que en su infinitud y densidad se encuentra, al mismo tiempo, en lo más exterior y en lo más interno de las realidades separadas que componen eso que nosotros llamamos el mundo de nuestra experiencia. Este Misterio se encuentra ahí y se expresa en la medida en que se mantiene silencioso; ese Misterio-Secreto deja que queden serenas a un lado las palabras y las explicaciones, porque hablar sobre el Misterio, sin más, se convierte en palabrería sin sentido.

Cuando yo me sitúo en mi interior y callo, cuando permito que las muchas realidades concretas de mi vida se asienten en un Fundamento, cuando dejo que todas las preguntas se vengan a centrar en la pregunta a la que no se puede responder con las respuestas que se dan a las preguntas concretas, sino que dejo que el Misterio infinito se exprese a sí mismo, entonces el Misterio está presente ahí; y entonces, en último término, ya no me preocupa el hecho de que la ciencia racionalista se crea capacitada para hablar sobre Dios de un modo escéptico. En ese momento, estoy convencido de que no me he perdido en un «sentimiento» irracional, sino que he llegado a situarme en el punto focal del espíritu, de la razón y de la comprensión, punto del que brota, en último término, toda racionalidad.

– Schriften zur Theologie, XIV, 11

LA NOCHE NO ES DE POR SÍ SANTA. De por sí, [la noche] no es más que miserable oscuridad, con la que se sería injusto si se pretendiese desfigurar falazmente su vacío en misteriosa plenitud. Nuestra noche –desde lo más intimo hasta lo más externo– es capaz de transformarse en noche santa, porque en ella nació Él, que es el Hijo y la Palabra del Padre sobre todo tiempo y sobre todo mundo, porque el que nació en ese tiempo nocturno, por su propio origen, no es hijo del tiempo, del día ni de la noche. Toda noche puede ser noche santa desde el momento en que Él nació en nuestra noche y por ello la llenó de todas las promesas y todos los milagros, desde el momento en que Dios llenó con su gracia la noche vacía, oscura y pobre, e hizo de ella el destino de su propio día luminoso que no tiene ocaso.

Por ello, y sólo por ello, la noche es la promesa del verdadero día; sólo por ello la noche es el día que está en trance de venir, el momento en que la luz parece oscura porque está todavía indeciblemente recogida en su plenitud. La historia de la salvación, tal como la conoce el cristianismo, no es una interpretación de la naturaleza, que seguiría siendo «así» aunque no existiese esa interpretación, sino que es el mismo transformarse de esa naturaleza –desde lo más intimo hasta lo más externo– en lo que sólo puede saber el creyente en cuanto tal, porque sólo *él* sabe que la naturaleza está también incluida en el orden de la redención. Y estas cosas del mundo son símbolo de lo que ha de venir únicamente porque la Palabra de Dios ha venido al mundo y por la fuerza de su Espíritu se ha constituido también en ley de toda la naturaleza. Y esto ha ocurrido realmente. Por eso el creyente es el único que, en el fondo, tiene derecho a ser «romántico» y a ver, por ejemplo, en cada noche la promesa y la semejanza de la noche santa.

En esa sola noche ha quedado santificada toda noche. Ya en este mundo no existen tinieblas que no puedan ser el oscuro seno del que nazca la luz eterna. Ya no existen ojos que se cierren de forma que no puedan abrirse a una luz más grande. Ya no existe un ocaso que lleve a unas tinieblas vacías y que no pueda recibir el don de llevar el fruto de un eterno amanecer. Ya no existe un anochecer del día terreno que no pueda hablar al creyente de la promesa de un día en que anochece. A todas estas cosas que esperamos, como un futuro que ya ha llegado, con una fe llena de esperanza, les damos el nombre de día, de luz y de otras cosas que se les parecen.

Y hacemos bien en ello, porque esas realidades luminosas son los primeros testigos de que Dios es un sí expreso, y de que la realidad que se va haciendo, la que ha creado Dios, no va a estar girando eternamente en torno a dos polos del mismo valor: día *y* noche, luz *y* tinieblas, sí *y* no.

Pero ¿no podremos también elegir alguna vez –por ejemplo, en Navidad– el no de la tierra para designar el sí del cielo, siendo así que Dios ha llamado a lo que *no es,* que la vida nos es dada por la muerte, que la Luz de la luz ha nacido en la noche, que todos deben confesar que *todo* procede de Aquel que está sobre *todo* y que, por tanto, no puede ser expresado por las cosas humildes de este mundo? Lo podemos. Podemos alabar a esta noche y confesar que también pertenece a Dios (Ps 74,16), y decir que los ojos de nuestra fe ven ya en ella la luz eterna, y que nuestros oídos oyen el celestial canto de alabanza que la llena.

Pero al hacer esto, lo hacemos como hombres bien despiertos que saben que Dios ha venido a nuestra noche para sacarnos de ella y conducirnos a su eterno día. Se celebra esa noche sagrada como comienzo del día en que ya no se pone el sol. El cristiano puede celebrar con tanta alegría esta noche como la más santa, porque es un hijo del día. Solamente puede mirar a la noche sin pervertir su propio ser el que sabe que la noche está a punto de terminar definitivamente. El cristiano no se droga con el dulce veneno de una nocturnidad mórbida, sino que avanza con ánimo creyente a través de la noche, a la que Dios ha creado, pero a la que también iba transformando al hacer de ella una noche santa de Navidad. Velamos bien despiertos en la noche como los pastores en el campo, y con sencillez y naturalidad cumplimos, también como ellos, aun en la noche, nuestro deber de todos los días.

De esa forma seremos capaces de oír, aun en la noche, el mensaje de la luz: allí ya no habrá noche (Ap 21,25), porque *aquí* la noche se ha convertido en noche santa. Por eso podemos celebrar la Navidad y cantar de la noche: Noche tranquila, noche santa (*Stille Nacht, heilige Nacht*).

– Escritos de Teología, VII, 143-145

LA TEOLOGÍA Y LAS DEMÁS CIENCIAS. Si he de amar a Dios por sí mismo, y no sólo como a quien es la salvación para mí, y quiero encontrarle a Él sin más, entonces no podré limitar, ni mucho menos, mi interés sólo a la Escritura; para mí será interesante todo aquello a través de lo cual Dios hizo que se le percibiera en el mundo y que, por cierto, es también interesante precisamente para el teólogo como tal, quien con el intelecto ha de emprender la tarea de destruir un equivocado egoísmo acerca de la salvación.

Pero de todo lo que me gustaría saber acerca de ello no sé casi nada; todas las experiencias humanas en todas las ciencias, las artes y los acontecimientos históricos hablan para el teólogo acerca de Dios, y el propio teólogo apenas sabe nada de esas experiencias. Por eso su teología, a pesar de todo el compromiso existencial al que tanto se suele recurrir, es una teología tan abstracta, tan inerte, tan alejada de todo lo que muestra lo que son el mundo y el hombre.

Es verdad que el teólogo, en última instancia, ha de decir una sola cosa. Pero esa única palabra tendría que estar henchida con la esencia secreta de toda la realidad. Ahora bien, cada vez que abro un libro de alguna de las ciencias modernas, entonces, precisamente como teólogo, siento un pánico no demasiado agradable. No conozco la inmensa mayoría de las cosas allí escritas. Y en la mayor parte de los casos no estoy ni siquiera en condiciones de entender de manera un tanto precisa lo que allí se puede leer. Y, así, me siento desautorizado como teólogo. La pálida abstracción y el vacío de mis conceptos teológicos acuden de manera estremecedora a la conciencia.

Digo: «el mundo fue creado por Dios». Pero lo que es el mundo, de eso no sé casi nada, y por este motivo el concepto de la creación queda también extrañamente vacío.

Digo como teólogo: «Jesús, también como Hombre, es el Señor de la creación entera». Y después leo que el cosmos se extiende a miles de millones de años luz, y me pregunto entonces horrorizado qué es lo que significa propiamente la frase que se acaba de pronunciar. Pablo sabía aún en qué esfera del cosmos quería situar a los ángeles. Yo no lo sé. [...]

Me pregunto cómo habría que concebir exactamente la humanidad de los orígenes, hace dos millones de años, en su condición de ser los primeros sujetos de una historia de la salvación y de una historia de la revelación, y no sé dar una respuesta clara... Así podría seguir largo y tendido con problemas que las ciencias modernas plantean a la teología, sin que ésta haya encontrado hasta ahora respuestas demasiado claras. ¿Qué pasa con la estabilidad de la naturaleza humana, que se presupone en la doctrina acerca de las leyes morales naturales, si la esencia humana, con su masa genética hereditaria, que ya se ha formado y que es mudable, se sitúa dentro de la historia de la evolución? ¿No le estremece a uno a veces el sonido de la predicación moral de la Iglesia por su terminante claridad y su inmutabilidad, que en la esencia humana misma no es, ni mucho menos, tan fácil de encontrar? [...]

Cuando el teólogo tiene esas amargas experiencias de su no-saber, si las aceptara con valor y espontaneidad, podría servir de ejemplo y de impulso a los demás científicos, a fin de que ellos cultivaran sus ciencias desde la misma actitud de modestia y autolimitación, de tal manera que las tensiones entre las ciencias no sólo se eliminaran, sino que además, al quedar confesadas, llegaran incluso a agudizarse; pero que el inevitable conflicto de las ciencias entre sí y con la teología se vea envuelto por aquella paz que puede reinar entre todos aquellos que, cada uno a su manera, presienten y experimentan el misterio al que denominamos «Dios». [...]

– Sobre la inefabilidad de Dios.
Experiencias de un teólogo católico, 42-46

5. La fe que ama a la tierra

SOMOS DE AQUÍ. HIJOS SOMOS DE ESTA TIERRA. El *mensaje de pascua* es la noticia *más humana* del cristianismo. Por eso es la que más nos cuesta entender. Lo más verdadero y obvio, lo más fácil, es lo más difícil de ser, de hacer y de creer. Los hombres de hoy vivimos efectivamente del prejuicio tácito, y por eso más evidente para nosotros, de que lo religioso es asunto de lo más íntimo del corazón y de lo más alto del espíritu, que nos atañe sola y exclusivamente a cada uno, y por ello lleva consigo la dificultad e irrealidad de las ideas y sentimientos del corazón. Pero pascua dice: *Dios* ha hecho algo. Él mismo. Y su acción no sólo ha conmovido acá y allá ligeramente el *corazón* de un hombre, para que suavemente se estremezca ante lo inefable y lo innominado.

No, Dios ha resucitado a su Hijo. Dios ha vivificado la carne. Ha vencido a la muerte. Ha hecho algo y ha vencido allí donde no se trata de la pura intimidad del ánimo, allí donde –con toda nuestra loa al espíritu– somos nosotros mismos de la manera más real, con la realidad de la tierra, bien lejos de todo lo meramente ideal o meramente sentimental; allí donde experimentamos lo que somos: hijos de la tierra que mueren.

Hijos somos de esta tierra. Nacimiento y muerte, cuerpo y tierra, pan y vino es nuestra vida; la tierra es nuestra patria y hogar. Cierto que en todo eso, para que sea válido y bello, ha de mezclarse como una oculta esencia el espíritu, el fino, delicado y vidente espíritu, que mira a lo infinito, y el alma que todo lo vivifica y aligera. Pero el espíritu y el alma deben estar ahí donde nosotros estamos, sobre la tierra y en el cuerpo, como el eterno resplandor de lo terreno, no como un peregrino que, incomprendido y extraño personalmente, pasa en un breve episodio como un fantasma por la escena del mundo. Somos muy hijos de esta tierra para que queramos emigrar de esta tierra, para que queramos emigrar definitivamente de ella. Y si ya el cielo ha de darse para que la tierra sea soportable, él tiene que descender y estar como luz bienhadada sobre esta tierra permanente e irrumpir como resplandor del oscuro seno de la tierra.

Somos de aquí. Pero si no podemos ser infieles a la tierra –no por capricho ni por orgullo, que no dirían bien con los hijos de la madre tierra humilde y seria, sino porque tenemos que ser lo que somos–, en tal caso estamos a la par enfermos con un secreto dolor que se asienta en lo más íntimo de nuestro ser terreno.

La tierra misma, nuestra gran madre, está atribulada. Gime bajo lo perecedero. Sus más alegres fiestas son súbitamente como el comienzo de un sepelio, y cuando se oye su risa, uno tiembla pensando si, en medio de una carcajada, no romperá a llorar. La tierra madre da a luz hijos que mueren, que son demasiado débiles para vivir siempre y tienen demasiado espíritu para poder renunciar modestamente a la alegría eterna, porque ellos, a diferencia de los animales de la tierra, columbran el fin antes de que llegue, y no se les perdona misericordiosamente la experiencia despierta del fin. La tierra da a luz hijos de corazón desmedido y, ¡ay!, lo que les da es demasiado hermoso para que lo puedan despreciar y demasiado pobre para que los pueda enriquecer a ellos, insaciables. Y por ser ella el lugar de esta desastrada dualidad entre la gran promesa que no libera y el mezquino don que no satisface, la tierra se torna también el campo feraz de la culpa de sus hijos que pugnan por arrancarle más de lo que ella puede justamente dar. Ya puede quejarse de que esa dualidad le viene del pecado del primer hombre que hubo en la tierra y al que llamamos Adán. Ello no quita ni añade nada al hecho de que ella es ahora madre infortunada: demasiado viva y hermosa para que pueda despedir a sus hijos a que se conquisten en otro mundo una nueva patria de vida eterna; demasiado pobre para que pueda por sí misma darles como cumplimiento lo que les dio como anhelo. Y por ser ella las dos cosas, vida y muerte, no llega a ninguna de las dos, y a la turbia mezcla que nos regala de vida y muerte, júbilo y lamentos, fuerza creadora y servidumbre siempre igual, le llamamos rutina, quehacer o vivir cotidiano.

Así estamos aquí en la tierra, la patria para siempre; y, sin embargo, no basta. La aventura de evadirnos de lo terreno no puede ser, no por cobardía, sino por la fidelidad que nos impone imperiosamente nuestro propio ser. ¿Qué hacer? ¡Escuchar el mensaje de la resurrección del Señor! ¿Resucitó Cristo Señor de entre los muertos o no resucitó? Nosotros creemos en su resurrección y por eso confesamos: «Murió y descendió a los infiernos y resucitó al tercer día». Pero ¿qué significa esto y por qué es una bienaventuranza para los hijos de la tierra?

– Fieles a la tierra, 84-87

EN EL INTERIOR DEL MUNDO ARDE YA EL FUEGO DE DIOS. El Señor resucitó en su cuerpo. Y eso quiere decir que empezó ya a transformar este mundo, aceptó este mundo para siempre, nació de nuevo como hijo de la tierra, pero ahora de la tierra glorificada, liberada, sin límites, de la tierra que en él quedó confirmada y eternamente redimida de la muerte y de lo perecedero. Resucitó, no para mostrar que abandonaba definitivamente el sepulcro de la tierra, sino para demostrar que precisamente este sepulcro de los muertos –el cuerpo y la tierra– lo ha transformado él definitivamente en la casa gloriosa e inmensa del Dios viviente y del alma, henchida de Dios, del Hijo. No resucitó para evadirse de la choza de la tierra. En efecto, tiene aún –y lo tiene definitivamente y glorificado– el cuerpo que es un trozo de la tierra, un trozo que le sigue perteneciendo como parte de la realidad y destino de la tierra. Resucitó para revelar que, por su muerte, la vida de la libertad y de la bienaventuranza queda eternamente infusa en la estrechez y el dolor de la tierra, en medio de su corazón.

Lo que llamamos su resurrección y consideramos sin reflexionar como su destino privado es sólo, en la superficie de toda la realidad, el primer síntoma de la experiencia de que, detrás de lo que llamamos experiencia (a la que damos tanta importancia), todo ha cambiado ya en la verdadera y decisiva profundidad de todas las cosas. Su resurrección es como la primera erupción de un volcán, que muestra que en el interior del mundo arde ya el fuego de Dios, que llevará todas las cosas al incendio bienaventurado de su luz. El Señor resucitó para hacer ver que ello ya ha comenzado.

Ya operan desde el corazón del mundo, al que descendió por la muerte, las nuevas fuerzas de una tierra glorificada; ya están vencidos en lo más íntimo de toda realidad lo perecedero, el pecado y la muerte, y sólo es menester un breve tiempo, que llamamos «historia después de Cristo», para que aparezca dondequiera, y no sólo en el cuerpo de Jesús, lo que propiamente ya ha acontecido. Por no haber comenzado a curar, salvar y transfigurar al mundo en los síntomas de la superficie, pensamos nosotros, seres de la superficie, que no ha pasado nada. Como las aguas del dolor y de la culpa fluyen y se estancan donde nosotros estamos, nos imaginamos que sus hontanares profundos están aún secos. Como la maldad sigue dibujando caracteres rúnicos en la faz de la tierra, concluimos que en el corazón más hondo de la realidad está muerto el amor. Pero se trata sólo de apariencias. La apariencia que tomamos por realidad de la vida.

Resucitó porque conquistó y redimió para siempre por la muerte el núcleo más íntimo de todo ser terreno. Y, resucitado, lo ha conservado. Y así ha permanecido. Si confesamos que subió a los cielos de Dios, eso es sólo decir de otro modo que nos quita por un poco de tiempo la visibilidad de su humanidad glorificada y, sobre todo, que no hay un abismo entre Dios y el mundo.

– Ibid., 88-90

CRISTO ESTÁ YA EN LAS POBRES COSAS DE ESTA TIERRA, que nosotros no podemos abandonar, porque es nuestra madre.

Él está en la expectación sin nombre de toda la creación, que, sin saberlo, espera la participación en la glorificación de su cuerpo.

Él está en la historia de la tierra, cuya ciega marcha, con todas sus victorias y todos sus precipicios, la encamina con inquietante precisión hacia su día, hacia el día en que su gloria, transformándolo todo, romperá por entre sus propias profundidades.

Él está en todas las lágrimas y en toda muerte, como el júbilo oculto y la vida que vence cuando parece morir.

Él está en el mendigo a quien damos una limosna, como la oculta riqueza que se da al que da.

Él está en las míseras derrotas de sus siervos, como la victoria, que es de Dios sólo.

Él está en nuestra impotencia, como el poder que puede permitirse parecer débil, porque es invencible.

Él está hasta en medio del pecado, como la misericordia del amor eterno, que es paciente hasta el fin.

Él está como la ley más secreta y la más íntima esencia de todas las cosas, que triunfa y se impone, aun cuando todos los órdenes parecen disolverse.

Está con nosotros como la luz del día y el aire, que no observamos; como la oculta ley de un movimiento que no asimos, porque el fragmento de ese movimiento que nosotros vivimos es demasiado breve para deducir de ahí la fórmula del movimiento.

Pero Él está ahí, como el corazón de este mundo terreno, como sello secreto de su validez eterna.

Por eso, los hijos de la tierra podemos amar a nuestra madre; podemos y debemos amarla. Incluso cuando es tan espantosa y nos atormenta con su miseria y condenación a muerte. Porque desde que en ella entró el Señor para siempre con su muerte y resurrección, su miseria se ha tornado mera provisionalidad y mera prueba de nuestra fe en su más íntimo misterio, que es el Señor mismo resucitado. [...]

Caro cardo salutis, dijo un padre antiguo de la Iglesia con un juego de palabras intraducible: la carne es el quicio de la salud eterna. El más allá de toda miseria y de toda muerte no está allá lejos; descendió y mora en la más íntima realidad de nuestra carne... Y ha transformado lo que somos, lo que nos empeñamos aún en considerar como el turbio residuo terreno de nuestra espiritualidad: la carne. Desde entonces, la madre tierra sólo da a luz hijos que se transforman. Porque la resurrección de Jesús es el comienzo, las primicias de la resurrección de toda carne.

Una cosa en verdad es menester para que su acción, que no podremos anular jamás, sea la felicidad de nuestra existencia. Él tiene que hacer saltar también en pedazos el sepulcro de nuestro corazón. Tiene que resucitar también del centro de nuestro ser, donde está como fuerza y promesa. Allí está aún de camino. Allí es aún sábado santo hasta el último día, que será la pascua universal del cosmos. Y este resucitar se da bajo la libertad de nuestra fe. Aun así, es obra suya; pero obra suya que se cumple como nuestra: como obra de la fe que ama, que nos introduce en la marcha grandiosa de toda la realidad terrena hacia su propia gloria, que ha comenzado ya en la resurrección de Cristo.

– *Ibid.,* 90-93

DIOS Y EL MAL EN EL MUNDO (Entrevista)

P.: Si le he entendido bien, Usted espera que se salven todos los hombres. Incluso me ha parecido, por sus palabras, que está firmemente convencido de ello. Por una parte, esto suena a optimismo exagerado y, por otra, Usted alude al peligro de numerosos caminos hacia Dios falsos y nocivos para el hombre. En los ejemplos que ha sacado, tenía la impresión de que tomaba más en serio los peligros, lo cual no parece ya tan optimista. Por eso me pregunto yo: «¿Cómo permite Dios todos esos riesgos? ¿Cómo es que hay drogas nocivas corporalmente para el hombre? Si Dios quiere salvarnos a todos, ¿por qué permite el mal?».

R.: Si me pregunta: «¿Por qué permite Dios tanto mal en el mundo?», sólo puedo contestarle que lo ignoro. Yo sólo sé que hay un Dios infinitamente bueno y santo, pero ignoro cómo se compaginan su existencia y la existencia del mal en el mundo, como lo de Auschwitz y otras cosas. Y sé también que si, en protesta contra la existencia del mal en el mundo, pretendemos borrar a Dios de nuestra vida, la historia marchará todavía peor, porque nos quedaremos con un mundo abismalmente absurdo, fatal. Sin nada más. Si quieres aceptarlo en nombre del amor al prójimo, bien; pero yo no creo que quepa aceptarlo.

Al que pregunta, por ejemplo, como Milan Machovec: «¿Cómo se puede creer en Dios después de Auschwitz?», se le puede responder con razón que una buena parte de aquellos infelices entraron en las cámaras de gas por lo menos orando y con la fe puesta en Dios. Y así yo diría lo siguiente: de estas dos experiencias aparentemente contradictorias no tengo yo la clave última que las compagine; creo, sin embargo, que se puede y se tiene que vivir con ambas, aunque no sepamos superarlas en una síntesis superior.

Hay también, naturalmente, quienes afirman que no existe nada malo de verdad. Para ellos, el mal es sencillamente un fenómeno de fricción inevitable en la evolución. Como cristianos, nosotros no podemos despachar el asunto tan a la ligera. Nosotros somos los que afrontamos el mal con mayor seriedad que nadie. Y, no obstante, creyendo firmemente en el Dios uno, vivo, eterno, santo y bueno, esperamos que un día nos alboree la deseada síntesis. En sus memorias de Romano Guardini cuenta Walter Dirks que el viejo teólogo octogenario le dijo en cierta ocasión, ya al final de su vida: «Cuando entre en la eternidad, tendré que responder ante Dios, pero luego les preguntaré a los ángeles cómo es posible que haya tanto sufrimiento, dolor, muerte y sinrazón en el mundo». Y Dios y los ángeles le responderán. ¡Hagamos, pues, lo que Guardini: ¡Esperar!

– La fe en tiempos de invierno, 143-144

DIOS CON NOSOTROS. Si pensáramos que Dios está cerca de nosotros tan sólo a través de sus dones de índole limitada, a través del hecho de que Él, en cuanto creador, se insertó en nuestra propia realidad y llevó esta realidad a la perfección a ella inmanente por medio del perdón de nuestra culpa y de la culminación de la madurez en nuestra propia existencia; si pensáramos que Dios mismo está cerca de nosotros tan sólo por el hecho de que todas estas realidades creadas proceden de Él y a Él remiten y nos inducen a relacionarnos con Él por el conocimiento y con un amor agradecido y adorante, habríamos equivocado entonces la radicalidad de la comprensión cristiana del «Dios con nosotros».

Dios está con nosotros por sí mismo y no meramente a través de dones limitados hechos a una criatura limitada. Tradición y Sagrada Escritura dan testimonio con reiteración incansable de este último misterio de nuestra existencia, de que Dios se nos comunica a nosotros en su infinita e inconcebible realidad propia en gracia y en vida eterna. Nos comunica su mismo Espíritu, que investiga las profundidades de la divinidad, que es la propia vida íntima de Dios; Padre e Hijo vienen y habitan en nosotros de tal modo que somos una misma cosa con Dios, así como el Hijo es una misma cosa con el Padre desde toda la eternidad; no somos ya meros siervos, sino hijos verdaderos de Dios, nacidos de Dios. Un día veremos y amaremos a Dios, no en el espejo y en las parábolas de la mediación de lo creado, sino inmediatamente y cara a cara.

La teología clásica habla en consecuencia –para que el radicalismo de esta enseñanza bíblica no se debilite en lo sucesivo– de la gracia increada, de que la visión inmediata de Dios no tendrá lugar por mediación de una realidad creada desde la que hubiese que reconocer a Dios, de la inhabitación inmediata del Dios trino en el hombre, de la autocomunicación de Dios.

Todo esto puede sonar, por de pronto, a algo muy abstracto. Pero, con todo, ésta es la realidad última del hombre, la hayamos o no alcanzado y hecho efectiva ya en la banalidad de nuestra vida cotidiana. Como los limitados somos nosotros, tenemos, al vivir exclusivamente a partir de nosotros mismos, la casi invencible propensión a pensar de una manera meramente limitada de nosotros e incluso de nuestra culminación; la propensión a ser modestos de una manera falsa y a conformamos con lo desatendible y abarcable, cuando la verdadera verdad sería la «exageración» y la desmesura absolutas. [...]

La frase de que Dios está con nosotros afirma, comprendida en su radicalismo cristiano, que de ninguna manera podemos ser suficientemente desmedidos en nuestra sed –don que Dios nos hace a través de sí mismo– de libertad, de felicidad, de proximidad del amor, de conocimiento, de paz y de pervivencia para siempre. La inmoderación en nuestra vida, que es la causa de la culpa considerada en profundidad, no es más que la falta de dominio que constituye con necesidad absoluta a una realidad limitada en felicidad propia, porque un hombre así no se atreve a dar en la fe, la esperanza y la caridad el salto a lo inconcebible y trascendente de su verdadera bienaventuranza, que consiste exclusivamente en la inabarcabilidad de Dios. [...]

En medio de la vida diaria vivida con honrada sobriedad, se abren por todas partes los abismos de nuestra existencia, abismos que precisamente el hombre sobrio no puede cubrir con el parloteo y el ajetreo de cada día. Pero estos abismos están llenos de la gracia del inconcebible misterio que llamamos «Dios». Se puede, pues, celebrar la Navidad en la escueta sobriedad y, pese a todo, en la consolación. [...]

Aquí Dios mismo se salió del terrible resplandor en que como Dios y Señor habita, y vino a nosotros. Entró con todo silencio en la choza de nuestra existencia terrena y fue hallado como un hombre. Empezó donde empezamos nosotros, pobre del todo, arriesgado del todo, infantil y manso del todo, indefenso del todo. Él, que es el fruto infinito y lejano que nosotros por nosotros mismos nunca podemos alcanzar, porque parece que se nos aleja a distancias cada vez mayores cuando corremos hacia su encuentro por los duros caminos de nuestra vida, Él en persona, ha venido a nuestro encuentro, ha venido a nosotros, porque, de lo contrario, nosotros no lo encontraríamos; ha recorrido con nosotros nuestro camino hacia él para que el camino encontrase un final feliz, ya que este fin en Jesús es al mismo tiempo también nuestro comienzo.

Dios está cerca. Su eterna Palabra de misericordia está aquí donde estamos nosotros. Él recorre como peregrino nuestros caminos, gusta nuestra alegría y nuestra miseria, vive nuestra vida y muere nuestra muerte. Ha hundido queda y dulcemente su vida eterna en este mundo y en la muerte del mismo. Nos ha salvado, ya que él es nuestra salvación. Ha hecho suyo nuestro comienzo, ha entrado en el camino de nuestro destino y lo ha recorrido así con frecuencia hacia las infinitas lejanías de Dios. Y como a nosotros nos parecía insuprimible el hecho de que fuese hombre, puesto que la Palabra de Dios no cesa nunca, por eso este comienzo, que es nuestro y suyo, es un comienzo de promesas indestructibles, este silencioso comienzo en la noche es una *Nochebuena* santa.

– *Dios con nosotros*, 30-32, 94, 98

«*Dios que ha de venir...*» *(Oración)*

Dios mío. Otra vez rezamos las oraciones de la expectación y de la constancia, los cantos de la esperanza y de la promesa. Y otra vez toda miseria y toda expectación y todo aguardar lleno de fe se aglomeran en la palabra «¡ven!».

Extraña oración: ya has venido, pusiste tu tienda de campaña entre nosotros, has participado de nuestra vida con sus pequeñas alegrías, con su larga rutina y su amargo fin. ¿Podíamos invitarte con nuestro «¡ven!» a algo más que a eso? Penetraste tanto en nuestra vulgaridad que ya casi no te podemos distinguir de los demás hombres. Dios, que te llamaste hijo del hombre, ¿podías acercarte más a nosotros mediante tu venida? Y, sin embargo, oramos: ¡ven! Y esta palabra nos sale del corazón como en otro tiempo a los patriarcas, reyes y profetas que veían tu día solamente desde lejos y lo bendecían.

¿Celebramos solamente el adviento o siempre es adviento? Pero ¿es que en verdad has venido ya?... En las primeras páginas de la sagrada Escritura ya está prometida tu venida y, sin embargo, en su última página, a la cual nunca debe ser agregada otra, se encuentra la oración: ¡Ven, Señor Jesús!

¿Eres tú el eterno adviento que siempre debe estar en camino, pero que jamás llegará en forma tal que sea la plenitud de toda espera? ¿Eres tú el lejano inalcanzable a cuyo encuentro peregrinan todos los tiempos, todas las generaciones, las ansias todas de los corazones por esas calles que nunca terminan? ¿Eres solamente el lejano horizonte que rodea la tierra de nuestras acciones y padecimientos y que siempre permanece lejos, adonde quiera que uno marche? ¿Eres tan sólo el hoy eterno que está igualmente cerca y lejos de todo y que encierra en sí los tiempos y todos los cambios, indiferentemente? ¿O es que no quieres venir de ningún modo porque todavía posees lo que nosotros fuimos ayer y hoy ya no somos, o porque te adelantaste ya al más lejano futuro nuestro desde toda la eternidad?

¿Acaso no te retiras siempre en tus abismos inconmensurables que llenas con tu realidad a una distancia doblemente mayor del camino que nosotros hemos recorrido en pos de tu eternidad con los pies sangrantes? ¿Ha logrado la humanidad acercarse a ti desde que, hace miles y miles de años, dispuso la marcha a su aventura más dulce y temible: buscarte a ti? ¿He logrado ya en mi vida acercarme algo más a ti, o es a fin de cuentas toda cercanía conquistada solamente la mayor amargura con que tu distancia embriaga mi alma? ¿Hemos de estar siempre lejos de ti, quizá porque tú, infinito, estás constantemente cerca de nosotros y por eso no tienes deseos de venir a nosotros, ya que no existe sitio alguno al que hayas de venir, pues estás presente en todo?

Me dices que has venido ya realmente: que tu nombre es Jesús, hijo de María, y que yo ya sabía en qué tiempo y lugar podría encontrarte. Señor, perdóname: pero este venir tuyo se debe llamar más bien un partir. Te has escondido en forma de siervo y te has encontrado como uno de nosotros, y tú, Dios recóndito, penetraste como un cualquiera, desapercibidamente, en nuestras filas y has marchado con nosotros, los que propiamente estamos siempre de camino y nunca acabamos de llegar, porque todo cuanto alcanzamos solamente sirve para que consigamos lo último: el final. Estamos llamando: ¡ven tú, el que nunca va, porque tu día no tiene ocaso y tu realidad no conoce fin! ¡Ven tú mismo, porque nosotros solamente renovamos cada día el camino hacia el fin. [...]

Y nos has prometido que vendrías, y viniste. Pero ¿cómo viniste y qué hiciste? Tomaste una vida humana y la hiciste vida tuya, en todo igual a nosotros: naciste de mujer, padeciste bajo Poncio Pilato, fuiste crucificado, muerto y sepultado. Tú has alcanzado aquello de lo que huimos. Comenzaste lo que, según nuestra opinión, debería terminar mediante tu venida: nuestra vida, que es impotencia, finitud en lo íntimo y muerte. Precisamente tomaste este ser de hombre, no para transformarlo, no para suavizarlo, ni clarificarlo y divinizarlo visible o palpablemente, o al menos llenarlo de bienes hasta estallar. [...]

Y por toda la eternidad ningún «por qué» conduce al fondo de este deseo, que pudo haber sido otro y, sin embargo, quiso aquello que es incomprensible para nosotros. Tú debías venir para librarnos de nosotros mismos, y tú, otra vez tú, único libre e ilimitado, te «hiciste como nosotros», y aunque sé que seguías siendo el que eras, ¿no te estremeces ante nuestra mortalidad, tú, inmortal; ante nuestra estrechez, tú, inmenso; ante nuestra apariencia, tú, verdad suma? [...]

¿Es mi entrega a mi vida el comienzo de la liberación de su gravosa estrechez porque esta entrega se convirtió en el amén de tu vida humana, en el sí a tu venida cuya realización es contra todo lo que yo esperaba? Pero ¿de qué me sirve que ahora mi destino sea participación del tuyo, sí te has limitado a convertir el mío en el tuyo? ¿O convertiste mí vida en el solo comienzo de tu venida, en el solo comienzo de tu vida?

Vuelvo a entender poco a poco lo que he sabido siempre. Tú siempre estás viniendo, y tu aparición en forma de siervo es el comienzo de tu venida para la liberación de la esclavitud que tú aceptaste. Los caminos por los que tú caminas tienen un fin. Estrecheces en las que tú penetras se ensanchan. La cruz que tú soportas se vuelve signo de la victoria. Propiamente no has venido. Todavía estás llegando: desde tu encarnación hasta la plenitud de este tiempo solamente hay un momento, aunque miles de años corren a través de él para que, bendecidos por ti, se conviertan en partecita de ese momento, aquel momento del hecho único que en tu vida humana y su destino nos hace a todos nosotros juntamente con nuestros destinos y nos lleva al hogar de las eternas grandezas de la vida de Dios.

Porque has dado comienzo a este último hecho de tu creación, por eso en última instancia nada nuevo puede acontecer en este tiempo, sino que todos los tiempos están ahora inmóviles en el último fondo de las cosas; «el fin de los siglos ha irrumpido sobre nosotros» (1 Co 10,11). En este mundo existe un solo tiempo: tu adviento. Y cuando este último tiempo llegue a su término, ya no existirá el tiempo, sino tú en tu eternidad.

Si una nueva realidad hace surgir una nueva época, con tu encarnación ha despuntado una nueva y última época. Pues ¿qué podría ya venir, que este tiempo no lleve en su seno? ¿Que nosotros lleguemos a ser partícipes de ti? Sí, pero esto ha tenido lugar ya, porque tú te dignaste participar de nuestra naturaleza. Se dice que tú vendrás de nuevo. Es cierto. Pero propiamente no se trata de «volver de nuevo», pues tú nunca nos abandonaste en tu naturaleza humana escogida como tuya eternamente. Se trata sólo de que se manifieste con mayor claridad, cada vez que tú vienes realmente, que el corazón de todas las cosas se ha transformado porque tú las has tomado en tu corazón.

Debes, pues, venir más y más; debe manifestarse con claridad lo que ha sucedido en el fondo de todos los seres; debe deshacerse en el interior de cada uno toda falsa ilusión, como si la finitud no hubiera quedado liberada porque tú la tomaste para ti infundiéndole la vida. Mira, tú vienes. No se trata del pasado ni del futuro, sino del presente que se va llenando a sí mismo. Siempre está presente la hora de tu venida, y si alguna vez llega a su término, nos habremos dado cuenta, incluso nosotros, de que realmente has venido.

Haz que viva en esta hora de tu venida para que viva en ti, oh Dios que has de venir. Amén.

– Palabras al silencio, 111-119

2

LA EXPERIENCIA DE DIOS

«Si Dios se ha hecho humano en Cristo, entonces, en palabras de Rahner, Dios se ha hecho también experiencia humana. De ahí que insista, no sólo en que Dios habita entre los seres humanos, sino también en que la consciencia humana es capaz de "relacionarse directamente con nuestro Creador y Señor". Para Rahner este principio es central» (Ph. Endean)

1. Es posible experimentar personalmente a Dios

La experiencia inmediata de Dios. «Cuando afirmo haber tenido una experiencia inmediata de Dios, no siento la necesidad de apoyar esta aseveración en una disertación teológica sobre la esencia de dicha experiencia, como tampoco pretendo hablar de todos los fenómenos concomitantes a la misma, que evidentemente poseen también sus propias peculiaridades históricas e individuales; no hablo, por tanto, de las visiones, símbolos y audiciones figurativas, ni del don de lágrimas o cosas parecidas. Lo único que digo es que experimenté a Dios, al innombrable e insondable, al silencioso y, sin embargo, cercano, en la tridimensionalidad de su donación a mí. Experimenté a Dios, también y sobre todo, más allá de toda imaginación plástica. A Él, que, cuando por su propia iniciativa se aproxima por la gracia, no puede ser confundido con ninguna otra cosa. [...]

Yo había encontrado realmente a Dios, al Dios vivo y verdadero, al Dios que merece ese nombre superior a cualquier otro nombre. El que a esa experiencia se le llame "mística" o de cualquier otro modo es algo que en este momento resulta irrelevante; vuestros teólogos pueden especular cuanto quieran acerca de si existe la posibilidad de explicar con conceptos humanos un hecho de esta naturaleza. [...]

Era Dios mismo a quien yo experimenté; no palabras humanas sobre Él. Dios y la sorprendente libertad que le caracteriza y que sólo puede experimentarse en virtud de su iniciativa, y no como el punto en que se cruzan las realidades finitas y los cálculos que pueden hacerse a partir de ellas. Dios mismo, aun cuando el "cara a cara" que ahora experimento sea algo totalmente distinto (y, sin embargo, idéntico), y no tengo por qué dar ningún curso de teología acerca de esta diferencia. Lo que digo es que sucedió así; y me atrevería incluso a añadir que, si dejarais que vuestro escepticismo acerca de este tipo de afirmaciones (escepticismo amenazado por un subrepticio ateísmo) llegara a sus últimas consecuencias y desembocara no sólo en una teoría hábilmente formulada, sino también en la amargura de vivir, entonces podríais hacer esa misma experiencia. Porque es precisamente entonces cuando se produce un acontecimiento en el que (junto a la pervivencia biológica) se llega a experimentar la muerte como algo radical, bien sea como una esperanza autolegitimadora, bien sea como la desesperación absoluta; y es en ese mismo instante cuando Dios se ofrece a sí mismo. (No es de extrañar, pues, que yo mismo estuviera a punto de quitarme la vida en Manresa). Y aunque esa experiencia ciertamente constituye una gracia, ello no significa que en principio se le niegue a nadie. Precisamente de esto es de lo que estaba yo convencido [...]

Una cosa, sin embargo, sigue siendo cierta: que el ser humano puede experimentar personalmente a Dios. Y vuestra pastoral debería, siempre y en cualquier circunstancia, tener presente esta meta inexorable. Si llenáis los graneros de la conciencia de los hombres únicamente con vuestra teología erudita y modernizante, de tal modo que, a fin de cuentas, no haga sino provocar un espantoso torrente de palabras; si no hicierais más que adiestrar a los hombres en un eclesialismo que les convierta en súbditos incondicionales del *establishment* eclesial; si en la Iglesia no pretendierais más que reducir a los seres humanos al papel de súbditos obedientes de un Dios lejano representado por una autoridad eclesiástica; si no ayudarais a los hombres, por encima de todo eso, a liberarse definitivamente de todas sus seguridades tangibles y de todos sus particulares conocimientos, para abandonarse confiados en aquella incomprensibilidad que carece de caminos prefijados de antemano; si no les ayudarais a hacer realidad esto en los momentos definitivos y terribles de "impasse" que se presentan en la vida y en los inefables instantes del amor y del gozo y, por último, de un modo radical y definitivo, en la muerte (en solidaridad con el Jesús agonizante y abandonado de Dios), entonces, a pesar de vuestra pretendida pastoral y de vuestra acción misionera, habríais olvidado o traicionado mi "espiritualidad". [...]

Quizá debería deciros (aunque pueda resultar cómico) que no tenéis motivos para correr como desesperados sedientos en pos de las fuentes orientales de la auto-concentración, como si ya no hubiera entre vosotros fuentes de agua viva; aunque tampoco tenéis derecho a afirmar altaneramente que de aquellas fuentes sólo puede manar una profunda sabiduría humana, pero no la auténtica gracia de Dios. En este momento, sin embargo, no puedo seguir hablando de estos temas. Vosotros mismos habréis de reflexionar sobre ellos, habréis de seguir buscando y experimentando. El verdadero precio que hay que pagar por la experiencia a la que me refiero es el precio del corazón que se entrega con creyente esperanza al amor al prójimo».

– Palabras de Ignacio de Loyola a un jesuita de hoy, 6-11

La autocomunicación de Dios en Jesús, centro del mensaje cristiano. Claro está que se puede afirmar, y con razón, que ese centro es Jesús de Nazaret, el Crucificado y el Resucitado, por quien nosotros nos llamamos cristianos. Pero, aunque esto es verdad y resulta muy útil, hay que decir además por qué y cómo ese Jesús es aquel y sólo aquel de quien uno puede fiarse en la vida y en la muerte. ¿Qué es lo que habrá que responder a esta pregunta acerca del porqué y del cómo? Si esta respuesta no fuera la confesión de que la genuina autocomunicación del Dios infinito, por encima de toda la realidad de las criaturas y del don finito de Dios, es lo que por medio de Jesús, y por medio de él solo, se nos promete, se nos ofrece y se nos garantiza, entonces la realidad de Jesús, puesto que esa realidad en sí y en su mensaje permanecería dentro de lo finito y lo contingente, podría fundamentar quizás *una* religión, quizá la mejor, precisamente la religión jesuánica, pero no la religión absoluta, destinada con seriedad a todos los hombres.

Por eso, el genuino y único centro del Cristianismo y de su mensaje es para mí la real autocomunicación de Dios –en su más genuina realidad y magnificencia– a la criatura; es la confesión de fe en la verdad sumamente improbable de que Dios mismo, con su infinita realidad y magnificencia, santidad, libertad y amor, pueda llegar realmente, sin reducción, hasta nosotros mismos en la creaturidad de nuestra existencia, y de que todo lo demás que el Cristianismo ofrece o exige de nosotros, en comparación con eso, es únicamente provisionalidad o consecuencia secundaria... Para mí todo el Jesuanismo, por muy piadoso que fuera, todo el compromiso en favor de la justicia y del amor en el mundo, todo el Humanismo que quiera utilizar a Dios para el hombre y que no precipite al hombre en el abismo de Dios, sería la religión de un Humanismo inconcebiblemente modesto, que nos está prohibido por el enorme poder del amor de Dios, en el cual Dios mismo sale realmente de sí mismo. Nosotros, una de dos: o podemos quererlo todo, a saber, a Dios mismo en su pura Divinidad, o bien nos hallamos condenados, es decir, estamos sepultados dentro de la prisión de nuestra finitud. [...]

Pienso que para un teólogo cristiano no está prohibido sentir que el tema de la pecaminosidad del hombre y del perdón de la culpa por pura gracia es, en cierto sentido, algo secundario en comparación con el tema de la *autocomunicación* de Dios. No como si nosotros, en nuestro egoísmo, no fuéramos pecadores incesantemente obstinados. No como si nosotros no necesitáramos la gracia divina del perdón, gracia que ha de ser aceptada por nosotros como pura gracia, sin ninguna pretensión nuestra de tener derecho a ella. No como si no fuera evidente el que la autocomunicación de Dios se produce siempre como comunicación perdonadora. No como si la experiencia radical de nuestra pecaminosidad, sin esperanzas en lo que depende de nosotros, en la que experimentamos concretamente por vez primera nuestra libertad, no fuera siempre, según el testimonio cristiano de todos los tiempos, la situación concreta en la que un hombre comienza realmente a extender sus manos hacia Dios. Pero si vemos lo difícil que llega hoy día a los hombres la justificación como perdón únicamente del pecado, si además para un teólogo católico Dios y su promesa de sí mismo al hombre (como quiera que ésta haya de entenderse en concreto) precede ya al pecado y es pura gracia, pura maravilla inesperada de Dios, quien se entrega derrochándose a sí mismo y hace que la aventura de tal amor sea su propia historia, entonces pienso que puede uno sentir tranquilamente que la autocomunicación de Dios a la criatura es un tema más central que el pecado y el perdón de los pecados.

Sé que semejante proposición es sumamente problemática, especialmente cuando se sitúa ante el tribunal de la Escritura. Pero si nosotros, en el fondo, no podemos reflexionar sobre el pecado si no es dentro de la dimensión del amor divino al pecador, entonces existe también al menos el peligro del orgullo desmesurado de tomar demasiado en serio el pecado, de olvidar que tal vez lo que más nos estremece precisamente en lo terrible de la historia de la humanidad es, a pesar de todo, el resultado de la creaturidad del hombre en su inocente estupidez, debilidad e impulsividad, más que el genuino pecado, del que hay que responder realmente ante el juicio de Dios.

Y, por tanto, pienso yo desde una perspectiva enteramente cristiana –y no desde un Humanismo engreído– que la fe en la autocomunicación de Dios por pura gracia podría anteponerse un poco a la confesión acerca de la pecaminosidad del hombre.

– Sobre la inefabilidad de Dios.
Experiencias de un teólogo católico, 28-33

ÉL ESTÁ AHÍ... CONTIGO. Cuando cae el hombre en la cuenta de que está sepultado, dos reacciones son posibles. O bien se defiende con la angustia del náufrago o del enterrado vivo, y se abalanza a toda forma de actividad que disipe la negrura del horizonte; o bien cae en una auténtica desesperación, unas veces confesada a gritos, otras remansada en una fría calma, en la que maldice, se odia a sí y al mundo, y dice: «no hay Dios».

Dice *no hay Dios* porque ha cambiado el verdadero Dios por aquello que él tenía por Dios. Y en el fondo de su pensamiento hasta tiene razón; su Dios, el de él, ése no existe; el Dios de la seguridad terrena, el Dios que asegura e inmuniza contra las decepciones de la vida; el Dios que asegura el que los hijos no lloren y que la justicia se instale en el mundo y ahorre lágrimas a la tierra; el Dios que da garantías al amor humano para que no acabe en terrible desengaño..., ese Dios en verdad no existe.

Pero quienes así piensan tampoco hacen frente en realidad a la desesperación. Creen haber sacado valiente y honradamente las consecuencias de su experiencia vital; pero lo cierto es que no han comprendido bien la desesperación, pues han visto en ella la muerte de Dios, en vez de ver en ella su verdadero advenimiento.

Así es realmente. Deja en ese trance del corazón que la desesperación te arrebate aparentemente todo; en realidad de verdad, se habrá llevado solamente lo finito, lo que es nada e intrascendente, aunque se presente grande y admirable, y aun se haya llevado a ti mismo; a ti con tus ideales, con tus presupuestos vitales que fueron calculados por ti muy prudente, exacta y luminosamente; a ti con tu idea de Dios que se te inoculó en lugar de la verdadera idea del Incomprensible. Lo que te puede ser quitado no es jamás Dios. Ciérrate todas las salidas; te cerrarás sólo las salidas a la finitud, las vías a lo descaminado. No te atemorice quedarte solo en el desamparo de tu cárcel interior, que ahora aparece como ocupada solamente por la impotencia, la desesperanza, el cansancio y el vacío. ¡No temas!

Porque mira: si aguantas firme y dejas con denuedo que te anegue la desesperación y, al desencantarte de todos los anteriores ídolos de tu vida, vitales o espirituales, hermosos y dignos (sí, lo son), a los que tú llamaste «Dios», no desesperas del verdadero Dios; si, en efecto, resistes firme (y esto es ya un milagro de la gracia que se te da a ti), de repente caerás en la cuenta de que en realidad no estás sepultado entre ruinas, que tu cárcel sólo tiene cerrojos para la nada y la finitud, que su mortal vacío es sólo falsa apariencia de una espléndida interioridad de Dios, que su silencio lóbrego está colmado por la palabra sin palabra, por Aquel que es sobre todo nombre, por Aquel que es todo en todas las cosas. Y su silencio te dice que Él está ahí.

Y esto es lo segundo que has de hacer en tu desesperación; advertir que *Él está allí*, saber que Él está contigo. Tener conciencia de que en el profundo calabozo de tu corazón hace ya tiempo que te esperaba; darte cuenta de que de mucho atrás escuchaba en silencio y aguardaba a que te desprendieras por fin de todo el barullo de tu quehacer vital y de toda esa palabrería que pomposamente llamabas tu filosofía de la vida curada de ilusiones, la que acaso tomaste tú por tu oración, y en la que te entretuviste tú contigo mismo; aguardaba a ver si después de todos tus ayes y lamentos desesperados y necios gemidos sobre las miserias de la vida, eras al fin capaz de callar ante Él, de ponerte al habla con Él, con la Palabra que para el hombre que tú hasta ahora fuiste sólo sonaba a silencio de muerte.

Debes sentir que no te hundes en el abismo cuando te sueltas de la convulsiva y tiránica angustia por ti y por tu vida, que no está todo perdido cuando dudas de ti, de tu ciencia, de tu fuerza y aun de tu capacidad de ayudarte a ti mismo para conseguir la vida y la libertad del gozar. Por el contrario, sentirás como por encanto, de repente y por un milagro que se ha de repetir cada día sin hacerse rutina, sentirás que estás con Él. Experimentarás de repente que la pétrea faz de tu desesperanza no era más que la aurora de Dios en tu alma, que las tinieblas del mundo no eran sino el resplandor de Dios, que no conoce sombra; que la aparente cerrazón de horizontes y caminos era la auténtica inmensidad de Dios que no necesita caminos, porque Él está ya allí.

Comprenderás en seguida que no es propiamente que Él haya de venir a tu corazón sepultado, sino que no has de empeñarte tú en huir de ese corazón, porque Él está allí y no hay motivo alguno para salir de esa bendita desesperación a buscar un consuelo fuera, que no lo sería y que no lo hay. Notarás que tú, el sí libre de tu fe y de tu amor, debe encerrarse en el corazón sepultado para encontrar allí al que ya siempre estuvo allí y esperaba, al Dios vivo y verdadero.

Eso es lo segundo. Él está en tu sepultado corazón. Él solo. Pero Él, el que lo es todo, y por eso parece como si no fuera nada. Él está allí, aun cuando tú no estés; y sin Él nada tendrías tú, ni a ti mismo.

– De la necesidad y don de la oración, 18-20

Dios en ti desea a Dios para ti (Jn 16,23-30). Jesús dice que pidamos en su nombre; nos dice que esta oración es oída por el Padre y hasta se adelanta a ella, pues sabe que, hecha en su nombre, procede del amor y la fe. Jesús añade que, si somos oídos por razón de esta oración hecha en su nombre, nuestro gozo será cumplido.

¡Pedir en nombre de Jesús! Si por la palabra «pedir» no entendemos, demasiado aprisa e impensadamente, una oración expresa a Dios con palabras e ideas expresas; si reflexionamos sobre nosotros mismos, tal como somos en la vida, en nuestra circunstancia, en nuestras horas calladas, veremos que realmente sólo somos deseo, aspiración, esperanza de lo nuevo y distinto, hambre y sed de los bienes de la existencia; somos realmente un grito único por un cumplimiento y perfección que aún no poseemos. Estas aspiraciones que casi se identifican con nosotros mismos, que vivimos y somos, se dispersan extrañamente por las más varias direcciones, de acá para allá; se contradicen entre sí; tienden a lo más alto y sublime y apetecen por igual lo más concreto de esta tierra. Alternan estas codicias nuestras, este gritar, este apetecer y querer y desear y ansiar y rogar y pedir. Ora es esto, ora lo otro; somos poco menos que un caos inmenso de tales deseos y apetencias. Y no podemos evitarlo, por más que queramos ser hombres ordenados, claros, de rígida forma y estructura; no podemos menos de tener una gran cantidad de semejantes deseos.

Ahora bien, por sí mismos, no se concentran en una figura única, en una unidad interna, en una clara imagen en la que pudiéramos mirarnos a nosotros mismos y todo nuestro entero y puro cumplimiento. Necesitamos de uno que reduzca a orden, a paz, a claridad y transparencia interna este apetecer que forma nuestro propio ser. Así, establecida en nuestro interior una referencia universal, podemos estar íntimamente tranquilos, ser íntimamente ordenados y ser realmente un pedir y desear al que se le ha prometido que será oído, porque a la postre sólo podemos ser oídos si nuestra petición, dentro de su multiplicidad, es una y señera.

Por eso tenemos que pedir en nombre de Jesús; lo cual, en último término, no quiere decir que en nuestras palabras sólo nos refiramos simplemente a Él y codiciemos luego cuanto nos inspire precisamente nuestro corazón dividido, o nuestro deseo instintivo, o nuestra búsqueda desalentada de esto o lo otro. No, pedir en nombre de Jesús quiere decir entrar en Él, vivir de su vida, estar unidos a Él por la fe y la caridad. Si Él está en nosotros por la fe, por la caridad, por la gracia y por su espíritu; si de ese centro de nuestra existencia que es Él mismo se levanta luego nuestra petición, y todo lo que somos en peticiones y deseos se reúne y concentra todo en Él y en su Espíritu, entonces nos oye el Padre; entonces nuestro pedir es sencillo, recto y concentrado, serio y sencillo; entonces cabe decir de nosotros lo que dice Pablo: que no sabemos qué pedir, y que el Espíritu de Jesús intercede por nosotros y dice la sola palabra: *Abba,* Padre. Él desea a Aquel de quien han salido el Espíritu y Jesús mismo, desea a Dios, pide a Dios, pide para nosotros a Dios.

Todo está encerrado en esta petición; no en el sentido de que no podamos pedir a Dios todo lo demás que de algún modo alivia nuestra vida y la hace más clara y luminosa; no que no podamos pedir el pan de cada día y clamar al Padre eterno en nuestras necesidades y dolores diarios; todo esto es necesario, pero todo debe quedar englobado en la grande y señera petición del Espíritu de Cristo, en nombre de Jesús. Entonces advertiremos que Dios nos oye de una manera u otra. Esta añadidura –«de una manera u otra»– no la sentiremos ya como una fácil salida de gentes piadosas cuando no somos oídos. No, seremos siempre oídos, pero justamente *porque* pedimos en nombre de Jesús. Y esta petición es, en definitiva, que el Señor crezca en nuestra vida, que Dios llene nuestra existencia, que venza, que junte lo disperso en nuestra vida y reúna las mil peticiones de que estamos compuestos.

Él nos *oye,* porque se nos da a sí mismo. Deberemos, claro está, aceptar esta dádiva y no agarramos a otras muchas cosas. Si nos asimos a Él, Dios nos da –como nos dijo Jesús– todo lo demás que necesitamos, por añadidura. Él nos da que esta necesidad insatisfecha se *torne* riqueza y plenitud. No nos queda otra alternativa sino pedir al Padre en nombre de Jesús su espíritu bueno, como dice Jesús en san Lucas, o ser ese confuso remolino de apetencias que corren revueltas, dividen nuestro corazón, desgarran nuestra vida y van derechamente a la muerte.

Mas el que pide en nombre de Jesús es oído por Dios, que se le da a sí mismo y su bendición, y entonces –aun entre lágrimas, aun con dolor, aun en medio de la necesidad, aun en la apariencia de no haber sido oídos– nuestro corazón está tranquilo en Dios, y esto es, aun ahora que peregrinamos lejos del Señor, el gozo cumplido. Jesús nos puede muy bien decir: «Hasta ahora no has orado en mi nombre, lo has intentado, lo has pensado, has tenido conatos; pero *yo,* que lo reúno todo, que lo unifico todo en tu vida debo ser de modo enteramente distinto la fuerza y contenido, la bendición y gracia de tu oración. Pide ahora en mi nombre y reza la oración que yo recé en la cruz, cuando dije: "Padre, en tus manos encomiendo mi espíritu", porque sabía que volvía al Padre y que por esta vuelta quería enviar su Espíritu; ese Espíritu que, como Dios en ti, pide a Dios para ti, a fin de que tu oración sea escuchada, y tu gozo cumplido».

– Homiliario bíblico, 88-91

PUEDO ORAR, DIRIGIRME AL MISTERIO INFINITO. Lo enorme de esta experiencia, que todo lo centra en una especie de temblor, es lo siguiente: puedo dirigirme hacia ese Secreto o Misterio que todo lo abarca, que todo lo lleva y todo lo penetra, que se distancia de todo y, sin embargo, lo asume todo consigo; puedo invocarle, *puedo orar.* Sé que cuando viene a realizarse ese encuentro orante, ello se debe, una vez más, a la acción del mismo Misterio. Más aún, este Misterio actúa de tal forma que, cuando me encuentro ante él, siendo distinto de él, introducido en mi propia realidad, cuando me entrego a él, no me pierdo, sino que, por el contrario, vengo a convertirme en alguien que participa de este Misterio infinito. Experimento (a través de eso que nosotros, los cristianos, llamamos «gracia») que este Misterio, para ser el mismo, no necesita alejarse de mí en una distancia infinita, sino que, al contrario, *él mismo se entrega a nosotros,* para nuestra plenitud.

A los cristianos les está prohibido (con una prohibición que ha de tomarse totalmente en serio) contentarse con algo que sea menor que la infinita plenitud de Dios; les está prohibido instalarse en lo finito de un modo definitivo y feliz, contentándose con esa estrechez, pensando, con una modestia mentirosa, que Dios no puede tomar en serio a esta criatura finita que somos nosotros, aunque estemos lastrados por mil condicionamientos.

Esto significa no sólo que el mundo ha empezado a encontrarse a sí mismo en el hombre (empezando, por mi causa, a ser también de otra manera), sino que Dios ha comenzado también a venir al hombre, y el hombre a ir hacia Dios.

– Schriften zur Theologie, XIV, 13

LA EXPECTACIÓN DE LO QUE VIENE. A mí me parecería que los esquemas de ideas con los que se trata de interpretar lo que es la vida eterna se ajustan poco, en la mayoría de los casos, a aquella cesura radical que viene dada con la muerte. Se piensa en la vida eterna, a la que ya de manera extraña se designa extensamente como «el más allá» y como lo que hay «después» de la muerte, recurriendo demasiado engalanadamente a realidades que aquí nos resultan familiares, como la supervivencia, como el encuentro con aquellos que aquí estuvieron cerca de nosotros, como gozo y paz, como banquete festivo y júbilo. Y todo esto y otras cosas semejantes se representan como algo que no va a cesar nunca, sino que ha de continuar.

Me temo que la radical incomprensibilidad de lo que se entiende realmente por «vida eterna» se minimiza, y que lo que nosotros llamamos «visión inmediata de Dios» en esa vida eterna se reduce a un gozoso disfrute junto a otros que llenan esta vida; la indecible enormidad de que la Divinidad absoluta descienda, pura y simplemente, a nuestra estrecha creaturidad no se percibe auténticamente. Me parece que es una atormentadora tarea, no dominada, del teólogo de hoy el descubrir un mejor modelo de representación de esa vida eterna, un modelo que excluya desde un principio esas minimizaciones a que nos referíamos. Pero ¿cómo?

– Cuando los ángeles de la muerte hayan eliminado de los espacios de nuestro espíritu toda la basura vana a la que llamamos nuestra historia (aunque permanezca, claro está, la verdadera esencia de la libertad realizada);

– cuando dejen de brillar y se apaguen todas las estrellas de nuestros ideales con las que nosotros mismos, por nuestra propia arrogancia, hemos ido adornando el cielo de nuestra existencia;

– cuando la muerte cree un vacío enormemente silencioso, y nosotros, creyendo y esperando, hayamos aceptado tácitamente ese vacío como nuestra verdadera esencia;

– cuando nuestra vida vivida hasta aquel momento, por muy larga que sea, aparezca simplemente como una única explosión breve de nuestra libertad que nos parecía extensa como contemplada a cámara lenta, una explosión en la cual la pregunta se convierta en respuesta, la posibilidad en realidad, el tiempo en eternidad, lo ofrecido en libertad realizada;

– y cuando entonces, en un enorme estremecimiento de un júbilo indecible, se muestre que ese enorme vacío callado al que sentimos como muerte está henchido verdaderamente por el misterio originario al que denominamos «Dios», por su luz pura y por su amor que lo toma todo y lo regala todo;

– y cuando desde ese misterio sin forma se nos manifieste además el rostro de Jesús, del Bendito, y nos mire, y esa concretez sea la *superación divina* de toda nuestra verdadera aceptación de la inefabilidad del Dios que no tiene forma...,

- entonces no querría describir propiamente de manera tan imprecisa lo que viene, pero lo que sí desearía es indicar balbuceando cómo puede uno esperar provisionalmente lo que viene, experimentando la puesta de sol de la muerte misma como el amanecer mismo de aquello que viene.

Ochenta años son un largo espacio de tiempo. Pero, para cada uno, el tiempo de vida que se le ha concedido es el breve instante en el que llega a ser lo que ha de ser.

– Sobre la inefabilidad de Dios.
Experiencias de un teólogo católico, 49-52

2. El «precio» de esta gracia

TRASCENDERSE A SÍ MISMO Y ABRIRSE A LA INMEDIATEZ DE DIOS. Sólo quien cree en otro –no sólo en teoría, sino también en las decisiones prácticas– y conforme a él orienta su vida, logra rebasarse a sí mismo, de suerte que ya no gire únicamente en torno a su propio ingenio, para acabar no comprendiéndose ni aun a sí mismo.

– Meditaciones sobre los Ejercicios de San Ignacio, 227

«Me parece evidente que el ayudar de este modo a que se produzca el encuentro con Dios (¿o quizá habría que decir: ayudar al hombre a experimentar que siempre ha estado y sigue estando en contacto con Dios?) es hoy más importante que nunca, porque, de lo contrario, se correrá el riesgo insuperable de que todas las indoctrinaciones teológicas y todos los imperativos morales externos se hundan en esa calma letal que el ateísmo contemporáneo esparce en torno a cada individuo, sin que éste se percate de que esa terrible calma está, a su vez, hablando de Dios. Lo repito por enésima vez: yo ya no puedo dar Ejercicios y, por consiguiente, mi aseveración de que se puede encontrar directamente a Dios sigue siendo, naturalmente, una afirmación por demostrar.

Ahora entenderás por qué digo que para vosotros, los jesuitas, la principal tarea, en torno a la cual deben girar todas las demás, ha de ser la de dar Ejercicios. Con ello, naturalmente, no me refiero en absoluto a esos cursos organizados de un modo oficial que se imparten a muchos de una vez, sino a una ayuda mistagógica destinada a que los demás no rechacen la inmediatez de Dios, sino que la experimenten y la asuman claramente. Esto no significa que todos y cada uno de vosotros podáis o debáis dar Ejercicios de esta forma; es preciso que no todo el mundo piense que puede hacerlo. Tampoco se trata de infravalorar las restantes actividades de tipo pastoral, científico o sociopolítico que creáis que debéis realizar en el transcurso de vuestra historia.

Pero todas estas cosas deberíais considerarlas como preparación o como consecuencia de la tarea que también en el futuro ha de seguir siendo fundamental para vosotros: ayudar a que se produzca esa experiencia directa de Dios, en la que al ser humano se le revela que ese misterio incomprensible que llamamos "Dios" es algo cercano, se puede hablar con Él y nos salva por sí mismo precisamente cuando no tratamos de someterlo, sino que nos entregamos a Él incondicionalmente. Deberíais examinar constantemente si toda vuestra actividad sirve a este fin. Y si es así, entonces puede perfectamente uno de vosotros ser biólogo y dedicarse a investigar la vida anímica de las cucarachas».

– *Palabras de Ignacio de Loyola...,* 12-13

LA EXPERIENCIA DEL ESPÍRITU EN LAS EXPERIENCIAS HUMANAS CONCRETAS. Por ejemplo:

Una persona no entiende la cuenta de su vida, no puede encajar los elementos de esta cuenta vital por errores, culpas o la misma fatalidad. Aunque a menudo le parece imposible, intenta arrepentirse, pero la cuenta no sale, y no sabe cómo introducir a Dios en esa cuenta para que compense el «debe» y el «haber». Esta persona se entrega a Dios sin poder compensar en absoluto el balance de su vida más o menos con cierta exactitud. Se entrega a la esperanza de una última reconciliación no calculable de su ser, a la que llamamos «Dios» y en la que vive. El hombre se abandona confiado y con esperanza, con su ser opaco. Él mismo no sabe cómo sucede este prodigio del que solamente por sus fuerzas no podría disfrutar ni considerarse como autor.

Otra persona puede perdonar a pesar de no recibir recompensa alguna y de que su perdón silencioso es considerado por la otra parte como normal.

Otra intenta amar a Dios, aunque en apariencia no recibe respuesta de amor por parte del gran Silencioso; aunque no es arrebatado por una oleada de entusiasmo sensible, no puede confundirse a sí mismo y ese impulso vital a Dios. Intenta amar, aunque se siente morir de este amor que se le presenta como muerte y negación absolutas. Con ese amor parece estar clamando en el vacío, ya que es como un salto terrible en un lugar sin suelo donde todo lo aparente y comprensible parece perder su sentido.

Otra cumple con su obligación en un sitio donde aparentemente sólo se puede hacer esto, aunque con la viva impresión de que realmente se está negando a sí misma y aniquilándose. Esto puede resultar a los demás como la mayor tontería, y nadie lo agradece.

Otra persona es verdaderamente buena con sus compañeros y no recibe de ellos ninguna respuesta de gratitud: no es recompensada por su bondad, ni siquiera con la impresión de ser desinteresada, responsable o cosa por el estilo.

Otra calla, aunque podría defenderse al ser tratada injustamente; calla sin disfrutar de su silencio como de una soberanía de su intocabilidad.

Una persona se ha decidido a algo, movida puramente por la exigencia más íntima de su conciencia, aunque a nadie puede hacer comprender tal decisión, a pesar de estar completamente sola, sabiendo que se trata de una decisión que nadie puede tomar en su nombre y que tendrá que responder de ella siempre.

Otra persona obedece, no porque tenga que hacerlo así, sino solamente movida por Dios y por su voluntad misteriosa, silenciosa e incomprensible.

Alguien se priva de algo sin esperar agradecimiento, sin ser reconocido por los demás, incluso sin la sensación de estar internamente liberado.

Otro está completamente solo; para esta persona palidecen los contornos coloreados de la vida, y todas las seguridades se retiran a una lejanía sin fin. Sin embargo, no huye, sino que resiste en medio de esta soledad, comparable a la del último momento del que se ahoga abandonando su última esperanza.

Otro comprueba, no sin dolor, que sus ideas más penetrantes y sus operaciones de pensamiento más intelectuales se desmoronan, que la unidad del consciente y de lo conocido persiste en el derrumbamiento de todos los sistemas, que la multiplicidad enorme de las preguntas no se acaba y, sin embargo, no debe ni puede detenerse en lo ya sabido con claridad.

Otro nota de pronto cómo el arroyo de su vida zigzaguea, aparentemente sin meta, a través del desierto de la banalidad y siente el miedo paralizante de perderse completamente. Sin embargo, espera que este arroyo encuentre, no sabe cómo, la anchura sin fin del mar, aun cuando esté todavía oculto a sus ojos por las dunas grises que se extienden ante él.

Así podríamos seguir durante mucho espacio sin haber llegado a mencionar la experiencia adecuada que para este o aquel hombre determinado supone en su vida la experiencia del Espíritu, de la libertad y de la gracia. Cada persona la realiza según su situación histórica e individual. El hombre sólo debe admitirla y desenterrarla de entre los escombros del quehacer diario. Es preciso no huir de esta experiencia allí donde quiera hacerse presente sin ruido y no apartarse de ella molestos, como si se tratase solamente de una inseguridad y de un estorbo para la evidencia del vivir diario y para la claridad científica.

Permítasenos decir otra vez, a pesar de que estemos repitiendo lo mismo siempre y casi con las mismas palabras, que:

- cuando se da una esperanza total que prevalece sobre todas las demás esperanzas particulares, que abarca con su suavidad y con su silenciosa promesa todos los crecimientos y todas las caídas;
- cuando se acepta y se lleva libremente una responsabilidad donde no se tienen claras perspectivas de éxito y de utilidad;
- cuando un hombre conoce y acepta su libertad última, que ninguna fuerza terrena le puede arrebatar;
- cuando se acepta con serenidad la caída en las tinieblas de la muerte como el comienzo de una promesa que no entendemos;
- cuando se da como buena la suma de todas las cuentas de la vida que uno mismo no puede calcular, pero que Otro ha dado por buenas, aunque no se puedan probar;
- cuando la experiencia fragmentada del amor, la belleza y la alegría se viven sencillamente y se aceptan como promesa del amor, la belleza y la alegría, sin dar lugar a un escepticismo cínico como consuelo barato del último desconsuelo;
- cuando el vivir diario, amargo, decepcionante y aniquilador se vive con serenidad y perseverancia hasta el final, aceptado por una fuerza cuyo origen no podemos abarcar ni dominar;
- cuando se corre el riesgo de orar en medio de tinieblas silenciosas, sabiendo que siempre somos escuchados, aunque no percibimos una respuesta que se pueda razonar o disputar;
- cuando uno se entrega sin condiciones, y esta capitulación se vive como una victoria;

- cuando el caer se convierte en un verdadero estar de píe;
- cuando se experimenta la desesperación y misteriosamente se siente uno consolado, sin consuelo fácil;
- cuando el hombre confía sus conocimientos y preguntas al misterio silencioso y salvador, más amado que todos nuestros conocimientos particulares, convertidos en señores demasiado pequeños para nosotros;
- cuando ensayamos diariamente nuestra muerte e intentamos vivir como desearíamos morir: tranquilos y en paz;
- cuando... (podríamos continuar indefinidamente)...

...allí está Dios y su gracia liberadora; allí conocemos a quien nosotros, cristianos, llamamos «Espíritu Santo de Dios»; allí se hace una experiencia que no se puede ignorar en la vida, aunque a veces esté reprimida, porque se ofrece a nuestra libertad con el dilema de si queremos aceptarla o si, por el contrario, queremos defendernos de ella en un infierno de libertad al que nos condenamos nosotros mismos.

Ésta es la mística de cada día: el buscar a Dios en todas las cosas. Aquí está la sobria embriaguez del Espíritu de la que hablan los Padres de la Iglesia y la liturgia antigua, y a la que no nos está permitido rehusar o despreciar por su sobriedad.

– Experiencia del Espíritu, 48-53

EL AMOR A DIOS QUE INTEGRA Y CONCENTRA LA VIDA TODA DEL HOMBRE. Si preguntamos: ¿cuál es el acto capital del hombre en el que éste puede concentrar su entero ser y vivir aquel acto que puede abarcarlo todo y encerrarlo todo, todo lo que se llama hombre y vida del hombre: risa y llanto, dicha y desesperación, espíritu y corazón, el cada día y las horas cumbres, cielo y tierra, fuerza y libertad, pecado y salvación, pasado y futuro?, no se ofrece ciertamente tan inmediata ni evidente la respuesta a esta pregunta. No nos atreveríamos a decir a cierra ojos que es el amor el cauce de esa integración total humana.

Pero está patente al menos una realidad. El amor a Dios puede, efectivamente, abarcarlo todo, y sólo él. Porque él sólo pone al hombre delante de Aquel sin el cual el hombre sería sólo la horrible conciencia del vacío radical y de la nada. Él sólo está en disposición de aunar todas las fuerzas múltiples, caóticas y entre sí opuestas del hombre, porque ese amor lo refiere todo a Dios, cuya unidad e infinitud puede realizar en el hombre aquella unidad que reduce a síntesis la multiplicidad de lo finito sin eliminarlo.

El amor, sólo él, hace al hombre olvidarse de sí mismo (¡qué infierno, si no se nos diera al fin lograr esto...!). Él sólo puede salvar todavía las más oscuras horas del pasado, porque sólo él encuentra en sí valor para creer en la misericordia del Dios Santo. Sólo él no se reserva para sí nada y puede por ello disponer aún del futuro que, de otro modo, el hombre, desbordado por la angustia de su finitud, estaría siempre tentado de ahorrarse. Él puede, a la par que a Dios, amar también a esta tierra. Y así puede integrar en ese momento de eternidad todos los amores de acá, y sólo a él no se le acabará el ánimo y el optimismo en esta vida, porque ama a Aquel que nunca se ha arrepentido de haber hecho esta tierra que nos aparece como tierra de pecado, de maldición, de muerte, de inanidad.

– De la necesidad y don de la oración, 96-97

CONFIAR EL JUICIO SOBRE NOSOTROS MISMOS A DIOS. En el capítulo 4 de la Primera Carta a los Corintios escribe Pablo: «*A nosotros ha de mirársenos como servidores de Cristo y dispensadores de los misterios de Dios. Ahora bien, de un dispensador se requiere que sea hallado fiel. Si bien, a mí poco se me importa ser juzgado por vosotros o por otro tribunal humano, pues ni a mí mismo me juzgo. Cierto que en nada me remuerde la conciencia, mas no por eso me tengo por justificado. El Señor es quien me juzga. Por eso no juzguéis antes de tiempo, hasta que venga el Señor, el cual sacará a luz lo que está es-*

condido en las tinieblas y pondrá de manifiesto los pensamientos de los corazones, y entonces recibirá cada uno su alabanza de Dios» (1 Co 4,1-5).

Aproximadamente por el año 55 escribió Pablo, desde Éfeso, la Primera Carta a los Corintios, iglesia que había fundado en su segundo viaje misional. Esta carta aborda asuntos y prescripciones prácticas de la iglesia de Corinto [...]

Este texto escogido nos dice también algo muy importante. Pablo afirma que no le importa ser juzgado por un tribunal humano. Para su Señor está firme o cae. Por Él debe ser juzgado. En este contexto, como un encarecimiento, añade Pablo que ni a sí mismo se juzga.

Esta frase ha de leerse con cierta cautela, según la intención del mismo san Pablo. En este mismo capítulo en que describe esta extraña frase, recalca que es apóstol de quien los corintios tienen algo que aprender, y narra muy puntualmente cómo ha venido a ser espectáculo para el mundo y hasta para los ángeles y los hombres. Pablo sabe, pues, quién es, y recalca que nada le remuerde la conciencia. Afirma haber cumplido bien su oficio de apóstol. Es decir, que se juzga a sí mismo, se hace su propio juez. Lo cual, en cierto sentido, es cosa que se sobreentiende. El hombre es un ser espiritual libre; tiene que responder de su vida y no puede menos, por ende, de mirar de cuando en cuando a su pasado y pedirse cuentas de si realmente ha sido un servidor fiel. Lo mismo nosotros; y tranquilamente podemos decir que este tiempo de Navidad puede ser de sereno e íntimo recogimiento y examen. Y, sin embargo, Pablo dice que no se juzga a sí mismo. ¿Qué quiere decir con esto?

Lo que con esto dice puede ser también muy importante para nosotros. Pablo sabe que lo postrero, lo definitivo, lo que realmente lo ilumina y juzga todo, no viene de nosotros, sino de Dios. Dios juzga; Dios conoce nuestro corazón, y no nosotros; Él penetra lo escondido, como dice Pablo, y lo sacará un día a la luz. Esto nos es imposible a nosotros, por más que no nos remuerda la conciencia y por más que una y otra vez nos examinemos, como dice Pablo, en otro lugar de esta misma carta, que se examine el hombre antes de acercarse al sacramento de la eucaristía. Pero este examen, por muy importante que sea, sólo adelanta un trozo más.

En cierto sentido, somos los más desconocidos para nosotros mismos. En cierto sentido, es imposible para nosotros ser, a la vez, criterio y juez, acusado y examinado en una persona. Y como eso nos es, en último término, imposible, nuestro examen es provisional y, por serlo, podemos confiada y tranquilamente dejar este juicio a Dios. Los hombres somos a veces harto escrupulosos. Queremos tal vez ordenarlo todo con demasiada exactitud. Sentimos tal vez demasiado la necesidad de que nuestros libros de cuentas registren hasta el último céntimo. Hay hombres que hacen demasiado poco, gentes superficiales que están con harta facilidad satisfechas de sí mismas y, con unas cuantas excusas, piensan que deben defenderse delante de Dios. En realidad, sólo podemos refugiarnos en Dios; en realidad, sólo podemos –míseros, desvalidos y frágiles– rogar continuamente a Dios que enderece lo torcido y allane lo montaraz y esclarezca lo oscuro.

Si vemos así lo que Pablo dice, el texto encaja bien en el tiempo de Navidad. Debemos oír realmente el mensaje del evangelio, que nos dice que Dios es bueno, que viene a nosotros en su gracia humanada y que, si Él viene, por Él y no por nosotros saldrá lo tenebroso a la luz y lo oculto al día de Dios. Este día, que nos juzga en este tiempo si de verdad celebramos la Navidad, es el día de la gracia, del amor y de la fidelidad de Dios para con nosotros. Dios está a nuestro lado, aunque frecuentemente nosotros no hemos estado al suyo. Dios nos ama, por más que nosotros a veces lo olvidemos en nuestro diario quehacer, y a pesar de que, por lo menos aparentemente, estemos más cerca de muchas otras cosas que de Él, Dios de nuestro corazón y herencia nuestra para siempre. Él es el fiel, el bondadoso, el cercano, el misericordioso, el lúcido. Él ha venido y quiere en todo tiempo venir más a nosotros.

Seamos optimistas respecto de Dios y su gracia, pues no tenemos derecho a pensar mezquinamente de Dios y de su gracia. No nos juzguemos a nosotros mismos; pero si nos dejamos juzgar por Él con paciencia con Él y con nosotros, en fidelidad a Él en la aceptación de la vida que Él mismo asumió al hacerse hombre, con confianza en Él, entonces el juicio en su día será gracia y paz de parte de Dios redentor nuestro.

– Homiliario Bíblico, 118-122

3. Amor a Dios y amor al prójimo

RELACIÓN ENTRE EL AMOR A DIOS Y EL AMOR AL PRÓJIMO. El amor a Dios tiene relación con el amor al prójimo, no sólo porque este último ha sido preceptuado por aquél y, en cierto modo, hace las veces de ensayo práctico del mismo. La relación es mucho más estrecha: el amor a Dios y el amor al prójimo se condicionan mutuamente; el amor al prójimo no es sólo una obra exigida por el amor a Dios y subsiguiente a ese amor, sino que, en cierto sentido, es una condición que lo precede.

Esta relación de condicionamiento mutuo, de inclusión recíproca, no debe entenderse, claro está, en el sentido de un humanismo secularizado, como si el amor a Dios fuera un término pasado de moda, una expresión mitológica que sirviera para designar el amor al prójimo: una expresión de la que podría hoy prescindirse cuando se quisiera hablar de un amor riguroso y desinteresado al hombre. Dios es más que un hombre, infinitamente más. Es el Dios que se halla por encima de toda realidad humana y que ha de ser amado en adoración. Y, no obstante, se da una relación mutua entre el amor a Dios y el amor al prójimo, por cuanto que ambos se condicionan de veras mutuamente. No hay amor a Dios que no sea ya en sí mismo amor al prójimo y que, sin la práctica de este último, pueda llegar a serlo realmente. Sólo quien ama al prójimo puede saber quién es realmente Dios. Y, a fin de cuentas, sólo quien ama a Dios podrá darse incondicionalmente a la otra persona y no convertirla en medio para la afirmación de sí mismo. Que lo haga de manera refleja o no, es ya otra cuestión.

Si, por consiguiente, en el amor incondicional al prójimo se da ya conjuntamente el amor a Dios, ello no significa, ni mucho menos, una mengua o falsificación del verdadero amor al prójimo. Dios no hace la competencia al hombre, sino que Dios es quien hace que se pueda comprender al hombre, quien le da su suprema significación y dignidad radical, estando al mismo tiempo de manera muy íntima dentro del hombre y descollando infinitamente por encima de él. La existencia hacia Dios es la interioridad más íntima del hombre. Cuando el hombre es amado con una orientación hacia Dios, es amado en su supremo ser y esencia; y cuando el hombre se abre realmente en el amor al prójimo, se da para él la posibilidad de salir de sí mismo con verdadero amor, para amar a Dios.

– Amar a Jesús, amar al hermano, 94-96

UNIDAD ENTRE LOS SENTIMIENTOS Y LA ACCIÓN. Para la antropología católica hay unidad y diversidad entre los sentimientos y la acción. Por «acción» se entiende aquí un acto concreto, especificable y controlable, que racionalmente se puede deslindar, describir y organizar. Los sentimientos significan, en último término, la relación única y total del hombre con Dios y con el prójimo. Los sentimientos y la acción no se pueden separar entre sí ni tampoco son idénticos. Los sentimientos supremos lo son realmente cuando se concretan en una acción, sin que por ello sean absolutamente palpables y controlables *a posteriori* en sí mismos. Lo que ocurre, más bien, es que en tal acción los sentimientos llegan a su manifestación (una manifestación que es absolutamente necesaria para ellos) y llegan también a un ocultamiento ya que, en su necesaria objetivación en hechos, no pueden ser captados ni determinados adecuadamente por la reflexión del autor de la acción ni por los demás observadores.

A causa de esta relación de unidad y diferencia que hay entre los sentimientos y la acción, no pueden contemplarse una «ética de los sentimientos» (o «de las intenciones», como se dice a veces) y una «ética de las obras» como dos magnitudes que en último término fueran idénticas, o entre las que uno pudiera escoger.

Y por eso, en lo que se refiere al amor al prójimo, a la fraternidad cristiana no le resulta lícito tampoco efectuar una elección entre la «ética de los sentimientos» y la «ética de las obras». Los sentimientos [= las intenciones] no pueden prescindir de la acción, pero tampoco pueden compensarse mediante obras.

– Ibid., 97-98

¿QUÉ O QUIÉN JUSTIFICA EL AMOR ABSOLUTO AL PRÓJIMO? Aquí habría que tomar radicalmente en serio e interpretar además «desde abajo», a partir del amor concreto del prójimo, y no sólo «desde arriba», lo que se encuentra en Mt 25. Si de las palabras de Jesús, según las cuales él mismo es verdaderamente amado en todo prójimo, no hacemos un «como si» o tan sólo una teoría de alcance jurídico, entonces esas palabras leídas desde la experiencia del amor mismo dicen que un amor absoluto que entre en el hombre de un modo radical y sin reservas, acepta implícitamente a Cristo por la fe y la caridad. Y esto es exacto. Pues el puro hombre, finito y nunca merecedor de plena confianza, no puede justificar como cosa llena de sentido que únicamente él sea el beneficiario del amor absoluto que le sale al encuentro, y en el que una persona se «compromete» por completo y se arriesga confiando en el otro. Por sí solo, el hombre únicamente podría ser destinatario de un «amor» cauteloso en el que el amante, o bien se reserva, o bien se arriesga a lo que posiblemente carece de sentido.

– Sacramentum Mundi, IV, 38

* * *

«Dios de mi rutina» (Oración)

Señor, quiero presentar ante ti mi vida cotidiana. Las largas horas y días llenos de todo, menos de ti. Mira esta vida de todos los días, mi Dios amable, que eres misericordioso con el hombre que casi no es otra cosa que vida de rutina. Mira mi alma, que casi no es otra cosa que una calle sobre la cual la chusma de este mundo sigue desfilando sin fin con sus innúmeras bagatelas, con su murmuración y sus trajines, con su curiosidad y su vana presunción. ¿No es por ventura mi alma, delante de ti y de tu verdad insobornable, como un mercado en el cual los vagabundos de los cuatro vientos se dan cita y ponen en venta las pobres riquezas de este mundo; donde yo, en eterno y enfadoso desasosiego, y el mundo también y los hombres, exhibimos nuestras cosas que nada valen?

Aprendí una vez, hace muchos años, como «filósofo»en la escuela, que el alma es al mismo tiempo todo. ¡Ay, Dios mío! ¡De cuán distinta manera he tenido que vivir ahora esta palabra con respecto a lo que entonces había pensado y soñado...! Tu pobre alma se ha ido convirtiendo como en un inmenso almacén en el cual, un día tras otro, «todo» se le va metiendo por todos lados, sin ton ni son, hasta que queda repleto, desbordante, de vida cotidiana.

¿Qué será de mí, Dios mío, si mi vida prosigue así? ¿Qué me pasará en aquella hora en la cual, de repente, todos estos objetos de la rutina diaria serán echados a una de este almacén, como ocurrirá en la hora de mi muerte? Entonces ya no habrá rutina, entonces de repente seré abandonado por todo lo que ahora llena mis días y mi vida. Pero yo mismo, ¿qué seré en esa hora única en la cual seré más yo mismo, y fuera de eso nada más? ¿Qué seré entonces yo, aquel que durante una vida sólo fue rutina, esto es, trajín y vacío colmado con murmuración y fruslerías? ¿Qué será de mí cuando la pesada violencia de la muerte venga a cobrar inexorablemente y sin misericordia la cuenta justa de mi vida, de los muchos días y largos años? ¿Cuál va a ser entonces el resultado? Dios mío, si tú fuiste misericordioso conmigo, entonces, en este gran desengaño que vendrá sobre el gran equívoco de mi rutina, quizá un par de instantes serán el auténtico resto de una vida inauténtica, un par de momentos en los cuales la gracia de tu amor se habrá colado en algún rincón de mi vida llena de trajín rutinario.

Pero ¿cómo he de cambiar esta miseria de mi rutina, cómo he de volverme hacia el único ser necesario que eres tú? ¿Cómo he de huir de la rutina? ¿No me empujaste tú a esta rutina? ¿Acaso no me encontraba yo ya perdido en este mundo y en plena rutina cuando por primera vez sospeché y comprendí que mi vida verdadera debía ahogarse en ti y no en la rutina? ¿No me hiciste tú hombre? Pero ¿qué cosa es el hombre sino el ser que, insuficiente a sí mismo, anhela tu infinitud y por ello comienza a correr al encuentro de tus lejanas estrellas y así recorre todas las calles del mundo, y al fin de esos caminos sigue viendo refulgir tus estrellas con serenidad y a la misma distancia?

Y mira, Dios mío, si yo quisiera huir de mi rutina, si yo quisiera volverme cartujo para no tener que hacer otra cosa que permanecer en adoración silenciosa ante tu faz sagrada, ¿estaría yo entonces realmente a salvo, encima de la rutina? Cuando pienso en las horas en las cuales estoy ante tu altar, o rezo el breviario de tu Iglesia, entonces sé que no son los negocios mundanos los que hacen rutina de mis días, sino que soy yo mismo el que soy capaz de transformar los acontecimientos sagrados en horas de rutina gris. Yo convierto mis días en rutina, no ellos a mí.

Por eso sé que si, en última instancia, puede haber un camino que vaya a ti, irá por en medio de mi rutina. Sin la rutina, solamente podría huir hacia ti si en esta santa fuga pudiera dejarme a mí mismo atrás. Pero ¿hay algún camino en medio de la rutina que vaya hacia ti? Semejante camino ¿no me aleja acaso siempre más de ti, más profundamente cada vez hacia el vacío ruidoso de las ocupaciones, en el cual tú, Dios silencioso, no habitas? Yo bien sé que el movimiento que le llena a uno vida y corazón llega a hastiar, que el *taedium vitae* mencionado por los filósofos, y la saciedad de la vida, de la cual habla tu palabra como la última experiencia en la vida de tus patriarcas, también se vuelve más y más una parte consustancial de mi ser.

Sí, finalmente la rutina se transforma por sí misma en la gran melancolía de la vida. ¿Acaso no experimentan también ésta los paganos? ¿Por ventura ya está uno contigo cuando la rutina finalmente enseña su verdadero rostro, cuando ella misma confiesa que todo es vanidad y tormento espiritual, cuando recojo la experiencia del que predica en tu nombre? ¿Es la rutina, de esta manera tan sencilla, el camino que va a ti? ¿O no alcanza mucho mejor su última victoria precisamente cuando, por fin, los propios objetos de la rutina, las cosas que en otras ocasiones tan fácilmente ayudan al hombre en el aburrimiento y la desolación, se vuelven indiferentes al corazón consumido? ¿Está, pues, un corazón cansado y decepcionado más cerca de ti que otro lozano y contento con el mundo? Propiamente, ¿dónde se te encuentra, si la afición a la rutina hace olvidarse de ti, e incluso el desengaño de la rutina no te ha encontrado todavía y hace más incapaz al corazón amargado y enfermo para encontrarte?

Dios mío, si uno puede perderte en todas las cosas, si ni la oración ni las fiestas santas, ni la paz del monasterio, ni las grandes decepciones por todas las cosas excluyen de sí tal peligro, entonces también estos objetos santos no rutinarios pertenecen de todos modos a la rutina. Sí, entonces la rutina no es un «trozo» de mi vida, no es solamente el trozo más largo de mi vida, sino que siempre hay rutina, «todo» es rutina, porque todo me puede robar y echar a perder lo único que es necesario: a ti, mi Dios.

Pero si en ningún sitio me has dado un lugar en el cual pueda refugiarme para encontrarte de veras, si en todas las cosas puedo perderte a ti, que eres para mí lo único, entonces he de poder también encontrarte en todas las cosas, porque de otra forma el hombre nunca podría encontrarte en modo alguno, ese hombre que sin ti ni siquiera puede existir. Entonces debo buscarte en todas las cosas, porque cada día es rutina de todos los días, y cada día es día tuyo y hora de tu gracia.

Todo es rutina diaria y día tuyo a la vez. Dios mío, otra vez vuelvo a entender lo que ya sabía desde hace mucho tiempo. Vuelve a cobrar vida en mi corazón lo que tantas veces me había dicho el entendimiento. Pero ¿de qué sirve la verdad del entendimiento si no es a la vez la vida del corazón? Una y otra vez tengo que sacar la pequeña nota de Rusbroquio, que ya había copiado para mí hace muchos años, volverla a leer ahora, ya que el corazón la vuelve a comprender. Me consuela una y otra vez leer cómo este hombre espiritual se representaba su propia vida; el que yo todavía guste estas palabras, después de tanta rutina en mi vida, se me figura como una promesa de que alguna vez bendecirás también mi rutina.

Dios viene sin cesar a nosotros mediata e inmediatamente, y nos exige obrar y disfrutar y que una cosa no resulte violentada por la otra, sino constantemente fortalecida. Y por eso el hombre espiritual posee su vida de estas dos maneras, a saber, descansando y obrando. Y en cada una está completa y sin dividirse. Pues está completamente en Dios, porque al disfrutar descansa, y está completamente en sí mismo, porque al trabajar ama; y en todo tiempo es excitado y avisado por Dios para renovar uno y otro, descansar y trabajar. De modo que así el hombre es justo y está en el camino hacia Dios con íntimo amor y eterno obrar. Y va penetrando en Dios mediante la inclinación de disfrutar en una paz eterna. Y se queda en Dios, y vuelve a salir hacia todas las criaturas con amor que lo abraza todo, con virtudes y justicias. Éste es el escalón más elevado de la vida interior. Todos aquellos que no consiguen descansar y obrar en un solo ejercicio, no han alcanzado esta justicia. Un justo así no puede ser detenido al entrar en sí mismo, porque él entrará tanto gozando como trabajando. Mucho mejor se asemeja a un espejo doble que recoge imágenes en ambos lados. Porque en la parte más elevada de su espíritu recibe el hombre a Dios a la vez con todos sus dones, y a través de la parte más baja recoge mediante los sentidos imágenes corporales. [...]

En una sola práctica debo poseer la rutina de cada día y el día tuyo. En la excursión hacia el mundo debo volver dentro de ti en todo, poseerte a ti, el único. Pero ¿cómo se ha de volver día tuyo mi rutina de todos los días? ¡Dios mío, sólo mediante ti! Solamente mediante ti puedo ser un hombre «interior» en el bullicio y distracción de la labor cotidiana. Solamente mediante ti estoy en mí y contigo cuando salgo para estar con las cosas. Ni la angustia ni la nada, ni tampoco la muerte, me libran del estar perdido en los objetos del mundo, como dicen los filósofos de hoy, sino solamente tu amor, el amor a ti. Sólo tú, objeto y meta de todas las cosas; tú, que satisfaces plenamente; tú, que te bastas a ti mismo..., eres mi liberación. Tu amor, mi Dios infinito, el amor a ti, que te yergues a través de todas las cosas, a través de su corazón, muy por encima de ellas, hacia tus infinitas latitudes, y te llevas de paso todos los objetos perdidos como himno de loa de tu infinitud. Ante ti toda la multiplicidad se vuelve unidad. Toda dispersión en ti confluye. En tu amor cada exterioridad se torna interioridad. Mediante tu amor toda salida a la rutina de cada día se vuelve incursión hacia tu unidad, la cual es vida eterna.

Pero este amor, que permite a la rutina ser rutina, y a pesar de eso la transforma en retorno hacia ti, solamente me lo puedes dar tú. De modo que ¿qué he de decirte en esta hora en la cual me traigo a mí mismo, el rutinario, ante tu presencia? Sólo he de hacerte una petición del más común de tus dones, que a la vez es el más elevado: tu amor. Mueve mi corazón con tu gracia. Permite, cuando tiendo la mano a los objetos de este mundo, por la alegría o el dolor, que mediante ellos te comprenda y ame a ti, primer principio de todos ellos. Tú, que eres amor, dame el amor. El amor a ti, para que todos mis días alguna vez desemboquen en el único día de tu vida eterna.

– Palabras al silencio, 67-75

3

JESUCRISTO

«Lo que a Rahner le preocupó fue la pregunta sobre la situación vital del hombre; él se ocupó de saber cuál era la pregunta decisiva de ese hombre a la que pudiera ofrecer una respuesta la figura histórica insustituible de Jesús de Nazaret, de tal manera que aquel hombre pudiera creer en Jesucristo de un modo responsable» (H. Vorgrimler).

1. «Ecce homo»: Mirad al hombre

Jesús, imagen del hombre que somos. El hombre es un ser múltiple, que cambia. No le ha sido concedido ni atribuido permanecer siempre idéntico. Por eso es difícil de decir quién y qué es realmente. Hay muchas cosas de las que posiblemente no le gusta hablar. Huye de sí mismo. Lo consigue, porque para reflexionar en sí mismo y hablar de sí mismo hace falta tiempo y no estar continuamente ocupado. Uno de los elementos que constituyen lo que el hombre es, es lo indecible; y por eso permanece mudo.

¿Qué aspecto tendría la imagen del hombre que mostrase precisamente aquello que el hombre es, pero que ni quiere confesarse a sí mismo que lo es ni está dispuesto a serio?

- Tendría que ser la imagen del hombre que está para morir. Porque no queremos morir y, sin embargo, estamos tan entregados a la muerte que ésta lo domina ya todo en la vida como un poder siniestro.

- Ese moribundo debería estar colgado entre el cielo y la tierra. Porque en ninguno de los dos sitios nos encontramos plenamente como en nuestra casa: porque el cielo está lejos, y la tierra no nos resulta una patria agradable.

- Ese moribundo debería estar solo. Porque cuando se trata de dar el último paso tenemos la impresión de que los demás se despiden de nosotros con perplejidad y recato –incapaces de solucionar su propio problema– y nos dejan solos.

- Ese hombre de la imagen debería estar empalado entre una vertical y una horizontal. Porque la intersección de la horizontal, que todo lo quiere abarcar en la anchura, con la vertical, que exclusivamente tiende en su verticalidad a la unidad única, corta el centro del corazón humano y lo destroza.

- Ese moribundo debería estar bien clavado. Porque nuestra libertad en este mundo desemboca necesariamente en la necesidad de la miseria. Debería tener un corazón traspasado. Porque al final todo se transforma en una lanza que hace correr hasta la última gota de la sangre de nuestro corazón.

- Debería llevar sobre sí una corona de espinas. Porque los últimos dolores vienen del espíritu, no del cuerpo. Y dado que, en definitiva, todos los hombres son como es ese hombre, ese solitario debería estar rodeado de las imágenes de sus semejantes, que son exactamente iguales que él. A uno de ellos se le podría pintar como lleno de esperanza, y al otro como lleno de desesperación. Porque nunca acabamos de saber si al morir prevalece en nuestro corazón la desesperación o la esperanza.

Con eso la imagen quedaría prácticamente terminada. No mostraría todo lo que hay en el hombre, pero sí todo aquello que es preciso que nos muestre, porque estamos empeñados en no verlo –la misma desesperación no es más que una forma de no querer ver. Todo lo demás, que también somos, no es preciso que nos lo muestren, porque lo conocemos amplia y sobradamente con alegría. Lo que esa imagen nos muestra de nosotros mismos nos plantea un problema, y es el problema mismo sobre nosotros mismos, que por nosotros solos somos incapaces de resolver.

Esa imagen de nosotros mismos, que no nos hace ninguna gracia, nos la ha puesto Dios ante nuestros ojos en el Viernes Santo de su Hijo. Momentos antes de que se levantase esa imagen para que la viéramos, hubo uno que dijo: «Mirad al hombre» (Jn 19,5). [...]

Al haber propuesto Dios de esta forma ante nuestros ojos la imagen según la cual hemos sido creados, ya no nos vemos obligados al contemplarla a considerar únicamente la cuestionabilidad de nuestra propia existencia. Dios, al forzarnos a hacernos *la* pregunta que somos *nosotros* mismos, nos da también la respuesta a esa pregunta. Solamente nos ha encontrado a nosotros, que somos la pregunta, en el juego incomprensible de su amor, porque sabe la respuesta. Y al haberse hecho hombre su misma palabra eterna, y al haber muerto ese hombre en la cruz de nuestra existencia, nos ha dado la respuesta y nos ha comunicado valor para contemplar la imagen de nosotros mismos, que se nos ocultaba, para colgarla en nuestros aposentos, para colocarla en nuestros caminos y para ponerla sobre nuestras sepulturas. [...]

Porque somos de la misma madera que él, y porque también nosotros podemos morir ya nuestra muerte en plena vida, podemos no sólo entender su destino desde fuera, sino también participar de él internamente. Por la fe percibimos que su descenso a la impotencia del ser hombre ha santificado todas las horas del Sábado Santo de nuestra vida. Dejados a nosotros mismos, todo se habría reducido a un simple y solitario quedar expuestos a las tinieblas y al vacío de la muerte. Pero por el hecho de que Él participó de nuestro destino y nos redimió por ello, ese Sábado Santo en su oscuridad nos trae la luz de la vida. Desde el momento en que él descendió a las profundidades sin fondo y sin base del mundo, ya no existen más abismos de la existencia en los que el hombre quede abandonado. Hay uno que ha ido por delante y lo ha sufrido todo para victoria nuestra. En el fondo de todas las caídas puede uno ya encontrar la vida eterna. «El que descendió es también el que subió sobre todos los cielos para llenar el universo» (Ef 4,10).

– Escritos de Teología, VII, 150-152; 174-175

NACIDO EN LA ANGOSTURA DEL TIEMPO. Con frecuencia, sufrimos bajo el peso de nuestra situación, determinada por la historia precedente y por sus factores. Somos a menudo pelotas de la política, experimentamos sus consecuencias, miramos con terror al futuro; nos preguntamos cómo puede ser posible, en tales condiciones, nuestra vida tal como nosotros la planeamos. Angustiados y desconfiados de ella y de su ámbito existencial, nos preguntamos continuamente si la realidad nos suministra el material que necesitamos para organizarla. El Logos de Dios ha osado meterse en esta trastornada realidad para convertirse en un indeseable desterrado, miembro de una familia venida a menos, ciudadano de un país esclavizado. Nace en pobreza, en un establo, porque a María y José no les reciben en la posada; tanto que san Pablo puede decir de su pobreza: «por nosotros se hizo pobre, siendo rico...» (2 Co 8,9). Pero esta pobreza nada tiene de extraordinario, no llama la atención. Lo que María y José tuvieron que pasar en Belén, probablemente no les alteró. Lo recibieron como la suerte normal de la gente baja. Sin embargo, un nacimiento en condiciones tan infelices y vulgares no parece, al menos para nuestro gusto, el principio adecuado de una vida grandiosa.

Todo el ambiente en que Jesús nació resulta estrecho, ordinario, sofocantemente monótono; ni radicalmente pobre ni apto para desplegar una existencia de altos vuelos. Es, además, un nacimiento al anonimato: acontece en un sitio cualquiera, los coetáneos tienen otras cosas en que ocuparse. Un par de infelices pastores estiman que es un acontecimiento bastante notable; la historia universal ni se entera.

El hecho mismo de nacer habla de estrechez. Nacer significa ser puesto en la existencia sin previa consulta. La conciencia fundamental de ser llamado sin haber sido interpelado, la contingencia auto-consciente, son propiedades de la existencia del espíritu finito. El punto de arranque de nuestra vida que determina esta vida única a una única eternidad, sin posibilidad de evadirnos por entero, lo dispone incontestablemente otro. La aceptación de este principio incontrolable corresponde a la realización básica de la existencia humana y, particularmente, cristiana.

Tampoco la existencia humana del Logos podía correr una suerte diversa de la que corresponde a todo lo creado: está entera y completamente a disposición del Dios Creador. También Jesús tenía que empezar. Por muy grandiosa que imaginemos la gloria de este Niño que se nos ha dado, de hecho su nacimiento debía significar un descenso a la angostura. Naciendo, ha asumido verdadera y auténticamente *nuestra* historia. Cómo podamos y debamos conciliar esto con los privilegios que la teología justamente le atribuye, es otra cuestión. Lo que aquí tenemos que notar es que vino al mundo como todos nosotros para empezar con algo previo irreversiblemente establecido; en última instancia, la muerte.

– Meditaciones sobre los EE de San Ignacio, 142-144

CON UNA EXISTENCIA ORIENTADA HACIA LA ETERNIDAD. Esta perspectiva del relato de la natividad de Cristo no debe hacernos olvidar que en este nacimiento se hace visible una nueva existencia orientada a la eternidad. No sólo la eternidad en el sentido de indestructibilidad –connatural al sujeto espiritual–, sino la eternidad válida ante Dios de la criatura personal: la vida en la «doxa de Dios». El niño, que inició desde el seno materno su recorrido vital, queda como realidad de Dios para la eternidad. Cuando miramos ahora a Dios, encontramos siempre al hombre cuya historia comenzó en esta bendita natividad. Por ella se nos ha manifestado la bondad y el amor a los hombres, la «filantropía» de nuestro Dios (Tit 3,4-7).

Por otra parte, el hombre resulta propiamente digno de amor cuando queda garantizado el término bienaventurado de la vida, cuando Dios fija el principio de esta salida de la vida al establecer su bienaventuranza como verdadero centro y soporte para la existencia humana. Sólo así resulta verdaderamente aceptable esta curiosa naturaleza humana. De lo contrario, no pasa de ser, para sí y para los demás, una pregunta sin respuesta, ya que en ella se implican demasiadas cosas: la trascendencia del infinito y la finitud, el espíritu y el cuerpo, la eterna determinación y el pasajero sino temporal, la grandeza y la miseria.

Sobre las cuestiones fundamentales de nuestra existencia no poseemos otra respuesta real y concreta que no desemboque en un amargo interrogante, fuera de ésta: hay un hombre que nació como nosotros a la vida terrena, igual a nosotros en todo y cuya existencia –y con ella también la nuestra– tiene un sentido y un remate bienaventurado, una inteligibilidad, si bien nos resulta por ahora incomprensible. Y es que aquí nació el Verbo eterno de Dios, el bienaventurado auto-conocimiento del Padre, queriendo así mostrarse y hacerse ver por los hombres. Con ello, y pese a su camino hacia la muerte, esta epifanía da inicio a la divina transfiguración del mundo. Aquí comienza el fin de los tiempos, que, según san Pablo, ha llegado ya a nosotros (1 Co 10,11). Antes, el diálogo entre Dios y el mundo quedaba aún abierto; no era posible saber cómo seguiría. Dios se había reservado la fórmula de esta continuación (Ef 3,9). De la historia del mundo antes de Cristo, ni siquiera de su historia de salvación o condenación, podía descubrirse cómo concluiría. Pero con la natividad de nuestro Señor, Dios ha dicho al mundo la última palabra: establece a su Logos como la palabra del mundo, de suerte que ahora el Verbo de Dios y la respuesta del hombre coinciden en un mismo Dios-hombre, se han hecho hipostáticamente uno para toda la eternidad.

Aquí se cierra, pues, la historia del mundo, que se cumple propiamente en el diálogo con Dios. En realidad, ya no puede acontecer nada inesperado. Por ello desciende sobre este acontecimiento de Navidad el júbilo de los ángeles, el misterioso anuncio de la *doxa* de Dios sobre la tierra, que hasta ahora había negado este honor a Dios, que en realidad no podía dárselo, puesto que le faltaban la paz y la unidad interior de la *eudokía* divina.

Sigue abierta ahora únicamente la cuestión de cómo nos comportamos nosotros con este Verbo definitivo de Dios al mundo, que es palabra de misericordia, de venida de Dios al mundo y de aceptación de éste en la intimidad divina. El horizonte de nuestra existencia es ahora indiscutiblemente este Verbo de Dios al mundo. Ante tal horizonte cósmico no podemos permanecer neutrales. Dios en carne de mundo tiene que ser la inquietud abrasadora y la alegría de nuestro corazón. Rumiemos este acontecimiento en nuestro corazón, como lo hizo María» (Lc 2,19).

– Ibid., 144-145

LA VERDADERA INTERIORIDAD DE NUESTRA VIDA. ¿Quién ha venido? El que quiere realizar lo nuevo en lo antiguo, porque lo antiguo todavía está ahí. ¿Qué hace? Se hace a sí mismo en nosotros. ¿Quién es? El misterio indecible, lo único que nosotros realmente concebimos.

¿Cómo ha venido? La respuesta ha venido como pregunta. Dios ha venido como hombre para que comprendamos que la pregunta encierra ya en sí, por obra de gracia, la respuesta. ¿Cómo es que ha *venido* el misterio indecible, siendo así que está siempre dominando nuestra existencia? Porque ya no está entre nosotros como lejanía y juicio, sino como cercanía inde-

ciblemente cercana y como el perdón del que viven todos los que aman, y porque ha querido venir en carne y espíritu, ya que el hombre, que forma una unidad, sólo puede ser salvado en esas dos cosas.

¿Qué es lo que opera en nosotros ese misterio indecible que llamamos «Dios»? La juventud de la vida eterna en medio de nuestra mortalidad y de nuestra muda caducidad. ¿Lo crees? Señor, creo; ayuda mi falta de fe. Si crees, tienes la vida eterna. Si piensas que no crees, ten confianza: Dios te dará la fe que se conoce a sí misma. Nos ha nacido un Niño. Ha aparecido la eterna juventud del Dios inmortal como la verdadera interioridad de nuestra vida.

– *Escritos de Teología,* VII, 139-140

2. Jesús es Dios

LA TAREA MÁS URGENTE DE LA CRISTOLOGÍA. La tarea más urgente de una cristología actual consiste en formular el dogma de la Iglesia –«Dios se ha hecho hombre, y este Dios hecho hombre es el Jesucristo concreto»– de tal manera que lo indicado realmente en su formulación resulte inteligible, y quede excluida cualquier apariencia de una mitología actualmente inaceptable.

Podemos tratar de evitar radicalmente esta confusión mitológica mediante una primera aclaración. El sentido del «es» –la síntesis predicativa en las afirmaciones fundamentales cristológicas–, de acuerdo con la antigua interpretación ortodoxa de la cristología por parte de la Iglesia, no representa de forma expresa en tales afirmaciones una síntesis lógicamente evidente de dos formalidades fundada en su *identidad real.* El sentido de la cópula «es» descansa más bien en una *unidad* peculiar (que no se da en otra parte y que en lo más profundo sigue siendo un misterio) de realidades efectivamente distintas: en y según su humanidad, Jesús no «es» Dios; en y según su divinidad, Dios no «es» hombre (mientras que, por ejemplo, la frase «Pedro es hombre» establece una identificación real de contenido entre el sujeto y el predicado). Eso quiere decir que el «sin separación» de la unión sólo puede entenderse en conexión con el «sin confusión» de la diferencia (Dz 148), aun cuando el «es» de las fórmulas cristológicas fundamentales nada diga expresamente al respecto. [...]

Urge ver que tal enunciado lleva inherente el peligro de una falsa interpretación en sentido monofisita y, por tanto, mitológico. Si, por ejemplo, alguien dice: «No puedo creer que un hombre sea Dios, que Dios se ha hecho hombre», la primera reacción cristiana correcta a tales opiniones no sería la de afirmar que aquí se ha rechazado un dogma cristiano fundamental; la respuesta debería ser que ni la frase rechazada ni su supuesta interpretación corresponden al sentido realmente cristiano de dicha frase. La verdadera «encarnación» del Logos es sin duda un misterio que invita al acto de *fe* y que no debe lastrarse con una falsa interpretación mitológica. El dogma cristiano nada tiene que ver con los mitos de los hombres-dioses de la antigüedad; pero bien puede admitirse sin prejuicio alguno que determinadas formulaciones del dogma, las cuales se hallan en el horizonte concreto de esta mentalidad histórica (por ejemplo, Dios «desciende», «se aparece», etc.), se utilizan y aceptan como recursos expositivos con una naturalidad que hoy no podríamos compartir.

La cristología tiene *también hoy* una tarea urgente que, por una parte, no puede llenarse con la mera repetición verbal de las fórmulas antiguas y de su explicación (la cual, por lo general, sólo se cultiva en el campo de la teología científica) y, por otra parte, tampoco puede consistir en la eliminación de dichas fórmulas (por muchas razones que aquí no es posible exponer). Pero urge una cierta ampliación de los horizontes, de las expresiones y los puntos de vista para expresar el antiguo dogma cristiano.

– *Sacramentum Mundi,* IV, 41-43

¿CÓMO ENTENDER LA AFIRMACIÓN «JESÚS ES DIOS»? Por decirlo honradamente, tengo todavía la impresión de que una frase como «Jesús es Dios» puede ser indeciblemente verdadera y portadora de salvación, pero que, sin embargo, puede ser también mal interpretada de una forma terrible e insensata. En el primer caso (como verdadera y salvadora], ésta es una frase que alude a una Unión única (de Dios y el hombre]; en el segundo, esta frase constituye una sentencia de identidad que sólo puede interpretarse heterodoxamente como un *shibbolet* (piedra de toque o criterio) de la ortodoxia, aunque muchos devotos piensen que ellos deben realizar el *sacrificium intellectus* ante una identidad como ésa. Pero en la cristología (con el concilio de Calcedonia) uno puede ser mucho más racional de lo que supone mucha gente.

El último y *auténtico* misterio de la cristología consiste, en sentido estricto, en aquello que nosotros esperamos para todos, en aquello que nos atrevemos a esperar y debemos esperar: que Dios en cuanto tal puede comunicarse al hombre, sin que tenga que ser sustituido una vez más por una realidad creada y sin que, a través de esa comunicación, el hombre en cuanto tal venga a quedar disuelto en la nada. Por eso, la fe en mi propia culminación en el mismo Dios (que yo alcance mi plenitud en Dios) y la fe en la «encarnación» de Dios en Jesús se encuentran para mí muy vinculadas, de manera que pertenecen al convencimiento básico de que Dios, sin dejar de ser el Misterio infinito, ha querido ser un Dios de cercanía indecible e irrevocable. Dentro de la fe cristiana, la cristología y la pneumatología se encuentran vinculadas de una forma inseparable.

– *Schriften zur Theologie,* XIV, 16-17

3. La muerte de Jesús

AGONÍA Y MUERTE DE CRISTO. Intentemos formarnos una imagen de esta agonía a partir de las expresiones contenidas en los respectivos relatos de los Evangelios. En Mateo (26,37) se lee: «Y tomando consigo a Pedro y a los dos hijos de Zebedeo, comenzó a sentir tristeza y angustia». Aquí se habla de la tristeza que se apodera de Jesús. Marcos (14,33) habla de un éxtasis de temor, de temblor y horror. Según Mateo y Marcos, Jesús queda como envuelto en la angustia que le ahoga mortalmente. Lucas (22,44) ve a Jesús como nacido de la agonía. Con la máxima tensión de sus fuerzas, se enfrenta con la catástrofe que irrumpe y, de este modo, la siente aún más hiriente y aplastante.

Ahora queda bautizado con el bautismo del sufrimiento, se sumerge en el mar del dolor, que golpea duramente sobre él. En el anuncio de este bautismo suyo (Lc 12,50) había dicho: «¡...y cuánta es mi angustia hasta que esto se cumpla!». No sólo se veía cumplido, sino que él mismo se precipitaba en lo monstruoso. Con supremo coraje y plena libertad, salió al encuentro de lo inevitable. Y ahora, una vez llegado a lo que tanto anhelaba, se siente como sofocado y derrotado por algo que, evidentemente, ya no es capaz de dominar.

¿Cómo pueden conciliarse la angustiosa oración de Cristo y su «libertad de la concupiscencia»? En la contemplación del huerto, deberíamos sentir la respuesta a esta pregunta con mayor inmediatez humana de cuanto puede ordinariamente lograrse en forma meramente especulativa. Deberíamos intentar ahora paladear cómo el Logos encarnado se abre, en su interioridad humana, a aquello que le domina y cómo así hace suyo el dolor absoluto, hasta el punto de vivirlo, no ya como algo adicional aún no integrado en su propio ser, sino como algo internamente asumido.

Lo agresivo e indomable del dolor queda, por la libre aceptación por parte de Jesús, superado e integrado en la totalidad de su ser. Jesús *es,* por así decirlo, su dolor. Esto puede parecer un tanto abstracto. Pero esforcémonos en entrar realmente a fondo en lo dicho, gustemos internamente lo que aquí sucede: su sudor de angustia se convierte en un arroyo de sangre que cae (Lc 22,44), su dolor grita con angustia de muerte en el vacío de su existir, toda la potencia de su vida no es ya otra cosa que sufrimiento. Mateo dice a este propósito: «Siento tristeza de muerte» (26,38). Jesús está como atenazado y enteramente circundado por una tristeza mortal. Sólo el Hijo de Dios encarnado, internamente uno consigo mismo –pese a que ha aceptado desde el principio la capacidad de sufrir y, con ella, la mortalidad de la naturaleza humana, y así muere de modo natural–, sólo él puede experimentar plenamente la irrupción de la muerte.

A diferencia de nosotros, que hemos crecido, por así decirlo, a la muerte por la pecaminosidad y la concupiscencia, y que, pese a su atrocidad y absurdo, pese a la resistencia que le oponemos, la recibimos como algo debido, Jesús, como Dios viviente, puede saborear la muerte como algo totalmente absurdo e injustificado, algo que demencialmente destroza desde fuera. La experimenta con superlativa intensidad como encarnación del pecado y la paladea en todo su horror.

Más importante es sumergirse con la oración en la situación de su agonía para hacernos al menos una idea de cómo el ser humano del Logos, que únicamente puede existir como amor infinito al género humano, como entera libertad del egoísta «¿qué me importan los demás?», se encuentra ante Dios santo en solidaridad con los pecadores de todo el mundo, integrando así los pecados de todos en un único y enorme sacrificio que hay que conocer, no teóricamente, sino por experiencia directa. Tratemos de ambientarnos en una situación en cuya atmósfera sintamos físicamente la villanía, donde la pecaminosidad que allí reina nos invada irresistiblemente, esté en nosotros; sin necesidad de buscarla en recuerdos concretos, en recuento de pecados, sino sintiendo la totalidad de nuestro ser arrastrado a la pecaminosidad. De modo parecido debió experimentar este cargar con el pecado del mundo el Hijo del hombre, como perteneciente a la humanidad con todo su ser.

Cristo sabía de siempre que su esfuerzo por hacerse escuchar por su pueblo sería inútil. Sabía que su camino acabaría en la cruz. Esto no obstante, se afanó legítimamente y con toda seriedad en ser recibido como Mesías y en ver su misión coronada por el éxito. Podía dejar penetrar en su alma, con toda su realidad, la inutilidad de su venida al pueblo de Israel, precisamente en cuanto que esta inutilidad es un signo precursor de la esterilidad de su redención respecto de los hombres que se pierden. Cristo sabía que, incluso después de su sacrificio en la cruz, muchos abusarían de sus vidas para traicionar la gracia de Dios. Frente a esto, no podía contentarse con el consuelo de que en alguna parte tendría éxito y que habría hombres que, en su imitación y por su gracia, se santificarían. Cada hombre es todo un mundo; en cada uno, Jesús conquista o pierde enteramente su misión. [...]

Escuchemos su oración al Padre. El que viene del cielo se aplasta contra esta tierra enfangada por el pecado, busca refugio en la fosa, lugar destinado a la muerte y su presa. Al cielo plomizo, al «no» infinito de Dios a este mundo que rebasa el horizonte de su ser, grita él su «Abba», una palabra que penetró en el corazón de la Iglesia primitiva porque la había «oído» gritar a Jesús. [...]

No es preciso que seamos más valientes que Jesús en el huerto de los olivos. En la forma que Dios señala a cada uno, nos cumple apurar, acaso hasta el fondo, el cáliz de la impotencia, de la miseria y la cobardía. Así, y no de otra manera, se verifica la imitación de Cristo. Y Dios no debe darnos la gracia sino para que, a la postre, digamos todavía: no se haga mi voluntad, sino la tuya. Nos hallamos bajo la ley de vida de Jesús de Nazaret quien arrojado en el huerto, en el pavoroso abandono, se deja hacer: «Padre... no sea como yo quiero, sino como quieres tú» (Mt 26,39), y acepta este abandonarse, no ya como el acto de su fuerza, sino como milagro incomprensible de la gracia que, de Dios solo, opera en él con su potencia. Como fruto de la contemplación de la agonía del huerto debemos adquirir conciencia creyente de esto: sólo así, en Dios que desciende a lo más bajo de nuestra agonía, sólo así, podemos soportar nuestra vida y –digámoslo claramente– corredimir por ella a nosotros y a los demás.

Poco necesitamos. No hemos de poder más que Jesús en Getsemaní, en la noche que precede a su muerte. Pero si logramos esto –lo podremos sólo en su gracia que nos mereció en el huerto–, entonces lo hemos podido todo. No cesemos nunca de pedirlo.

– Meditaciones sobre los EE..., 212-217

LA MUERTE DE JESÚS COMO MUERTE DE DIOS. No por apoyar la moda superficial de una «teología de la muerte de Dios», sino en virtud de la problemática objetiva, en una cristología actual la muerte de Jesús ha de pensarse con mayor precisión, no sólo en su efecto salvífico, sino también *en sí misma.* Sobre todo, porque no es un mero acontecimiento biológico, sino algo que afecta a todo el hombre. Si decimos que el Logos encarnado murió solamente en su realidad *humana,* e implícitamente entendemos eso en el sentido de que esta muerte no afectó a Dios, no decimos más que una verdad a medias, silenciando la auténtica verdad cristiana.

Cierto que el «Dios inmutable» no experimenta «en sí mismo» ninguna historia temporal y, por tanto, ninguna muerte; pero él mismo (y no sólo «lo otro») tiene *por la encarnación una historia en lo otro.* Así, esta muerte expresa precisamente (al igual que la humanidad de Cristo) a Dios tal como es y tal como quiso ser para nosotros, con una resolución libre y eternamente válida. Luego esta muerte de Dios en su ser y devenir en «lo otro» (el mundo) debe pertenecer sin duda alguna a la ley de la historia de la alianza nueva y eterna, que nosotros hemos de vivir.

Tenemos que compartir el destino de Dios en el mundo. No porque con el ateísmo de moda declaremos que Dios no existe o que nada tenemos que ver con él, sino porque nuestra posesión de Dios pasa constantemente por el abandono divino (Mt 27,46; Mc 15,34) de la muerte, en la que sólo Dios nos sale radicalmente al encuentro, pues él se ha entregado a sí mismo en amor y como el amor, cosa que se realiza y manifiesta en su muerte. La muerte de Jesús pertenece a la automanifestación de Dios.

– Sacramentum Mundi, IV, 66-67

ESCÁNDALO PARA LOS JUDÍOS... Al decir san Pablo que el Señor crucificado es escándalo para los judíos, pensaba sobre todo en aquellos compatriotas suyos que habían combatido a Jesús con fanático odio. Pero de este modo aludía también a una actitud humana que rebasa el ámbito de la nación judía y que aparece en todos los tiempos: igual que los judíos que rechazaron a Jesús vienen a comportarse todos cuantos miden a Dios según sus propias categorías, quienes sólo encuentran a Dios en las figuras del Señor victorioso y dominador que ellos mismos han inventado y concebido, y que no están dispuestos a incorporar a su imagen de Dios un final de cruz.

Su concepto de Dios puede ser, en buena medida, exacto. Pero lo falsifican al poner el último signo de la ecuación, en cuanto que no están dispuestos a entregarse a un Dios que, no sólo en sí, sino también con respecto a nosotros, es siempre inalcanzablemente mayor de cuanto de él podemos pensar, incluso después de la revelación que de sí mismo nos ha dado. Un hombre de la mentalidad que san Pablo apostrofa como «judía» defiende a «su» Dios contra todo cuanto pudiera sacarle de sus categorías teológicas. Lo que no coincide con «su» Dios resulta tan escandaloso que tiene que alzarse contra ello con toda la fogosidad de su concepción religiosa de propio cuño y de su pensamiento teológico subjetivo –esfuerzo que puede ser sincero–, para destruirlo como escándalo antidivino y blasfemo.

La monstruosidad de combatir a Dios por Dios puede darse también en nuestra vida. Como sacerdotes de la nueva alianza, nos encontramos ciertamente en la Iglesia santa, en la que Dios está en verdad presente y a la que él conduce infaliblemente hacia sí. Con todo, nos amenaza siempre la tentación de dejar crecer en nosotros la actitud anti-Cristo de los judíos y, en nombre de Dios y de su Cristo, actuar contra todo lo que el Señor, en su soberana libertad e inmedible amor, quiere también ser.

La postura criticada por san Pablo como griega surge en una terrenalidad vivida feliz o trágicamente. Para los hombres que tienen esta mentalidad, en el fondo Dios es sólo el esplendor de la perfección y el carácter de lo absoluto del mundo. Sea que experimenten el mundo como beatificante o catastrófico, en cualquier caso no están dispuestos a dejarse atraer fuera de su enclaustramiento terreno. Se atrincheran o en una trágica finitud o en una mundanidad aparentemente feliz. Un Dios crucificado que sea verdadero Dios, pero que se hunda en la cruz, es para ellos una abstrusa fantasmagoría, una locura (1 Co 1,18) que hay que pasar por alto sin discusión, ya que sería una lástima perder en ello tiempo y esfuerzo.

También en nosotros podemos hallar una tendencia a tal actitud. Hay que pedir siempre renovadamente la fe en el Señor crucificado, hay que luchar y sufrir por ella. Sólo los «llamados» (1 Co 1,24) por una gracia incomprensible son capaces de captar su realidad. Cierto que hay que seguir la gracia y tener el valor de salir de uno mismo y confiar en el Dios prodigiosamente inconcebible. Pero, para quien de este modo se entrega a Dios, Cristo crucificado es poder de Dios. En realidad, la impotencia de Dios en el mundo, en nuestra presunción, en la Iglesia incluso, es la manifestación del poder de Dios, ante el que toda boca enmudece, y sólo a él da gloria. La cruz del Señor es la «sabiduría» de Dios, y el verdadero «amor a la sabiduría (filosofía) no es, en definitiva, sino la fidelidad al amor loco de Dios en Cristo Jesús. Cuando hayamos reconocido la incomprensibilidad del poder de Dios escondido en la debilidad y el misterio de su loca sabiduría en el amor, entonces cabrá decir que todo lo demás se nos dará por añadidura.

– *Meditaciones sobre los EE...*, 225-226

4. El Cristo de Ignacio de Loyola

EN ESTE JESÚS PENSABA, A ESTE JESÚS AMABA. «A partir de mi conversión, en Jesús se concretaba para mí la preferencia de Dios por el mundo y por mí mismo, la preferencia en la que se hace presente en su totalidad la incomprensibilidad del puro misterio, y el hombre accede a su auténtica plenitud. La particularidad de Jesús, la necesidad de buscado en un número muy limitado de acontecimientos y palabras, con la intención de descubrir en algo tan pequeño la infinitud del misterio inefable, fue algo que nunca me ocasionó trastornos; el viaje a Palestina pudo realmente constituir para mí el viaje a la aporía de Dios; y seréis vosotros, no yo, los ingenuos y superficiales si creéis que el deseo que albergué durante casi quince años de viajar a Tierra Santa no fue más que el capricho de un hombre medieval, o algo parecido al deseo de un musulmán de acudir a la Meca. Mi ansia por viajar a Tierra Santa era la añoranza por el Jesús concreto, que no es ninguna idea abstracta.

No es posible un cristianismo capaz de descubrir al Dios incomprensible prescindiendo de Jesús. Dios ha querido que muchos, muchísimos, le encuentren por el hecho de buscar únicamente a Jesús y porque, al exponerse a la muerte, han muerto precisamente con Jesús en su abandono de Dios, aun cuando no hayan sido capaces de designar con este bendito nombre su destino, ya que Dios solamente ha dejado que penetraran en su mundo esas tinieblas de la finitud y de la culpa porque Él las había hecho suyas en Jesús.

En este Jesús pensaba yo, a este Jesús amaba, a este Jesús intentaba seguir. Y de este modo descubrí al Dios concreto, sin hacer de Él el fantasma de una mera especulación que no me comprometiera a nada. Una especulación de este tipo sólo se puede eludir si, a lo largo de la vida, se va muriendo la auténtica muerte; y esto tan sólo puede lograrse adecuadamente cuando el hombre, junto con Jesús, acepta serenamente ese interior abandono de Dios que constituye el último y sorprendente grado de la mística».

[...]

SEGUIR A JESÚS POBRE Y HUMILDE. «Yo escogí el seguimiento del Jesús pobre y humilde, y no otro tipo de seguimiento. Dicha elección no es deducible del amor concreto; es una vocación que sólo tiene su legitimación en sí misma, y no es en absoluto algo que, con independencia del modo concreto de entender dicha vocación, pueda imponerse tan fácilmente a todos los cristianos, a base de explicarles que se trata de una pobreza y una humildad de espíritu, una pobreza y una humildad mentales.

No pretendo en absoluto ser original; por otra parte, los santos del cielo no se someten a comparaciones mutuas; pero, prescindiendo quizá del modo externo de vida de mis últimos años como General de la Compañía, a partir de Manresa toda mi vida practiqué la pobreza con la misma radicalidad que Francisco de Asís, a pesar de que, obviamente, su época y la mía eran social y económicamente diferentes, lo cual suponía inevitables diferencias en nuestros respectivos modos de vida, tanto más cuanto que, a diferencia de Francisco, yo deseé y tuve que estudiar; y la diversidad que esto suponía la habría entendido y aprobado el mismo San Buenaventura, el cual no habría negado que yo seguía realmente a Jesús pobre. No tienes más que leer mi Autobiografía y entenderás lo que quiero decir.

Además, y teniendo en cuenta la situación de entonces, dado que el seguimiento del Jesús pobre y humilde me inspiraba un estilo de vida espiritual y eclesial que no sólo era incompatible con situaciones de poder mundano, sino que además significaba la exclusión del poder eclesial y de todo tipo de prebendas eclesiásticas y dignidades episcopales, fue para mí una realidad palpable el hecho de que mi existencia adquirió un carácter «marginal«(valga la expresión], tanto en la esfera de lo profano como de lo eclesiástico. Y esto en modo alguno fue algo que me viniera impuesto desde fuera.

Dado que procedía de una de las mejores familias vascas y, a causa de mis relaciones con los grandes del mundo y de la Iglesia de entonces, me habría resultado muy fácil "llegar a ser alguien", y además podría haberlo sido con la tranquilidad de conciencia de que, de ese modo, mediante el poder y el prestigio, habría podido servir desinteresada y desprendidamente a los hombres, a la Iglesia y a Dios, tal vez hasta me podría haber convencido, sin excesivas dificultades, de que desde esa posición me resultaría más fácil hacer el bien que si me convirtiera en un pequeño y pobre infeliz al margen de la sociedad y de la Iglesia. (El hecho de que después, debido a la fundación de la Orden y a mi generalato, me haya convertido en un personaje importante, totalmente distinto de lo que pretendía, es harina de otro costal, y sobre ello volveré inmediatamente).

En suma: quería seguir a Jesús pobre y humilde, ni más ni menos. Quería algo que no es en absoluto tan obvio, algo que no se deduce tan fácilmente de la "esencia del cristianismo", algo que entonces, lo mismo que hoy, no practicaban ni los prelados de la Iglesia ni el selecto clero de aquellos países que siguen considerándose el centro del cristianismo. Quería algo cuyos motivos, en mi caso, no eran de orden ideológico-eclesial ni crítico-social, aun cuando puede que tenga su importancia al respecto; quería algo que me venía inspirado pura y simplemente como una ley de mi propia vida, sin mirar a izquierda ni derecha, por un desmedido amor a Jesús; un Jesús a quien tenía que ver en toda su concreción (a pesar de su finitud y relatividad) si quería encontrar al Dios infinito e incomprensible. Esto no excluye en absoluto, sino que implica el que mi marginación social y eclesial supuso para mí una especie de ejercitación voluntaria en el morir con Jesús, lo cual constituye el juicio y el feliz destino de todos los hombres, aun de aquellos que no pueden ni quieren seguir a Jesús de este modo».

[...]

SERVIR DESDE LA FALTA DE PODER. «Cuando hablo del Jesús "pobre" y "humilde" al que quería seguir, deberíais traducir estas palabras al nivel de teoría y de praxis para poder entenderlas realmente. Deberíais preguntaros: ¿Qué significa propiamente hoy, en nuestro tiempo, "pobre y humilde"? Actualmente, cuando uno se hace jesuita, se convierte, quizá con excesiva rapidez y naturalidad, en una persona piadosa y en sacerdote. Pero eso todavía no quiere decir que sea pobre y humilde. El aspecto concreto que haya de cobrar esta traducción práctica en la realidad actual es algo que habéis de descubrir por vosotros mismos. [...]

Pero, por amor de Dios, no os quedéis en el terreno de los puros sentimientos, que es algo que también pueden tener los prelados de la Iglesia. Traducidas a la situación actual, la pobreza y la humildad deben significar a nivel sociopolítico (tanto en la esfera de la Iglesia como de la sociedad en general) un aguijón crítico, un peligroso recuerdo de Jesús y una amenaza para el funcionamiento natural de las instituciones eclesiásticas. De lo contrario, dicha traducción no servirá de nada.

Ahora bien, esto sólo puede ser para vosotros un criterio, no el auténtico motivo. El motivo es Jesús, el que murió la muerte hasta el fondo; Jesús, y no un cálculo socio-político. Únicamente él puede preservaros de la fascinación del poder que, de mil diversas formas, existe y existirá siempre en la Iglesia; sólo él puede libraros de la idea excesivamente obvia de que, en el fondo, únicamente se puede servir al ser humano cuando se tiene poder; sólo él puede haceros comprender y aceptar la santa cruz de su impotencia».

– Palabras de Ignacio de Loyola..., 16-24

5. No necesitamos buscar lejos (Lc 14,16-24)

La Eucaristía, cuerpo y sangre de Cristo. El relato de hoy nos habla del gran banquete que Dios mismo instituyó en su Iglesia para aquellos que llamó al banquete de la vida eterna. Por tanto, el presente texto nos permite dirigir por unos momentos la mirada al misterio de la eucaristía.

Paréceme que, de la inmensa plenitud de verdad y realidad de este gran sacramento, sólo una cosa podríamos meditar brevemente, y es que en él recibimos el cuerpo de Cristo. En el curso de su desenvolvimiento doctrinal, la Iglesia ha dirigido más y más su atención al hecho de que en este sacramento está presente, real y esencialmente Jesucristo entero con su divinidad y humanidad, con su carne y sangre, en cuerpo y alma, y que, por consiguiente, lo recibimos como al Señor entero de nuestra vida por comida para la eternidad. Sin embargo, por muy verdadero e importante que ello sea, por muy bien que hagamos en ponderar, celebrar, recibir, adorar, alabar y amar esta presencia, siempre es verdad que el Señor se nos da a sí mismo al darnos su cuerpo por comida y su sangre por bebida.

Tiene, pues, que tener alguna significación el que el Señor no hable simplemente de la presencia de su persona, sino de su cuerpo y sangre en este sacramento. Si releemos en el capítulo 6 de san Juan el discurso de la promesa que dirigió Jesús a sus discípulos en la sinagoga de Cafarnaúm después de la milagrosa multiplicación de los panes, veremos que en él se habla incluso de carne y sangre. Jesús no dice «cuerpo», como en las palabras de la institución de la última cena, sino «carne». Con ello, este discurso joánico remite indudablemente, en cuanto al fondo, a la palabra del prólogo del evangelio según la cual el Verbo de Dios se hizo «carne». Si nos preguntamos por qué Jesús nos da precisamente su cuerpo, debemos reflexionar sobre el sentido joánico de esta carne a la que vino el Hijo del hombre.

Al hablar Juan de «carne», entiende por de pronto simplemente lo que la Escritura entiende siempre por esa palabra. Y por esa palabra se entiende, en el campo de las lenguas semíticas, el hombre entero, no una parte de él, no sólo lo que nosotros –en sentido casi médico– llamaríamos hoy día nuestro cuerpo, en contraste con nuestra alma espiritual. La carne y el cuerpo significan la persona entera, pero la persona tangible que está inserta en el espacio vital de esta tierra; la persona a la que se puede palpar, de la que se sabe lo que significa cuando se la coge y se dice: «Aquí está»; no se trata sólo de espíritu y concepto, de verdad e ideas abstractas, sino del hombre concreto. Por eso dice Juan: «El Verbo se hizo carne». Quiere decir: Sí, aquí está, donde nosotros estamos; está en medio de nosotros; comparte nuestra vida, nuestro espacio y nuestro tiempo y nuestra existencia; aquí, aquí podemos y debemos buscar al Dios eterno. Y ahora nos dice Jesús: «Tomad y comed, éste es mi cuerpo, mi carne». Una vez más, ofrece la tierra lo más precioso que tiene: el humilde y casto pan y el vino de la alegría.

Desde la última cena corre ininterrumpida la cadena de los que Jesús envía a su misión, con su palabra. Uno tras otro, van uniéndose los miembros en esta serie del pan corporal y del vino terreno, en la cadena de palabras humanas y de testigos humanos. Bajo estos misteriosos, mínimos y sencillos procesos recibimos no sólo la verdad de Dios, no sólo ni en primer término su eterna divinidad, sino la sangre y la carne del Hijo de Dios, la que Él tomó para no dejarla jamás, la misma que Él tomó a fin de que este mundo sin Dios quedara henchido del resplandor de la divinidad. Así recibimos el cuerpo y la sangre del Señor, el verdadero cuerpo, real y terreno, que gustó la muerte; el cuerpo glorificado como comienzo de la eterna glorificación del mundo, al que este cuerpo sigue aún perteneciendo aunque, glorificado, haya sido levantado a la vida misma de Dios y esté sentado a la diestra del Padre.

No necesitamos buscar lejos; aquí lo tenemos donde nosotros estamos: lo podemos señalar con el dedo, podemos mirarlo, podemos recibirlo corporalmente. Y si nos asalta a menudo, casi como aniquilador, el sentimiento de que estamos tan lejos del Señor y nuestro corazón está tan vacío de Dios; si pensamos que no lo hallamos con nuestros pensamientos ni con los sentimientos del corazón; si pensamos que nosotros estamos aquí, y Dios, el verdadero Dios, la luz inaccesible e incomprensible, está infinitamente lejos, recibamos entonces, por lo menos corporalmente, al Señor. Eso sí, si no se reciben con fe y caridad, tampoco su carne y su sangre valen ni aprovechan nada, antes se recibirían para juicio o condenación.

Mas si nos acercamos como pobres y hambrientos, como mendigos y mutilados, como ciegos y cojos, como llamados de las calles y cercas de este mundo, desde las que miramos sólo exteriormente la gloria de Dios; si nos acercamos, repito, con la conciencia de nuestra pobreza, de nuestra existencia de vagabundos, porque hemos sido llamados a este banquete corporal de la vida eterna, en el que aún podemos comer el pan de esta tierra y beber el vino de esta región en que habitamos, pues sabemos que eso precisamente está lleno de toda la eternidad de Dios; si confiadamente nos acercamos y decimos: «Queremos por lo menos palpar el cuerpo del Señor», entonces tiene Dios que hacer todo lo demás, y lo hará. Entonces infunde Él en nosotros su gracia y su fuerza, su luz y su vida, aun cuando sigamos pensando que somos hombres vacíos y tenebrosos, muertos y pobres, sin Dios. «Tomad y comed, éste es mi cuerpo». Y el Señor dice: «El que come mi carne, tiene la vida eterna».

Él vino, efectivamente, a nosotros en nuestra carne, y nos da esa carne, porque no sabemos cómo podemos ir a Él. Porque Él está ahí, porque Él mismo vino a la carne de esta tierra, queremos nosotros recibir el pan de la vida, su carne, nuestra carne; y beber el cáliz de su sangre en que fue recogida y eternamente salvada nuestra sangre, la sangre de esta generación. Y porque nos parece que somos pobres y vacíos, por eso precisamente nos da Él lo que es nuestro allí donde siempre estamos y que siempre entendemos, y lo llama prenda de su propia vida divina.

Yo creo que podemos confiar siempre en Él –sea cual fuere nuestra disposición de ánimo– y acercarnos a este banquete de la vida eterna, porque Él está donde nosotros estamos, y nosotros no tenemos que temer que esté lejos de nosotros, porque Él nos ha dado su cuerpo y su sangre, la vida eterna.

– *Homiliario bíblico*, 52-55

* * *

«Jesús y su vida, presentes hoy» (Oración)

Señor Jesucristo. No sólo estás presente con tu eterna divinidad por la que eres la misma naturaleza, potencia y gloria del Padre, en la que vivimos, nos movemos y existimos–, desde la que penetras todo lugar con tu inmensidad. Estás entre nosotros con tu cuerpo, tu alma y tu corazón de hombre en el Sacramento del altar. Estas aquí. Tú, el que naciste de la Virgen María. Tú, que has vivido una existencia humana con sus horas grandes y pequeñas, con sus alegrías y sus lágrimas, su monotonía gris y aburrida y sus momentos decisivos. Estas aquí, Tú, el que sufrió y fue crucificado bajo Poncio Pilato. Tú, el que apuró el cáliz del dolor hasta las heces. [...]

Te adoramos, te alabamos, te damos gracias y celebramos tu gloria, porque has querido habitar entre nosotros. Nuestro Dios, nuestro origen y principio, nuestra meta y fin. Sí, has querido estar entre nosotros, ser como nosotros. Has querido comenzar desde el principio, has recorrido los senderos de nuestra finitud en este valle de lágrimas para alcanzar el destino final. Tú eres nuestro Destino.

Estás en medio de nosotros. Tu vida humana es increíblemente cercana. Aquello que viviste hace mil novecientos años sólo ha pasado en apariencia. Ha pasado el aspecto exterior de tu vida: ya no naces como un niño pobre, no tienes hambre o sed, no te cansas, no lloras...; la nada cambiante de lo que llamamos «vida» no pasa por ti, ni Tú lloras por ella. Tu alma no se transforma. No mueres. Todo eso se acabó y fue maravilloso, porque era único y pasajero. Todo pasó. Tu vida humana creada, finita y cambiante, ha entrado en la eternidad de tu Padre. Ha llegado a su cumplimiento, en donde alcanza la perfección definitiva, la libertad vital en la que el fluir del tiempo se condensa para siempre en el abrazo único e instantáneo de la eternidad. Tu vida humana desapareció para entrar en Dios.

Por eso estás presente, porque tu vida está unida al eterno en el origen de cada cosa, donde el amor y la sabiduría permanecen con presencia inalterable. Tu espíritu y tu corazón humanos ven y abrazan a Aquel que da al tiempo su eternidad, al devenir su duración, al cambio su reposo, a lo transitorio su incesante estabilidad. En la sabiduría y en el amor eterno de Dios, tu corazón descubre el amor y el abrazo eterno a tu vida pasada. Desde aquí, tu vida posee la realidad completa. Jesús, tu corazón permanece para siempre [...]

Tu vida permanece no sólo en Dios, sino para ti mismo. Lo que fuiste vive para siempre. Tu niñez pasó, pero hoy eres ángel que fue niño como lo puede ser cualquier hombre. Tus lágrimas se terminaron, pero hoy eres como cualquiera que alguna vez haya llorado. El corazón no olvida las razones de su llanto. Tus penas han cesado, pero en ti permanece la madurez del hombre que las ha probado. Tu vida y tu muerte transcurrieron, pero lo que maduraron se ha hecho eterno y está presente entre nosotros. El heroísmo de tu vida es presencia de eternidad que supera cualquier obstáculo con el amor que lo forma e ilumina. Tu corazón es eterno porque respondió decididamente «sí» a las disposiciones del Padre. El sometimiento, la fidelidad, la dulzura, el amor a los pecadores, que surgían en cada momento de tu vida, están presentes como los rasgos característicos de tu libertad y de tu naturaleza humana. Así te encuentras ahora en medio de nosotros. Está presente lo que fuiste, viviste y sufriste.

Pero hay otro motivo por el que tu vida está realmente presente. Cuando vivías, tu pensamiento y tu amor no estaban sólo cerca de tus contemporáneos. El amor de tu corazón humano –y no sólo de tu naturaleza divina– se dirigía a nosotros: yo estaba allí, mi vida, mi tiempo, mi ambiente, mis problemas, mis horas grandes y mezquinas, lo que quiero ser ahora con mi libertad... Tú, en la misteriosa intimidad de tu ser profundo, ya lo sabías todo. Lo acogías todo y lo llevabas en el corazón. Tu vida humana fue modelada por mi vida desde siempre. Ya entonces dirigías mi vida, orabas por mí, dabas gracias por mi Gracia. Tu vida se ocupó de la mía y formaba algo de mi existencia. Y ahora que tu vida se ha hecho presente, y estás aquí presente en el Sacramento, eres el que con su vida eterna envuelve mi conocimiento y mi amor.

Y así te queremos adorar:

¡Oh Jesús! *Te adoramos.*
¡Oh Dios eterno! *Te adoramos.*
¡Redentor nuestro, presente en el Sacramento!
Te adoramos.
¡Vida y muerte de Jesús, eternamente presentes en el conocimiento y en la voluntad inmutable del Padre! *Te adoramos.*
¡Vida y pasión de Jesús, que desde siempre acogisteis nuestra vida! *Te adoramos.*
¡Jesús, que estás verdaderamente entre nosotros!
Te adoramos.

– Oraciones de vida, 77-81

4

LA IGLESIA

«Entre las preocupaciones de Rahner por el tema "Iglesia" tenemos que destacar tres elementos. En primer lugar, Rahner pensó sobre la Iglesia como teólogo dogmático, y en esa línea elaboró una "visión esencial" de la Iglesia. En segundo lugar, centró sus pensamientos en el estudio de las relaciones de la Iglesia con el mundo. Y, en tercer lugar, se ocupó, desde una perspectiva de teología práctica, de la vida de cada uno de los hombres en la Iglesia, es decir, de las preguntas y tareas de la existencia cristiana» (H. Vorgrimler).

1. Creo en la Iglesia

LA Iglesia «procede» de Cristo. ¿Cómo se puede hablar de la fundación y procedencia de la Iglesia a partir de Jesús si, y a pesar de que, él anunció con tanta fuerza la cercanía del reino de Dios? Yo quisiera empezar planteando algunas preguntas –a pesar de que Hans Küng pudiera acusarme quizá de emplear la táctica perezosa de querer armonizarlo todo. ¿Podemos abandonar en ciertos casos la palabra «fundación» y mantener, a pesar de ello, lo que quiere decirse con esa palabra tradicional y lo que debe aceptarse desde una perspectiva creyente, diciéndolo de un modo mejor, sin engaño e incluso más honradamente, utilizando para ello la palabra «procedencia» (la Iglesia no habría sido fundada por Jesús, sino que procedería de él)?

El concepto «fundación», si se emplea en un sentido amplio y posiblemente análogo, no tiene que interpretarse necesariamente como si implicara la organización jurídica de una sociedad, de una forma verbalmente explícita. Pues bien, debemos confesar que en general, cuando decimos que Jesús ha fundado la Iglesia, la mayoría de las veces solemos pensar precisamente en *un tipo* de fundación como ésa, en un tipo de fundación que nosotros ya no podemos seguir defendiendo sin más en la actualidad, si aceptamos los resultados del estudio histórico-crítico de la Biblia. Por eso, para mantener firme aquello que la iglesia ha dicho y enseñado siempre (cuando afirma que ha sido fundada por Jesús), basta con que interpretemos –no quiero decir que sustituyamos– ese concepto de «fundación» a través del concepto de «procedencia».

– Schriften zur Theologie, 79

CREER NO ES ASUNTO PRIVADO. La Iglesia, como comunidad de creyentes, no es sólo la su resultante de los que han creído por su propia cuenta y por ello se han vinculado a Cristo, sino que es algo previo y superior a la fe del individuo, portadora y base de esa fe. Es verdad que esa fe es operada por el Señor de la gracia y de la verdad, y que su acción se orienta al hombre, a la comunidad de los hombres en una sola carne y en un solo espíritu. Por consiguiente, creer es la cosa más personal del hombre, pero no por ello «asunto privado» suyo. Por eso la fe sólo es plena y rectamente posible en la comunidad de los creyentes, en la Iglesia. Por eso la fe es siempre la entrega confiada y amorosa de uno mismo a la fe de la Iglesia, la co-realización de la fe de la santa comunidad de la verdad, fundada por el Señor con su carne, su espíritu y su acto jurídico de fundación.

Fe no es sólo la aceptación de lo que «yo» como individuo particular creo haber oído, sino aceptación de lo que la Iglesia ha oído, conformidad con la «confesión» de la Iglesia. La Iglesia no es solamente la portadora que distribuye el mensaje de Cristo a los particulares –para luego desaparecer de escena como un cartero–, sino que es el medio permanente de la fe en el que se realiza esa fe, para que, como salida de una sola boca de un único cuerpo, pueda entonarse el canto de alabanza del Dios vivo en el que se celebre su misericordia.

Por consiguiente, la fe del individuo, en cuanto en ella se le ha manifestado «su» Dios de una manera que sólo se le ha dado a él, ha de cerciorarse de que cree lo que todos creen. Ha de estar siempre dispuesto a dejar con humildad y obediencia que su razón sea hecha prisionera por la forma de entender la fe y por el progreso de esa misma fe en la Iglesia universal. No puede seleccionar heréticamente lo que a él como particular le dice mucho; ha de entregarse libremente siempre con confianza a la fe siempre más grande y siempre más universal de la comunidad de los creyentes. [...]

Conforme a la concepción cristiana, no puede cada uno distribuir y decorar a su gusto la casa de su concepción del universo, sino que ha de penetrar en la casa, que es suficientemente amplia para poder albergar a todos, en el templo que ha levantado Dios mismo con piedras vivas y que ha cimentado sobre la roca de Pedro, fundamento de los Apóstoles y de los Profetas y de todos aquellos que quieran seguirlos debidamente.

La Iglesia es por tanto, siempre, la medida de nuestra fe: la medida, no lo que con ella se mide. Es verdad que también ella es la que oye, la que escucha atenta y sumisamente a Dios, la que toma su medida de la fe solamente de la palabra de la revelación, de la palabra de la Escritura, de las profesiones de fe que le fueron dadas por Dios en tiempos antiguos. Es verdad también que siempre ha de inclinarse de nuevo para oír lo que Dios le dice en su revelación. Pero no soy yo, el individuo particular, el llamado a comprobar la adecuación de esa medida de la

Iglesia: si ha oído lo que realmente se le ha dicho. De lo contrario, me constituiría a mí mismo en medida de la Iglesia y elevaría mi modo de entender la fe y mi propia visión al rango de norma para la misma Iglesia. Dejaría de ser la persona que oye a la Iglesia.

El Espíritu que ha sido prometido a la Iglesia garantiza que la Iglesia oye bien. En último término, no existen normas, reglas y principios utilizables fuera de la Iglesia y aplicables a la misma Iglesia desde fuera, con los que «por nuestra propia cuenta» podamos constatar si la fe de la Iglesia es ortodoxa.

– Escritos de Teología, VII, 122-124

LA FE SÓLO ES ELLA MISMA EN COMUNIDAD. La religión *debe* ser un convencimiento mío, propio y libre; debe ser experimentada en el centro más profundo de la existencia. Pero esta existencia sólo es ella misma en una comunidad y una sociedad en las que ella se abre, dando y recibiendo. Por otra parte, el cristianismo es una religión histórica, vinculada a alguien muy preciso: Jesucristo. Yo sólo puedo pertenecer a Cristo por medio de la Iglesia, y no de otra manera. Por eso, no puedo aventurarme a vivir en modo alguno un cristianismo privado, pues de esa forma negaría su origen. Por ello debo ratificar este carácter histórico de mi cristianismo a través de mi pertenencia eclesial. Con esto no quedan afirmadas todavía, ni mucho menos, todas las razones para la pertenencia eclesial de un cristiano, ni siquiera las más importantes. Pero lo dicho puede aquí bastarnos.

Un cristiano de Iglesia como el que aquí estamos suponiendo conoce, sin duda, la historicidad de la Iglesia. Él conoce también, por tanto, lo más humano y lo más inhumano de aquello que en esa Iglesia ha sucedido, «en la cabeza y en los miembros», en el pasado y en el presente. Un cristiano, que cree que la Iglesia proviene de manera auténtica de Jesucristo y que cree, por consiguiente, en su esencia como sacramento universal de salvación para todo el mundo, no puede despreocuparse totalmente de esta historia de la Iglesia, diciendo que con ella sucede lo mismo que con otras construcciones históricas, diciendo que ella ha sido sólo la historia de unos pobres hombres que, como todos los demás, se han comportado de un modo terrible sobre el escenario de la historia universal. Al contrario, un cristiano debería esperar y aguardar que la victoria de la gracia, que la Iglesia debe prometer al mundo incluso en su forma de manifestarse, se revele con gloria esplendorosa en su propia historia.

Ciertamente, la Iglesia ofrece ese tipo de revelación que sólo pueden negar por principio aquellos que desprecian de un modo huraño a los hombres. Pero el cristiano desearía que ese resplandor fuera mucho más claro. El cristiano deberá tomar de un modo realista ese tipo de experiencia que le obliga a ser modesto, aunque él no pueda aclararla del todo y menos aún justificarla con un triunfalismo barato, como a veces se ha interpretado aquello que quería decir el concilio Vaticano II.

– Schriften zur Theologie, XIV, 18-19

LA IGLESIA, «PROTOSACRAMENTO» DE LA SALVACIÓN UNIVERSAL. La palabra que presenta a la Iglesia como sacramento básico de la salvación del mundo, si se toma en serio, quiere decir lo siguiente: la Iglesia es la *aparición,* en las dimensiones de la historia ya escatológica y de la vida social, de *la* salvación que acontece por la gracia de Dios en toda la longitud y anchura del mundo. La Iglesia se relaciona con esta salvación del mundo lo mismo que la palabra sacramental de gracia se relaciona con la historia de la salvación individual. [...]

La iglesia constituye la auténtica aparición histórica de la gracia, que se ofrece como salvación *en todas partes,* de manera que ella (la gracia) aparece y queda atestiguada a través de la expresión palpable de tipo histórico-sacramental y a través de la capacidad reflexiva de la predicación verbal del evangelio; pero no acontece por primera vez allí donde se expresa a través de la visibilidad social y de la reflexión verbal, es decir, de un modo eclesiástico, allí donde suscita un espacio eclesial como lugar de captabilidad histórica de sí misma. De todas maneras, por eso mismo, esta aparición eclesialmente objetivada de la gracia constituye *una manifestación y una prueba* de esa gracia, en cualquier lugar donde ella quiera aparecer, como signo sacramental de la gracia ofrecida en su totalidad al mundo y a la historia.

– Ibid., 339-340

CRISTIANOS ANÓNIMOS. Allí donde alguien acoge la vida con valentía, ha acogido ya a Dios, aunque sea un positivista ciego y primitivo que, al parecer, se mantiene con paciencia ante la apariencia de las cosas penúltimas. Aquel que admite con valentía la vida ha admitido ya a Dios tal como Dios es en sí, tal como él quiere ser para nosotros, en amor y libertad, es decir, el Dios de la autocomunicación de la vida divina, en la que el centro de los hombres es el mismo Dios, y la forma de los hombres es el mismo Dios encarnado.

Porque aquel que se acoge verdaderamente *a sí mismo* acoge el Misterio como aquel vacío infinito que constituye al ser humano, se acoge a sí mismo en la inabarcabilidad de su destino impredecible y acoge con ello, de forma callada y sin haberío previsto, a Aquel que ha decidido llenar con la infinitud de su Plenitud, que es el Misterio en sí, llamado Dios, la infinitud del vacío que constituye el misterio del hombre.

El cristianismo no es otra cosa que la afirmación explícita de aquello que el hombre experimenta de una forma no explícita en su existencia concreta, porque el hombre, de un modo real, en su ordenación concreta, es siempre más que una simple naturaleza espiritual, porque es espíritu que está iluminado por dentro por la luz de la gracia indebida de Dios. Siendo así, si el hombre acoge de forma verdadera y total esa luz, aunque la acoja de una forma no consciente, sin explicitarla, está creyendo; y si el cristianismo es la toma de posesión del Misterio del hombre, que acontece con optimismo absoluto, ¿qué razón podré yo dar para no ser un cristiano?

De todas formas, aun con eso, no se puede negar que la prontitud callada de la paciencia en el cumplimiento del deber de cada día puede ser también una forma de cristianismo anónimo, en la que a veces (siempre que esto no conduzca de nuevo a un escepticismo o no se convierta en un terco sistema absoluto) puede captarse el cristianismo mejor que en algunas de sus formas explícitas, que a menudo están muy vacías y pueden ser una forma de huida del misterio, más que una manera expresa de situarse ante el misterio... Es más fácil dejarse caer en el propio vacío de uno mismo que en el Abismo del Misterio bienaventurado de Dios. Pero ésa no es una actitud más valiente ni más verdadera.

– Schriften zur Theologie, V, 16-17

2. Iglesia y Reino de Dios

La Iglesia no se identifica con el Reino de Dios. La Iglesia no se identifica con el «Reino de Dios», sino que es el sacramento histórico-salvífico del Reino de Dios en aquella fase escatológica de la historia de la salvación, constituida por Cristo, que deja que el Reino de Dios sea (que acontezca y se exprese). Mientras siga existiendo la historia, la Iglesia no se identificará nunca con el Reino de Dios.

El Reino de Dios sólo será definitivo al término de la historia, con la llegada de Cristo y el juicio final. Pero el Reino no es tampoco aquello que simplemente se halla fuera, aquello que vendrá a existir sólo más tarde, en lugar de este mundo, de su historia y de los logros de esa historia. El Reino de Dios en cuanto tal se hace presente en la historia del mundo (¡no sólo en la Iglesia!), en todos los lugares donde viene a desplegarse la obediencia ante Dios, como acogida de la autocomunicación de Dios, en actitud de gracia.

Pues bien, esto (la presencia del Reino de Dios) no acontece sólo en la Iglesia en cuanto comunidad socialmente constituida, históricamente captable, de los creyentes; tampoco acontece sólo en la interioridad secreta de la conciencia, en la subjetividad metahistórica, religiosa, sino que se hace presente en la historia concreta, allí donde se cumplen las tareas terrenas, las obras significativas, y también en el amor social al prójimo, sabiendo siempre que esa historia, en sus objetivaciones empíricas palpables, permanece siempre ambigua, de tal forma que, por un lado, oculta el acontecimiento de la gracia y, por otro, constituye el material en el que se expresa la acogida de la gracia.

– Sämtliche Werke, Vol. 17/2, 1.148

¿PARA QUÉ LA IGLESIA? Y ahora resulta que en este mundo de Dios, de Jesucristo, de lo incomprensible, rodeada de gracia y de culpa, parece haber una comunidad que *da testimonio* de Jesucristo, es decir, del verbo autocomunicativo de Dios a este mundo y de su victoria que ya no admite interrupción.

Esta comunidad no es la misma cosa que la comunidad de los hijos de Dios, pues por la ilimitada potencialidad que es atributo de este verbo autocomunicativo de Dios, dueño y hacedor de la historia, topamos con ellos por doquier, en todas las épocas, en sobreabundante variedad de formas, en todos los colores. Pero también a la inversa: incluso en la era de esta comunidad testificante, están mezclados, sin aventar aún, el trigo y la paja de la historia del mundo. Y, sin embargo, es preciso dar explícito testimonio de lo que realmente se cumple en las honduras de la historia del mundo, es preciso que tenga su manifestación histórica, es preciso que sea proclamado y que en la proclamación se realice de nuevo.

Es preciso que sea así, porque la verdad y la realidad últimas de esta historia enorme no solamente están y radican en

Cristo Jesús, sino que se han *manifestado* en él, y en esta manifestación han encontrado asiento firme. Y, así, esta comunidad de testigos procede de Jesucristo para la salvación del *mundo* (y no sólo para su propia salvación), da testimonio de él, remite confiada a él, a su muerte y su resurrección, y apunta con esperanza a la futura manifestación de esta victoria.

Esta comunidad ha de ser la comunidad que, en medio de la raquítica poquedad que también a ella le cupo en suerte, y pese a ello, se atreve a decir en alto y tiene el atrevimiento de anunciar que este desolado páramo de nuestra existencia tiene cumbres cuyas cimas se adentran en la eterna luz del Dios inconmensurable, cimas que todos nosotros podemos escalar; que las temibles simas abisales, sin fondo, vuelven a tener suelo firme al que aún no hemos llegado, cuando pensamos haberlo explorado todo y haberlo presentado como absurdo; fondo de una profundidad llena que llena el mismo Dios.

Como un clamor unánime debería dominar por encima de esta historia el testimonio que da esta comunidad con un valor incomprensible que no teme oponerse a la rastrera experiencia de los hombres: Dios existe. Dios es amor; su victoria se ha cumplido; todos los arroyos de lágrimas que hace correr el dolor a través de nuestra tierra han sido secados de raíz; todas las tinieblas que nos rodean no son sino la noche, más oscura cuando precede al levante del sol; vale la pena existir. He aquí el testimonio que da sentido a esta comunidad llamada Iglesia, en cuanto que es más que una parcela de la humanidad que Dios no permite se aparte ya de su amor. Lo que constituye su verdadera esencia, lo que define la misión que ha de cumplir, no estriba en inducir en el hombre un mínimo de respeto ante Dios, ni en imponer al brutal egoísmo de los hombres un poco de consideración y humanismo; no es la ley, sino el evangelio de que Dios triunfa en sus propias obras y se prodiga victorioso a esta humanidad y a su mundo; es el testimonio en pro de lo más inverosímil, que es la única verdad, la radical.

– *Siervos de Cristo*, 22-24

JERARQUÍA Y CARISMAS. Si no se ha de apagar al Espíritu, es necesaria una interpretación acertada y valiente de la jerarquía.

No existe un verdadero Espíritu de Cristo que aleje a uno de la Iglesia, de los obispos, del Papa y de la Jerarquía.

Pero si es verdad que el Espíritu de Dios actúa en la Iglesia no sólo a través de la jerarquía, sino que actúa también a través de lo no jerárquico sobre la misma jerarquía, en tal caso los hombres a quienes Dios ha dado la gracia y la carga del carisma –y sería de desear que en la Iglesia hubiera más personas que se creyesen capaces de que el Espíritu les pudiese confiar tal don– tienen el derecho y la obligación de no esconderse tras una obediencia pasiva y muda, muy cómoda en el fondo, pero no realmente humilde, sino de llamar, de manifestar su pensamiento, que puede perfectamente ser el del Espíritu de Dios, aun ante la Iglesia jerárquica, y esto siempre de nuevo, aunque resulten pesados, aunque no resulte agradable a los de «arriba», aunque tengan que cargar con las consecuencias dolorosas del carisma: desconocimiento e incluso tal vez llamadas al orden.

El espíritu de la verdadera obediencia no se da allí donde la maquinaria burocrática de la Iglesia funciona sin roces y con suavidad, ni allí donde, de hecho, se practica un régimen totalitario, sino allí donde, en medio de la lucha común en pro de la realización de la voluntad de Dios, la acción no jerárquica del Espíritu es respetada por la jerarquía, y la jerarquía es respetada por los carismáticos por fidelidad a su propia misión. De ese necesario pluralismo y antagonismo de espíritus, misiones y funciones dentro de la Iglesia, Dios y sólo Dios levantará la verdadera y única Iglesia y trazará su verdadera historia, por Él planeada, que podrá ser distinta de lo que la jerarquía, con todo derecho y cumpliendo con su deber, había previsto y planificado en sus planes oficiales.

– *Escritos de Teología,* VII, 94-95

Fidelidad eclesial y libertad creyente. Una identificación última con la esencia fundamental de la Iglesia, que ella no pudo ni puede perder, no significa, en modo alguno, que estemos de acuerdo con todas y cada una de las cosas que se hacen en la Iglesia. Ni con todo lo que la jerarquía o el papa realizan, ni siquiera con todas y cada una de las cosas que la enseñanza oficial de la Iglesia presenta. Ciertamente, para mí, el auténtico dogma de la Iglesia constituye algo que me obliga absolutamente; por eso, como cristiano y como teólogo, debo preguntarme, con cierta ansiedad de espíritu y corazón y con no poca frecuencia, cuál es el verdadero sentido de una determinada afirmación que el Magisterio de la Iglesia mantiene como dogma, a fin de concederle mi consentimiento de manera honrada y tranquila.

Por mi parte, a lo largo de mi vida nunca he tenido la experiencia de que esto me resultara imposible; porque, en relación con esos dogmas he advertido siempre con claridad que sólo pueden entenderse bien cuando se pone de relieve su sentido en línea de apertura hacia el Misterio de Dios, sabiendo, por otra parte, que han sido formulados desde unos condicionamientos históricos determinados; por ello, esos dogmas se encuentran inevitablemente vinculados a una especie de amalgama que no pertenece, de hecho, al contenido de la declaración dogmática y que puede hacer incluso que ese contenido se interprete mal. Esto se debe también al hecho de que esos dogmas están formulados como regulaciones lingüísticas que, para ser fieles a la realidad a la que aluden, no deberían *permanecer* siempre iguales, con las mismas palabras con que fueron formulados.

Las cosas resultan diferentes cuando se trata de esta o aquella enseñanza relativamente subordinada, sea en el campo de la exégesis, de la teología sistemática o de la teología moral, que ha sido o sigue siendo mantenida por el Magisterio romano como enseñanza oficial, con la pretensión de ofrecer una enseñanza vinculante, aunque no haya sido «definida». Por evocar sólo un *ejemplo* de los tiempos más recientes: a mi juicio, ni la argumentación básica ni la autoridad de enseñanza de la Iglesia, a la que, de hecho, se acude, ofrecen un fundamento convincente y obligatorio para aceptar la discutida doctrina de Pablo VI en la *Humanae Vitae,* ni la Declaración de la Congregación de la Fe que quiere excluir por principio la ordenación de las mujeres como algo que debería aplicarse en todos los tiempos y culturas.

– Schriften zur Theologie, XIV, 19-20

No se puede afirmar la imposibilidad *a priori* de que el derecho administrativo vigente en la Iglesia tenga rasgos de tipo inhumano y no cristiano; no va de antemano contra el cristianismo y la religión el que uno se pregunte si la legislación eclesiástica sobre el celibato no puede cambiarse y si, dada la situación pastoral de la Iglesia en el futuro, no debe ser cambiada.

No es ningún dogma que una celebración comunitaria de la penitencia no pueda tener carácter sacramental; no están fijados con toda precisión los límites de una comunión abierta; no está claro que los divorciados vueltos a casar tras un primer matrimonio sacramental no puedan ser admitidos en *ningún* caso a los sacramentos mientras persistan en el segundo matrimonio en cuanto tal. El precepto dominical no hay que presentarlo como si hubiera sido promulgado en el Sinaí como un mandamiento divino válido desde siempre.

Las posibilidades existentes, incluso para una conciencia cristiana, con respecto a las leyes penales *civiles* contra la interrupción del embarazo no están tan claras como a veces se pretende. Puesto que ningún partido concreto es enteramente cristiano en todo, y la actuación de un partido, debido a pecados muy graves de omisión, puede tener muy poco de cristiana, aunque apenas dé esa impresión, tampoco es muy sencillo decir cuándo un cristiano y un católico no deben elegir a un partido.

– Cambio estructural en la Iglesia, 116-117

EL PECADO DENTRO DE LA IGLESIA. Es cierto que para la mirada sin prejuicios del meditador de la historia es también la Iglesia santa el signo que, elevado sobre las naciones por su fertilidad inagotable en todo sentido, da un testimonio, por medio de sí mismo, de su ser efectuado por Dios. Pero es también la Iglesia pecadora de los pecadores, la Iglesia pecadora porque nosotros, miembros de la Iglesia, somos pecadores. Y esta pecaminosidad de la Iglesia no quiere decir solamente la suma de las insuficiencias de sus miembros, que, por así decirlo, permanecen privadas, hasta de los portadores de los más altos y santos ministerios. La pecaminosidad e insuficiencia de los miembros de la Iglesia opera también en el obrar y omitir que, estando en el ámbito de la experiencia humana, ha de ser designado como obrar y omitir de la Iglesia misma.

La humanidad pecadora y su insuficiencia, la miopía, el quedarse detrás de las exigencias de cada hora, la falta de comprensión para las indigencias del tiempo, para sus tareas y sus tendencias de futuro, todas esas peculiaridades tan humanas, son también peculiaridades de los portadores del ministerio y de todos los miembros de la Iglesia y repercuten por permisión de Dios en lo que la Iglesia hace y es.

Sería obcecación alocada y orgullo clerical, egoísmo de grupo y culto de persona propio de un sistema totalitario (todo lo cual no conviene a la Iglesia en cuanto comunidad de Jesús, humilde y manso de corazón), pretender negar esto o paliarlo o minimizarlo, o ser de la opinión de que esta carga es sólo la carga de la Iglesia de tiempos anteriores, que hoy le ha sido retirada.

No, la Iglesia es la Iglesia de los pobres pecadores, es la Iglesia que no tiene frecuentemente el coraje de meditar el futuro como el futuro de Dios, igual que ha experimentado el pasado como de Dios también. Es con frecuencia la que glorifica su pasado y mira el presente, allí donde no lo ha hecho ella misma, con ojos torcidos, condenándolo demasiado fácilmente. Es con frecuencia la que en cuestiones de ciencia no sólo avanza lenta y circunspectamente, con mucho cuidado por la pureza de la fe y su integridad, sino que espera además demasiado, habiendo dicho en el siglo XIX y en el XX con demasiada rapidez que no, cuando habría podido decir ya antes un sí, desde luego matizado y distintivo. Ha estado con más frecuencia por los poderosos y se ha hecho demasiado poco abogada de los pobres; ha dicho su crítica a los poderosos de esta tierra demasiado suavemente, de tal manera que más bien parecía como si quisiera procurarse un alibi, sin entrar de veras en conflicto con los grandes de este mundo. Se mantiene muchas veces más con el aparato de su burocracia que con el entusiasmo de su espíritu; ama a veces más la calma que el temporal, lo acreditado ya de antiguo más que lo audazmente nuevo. En sus portadores del ministerio ha cometido frecuentemente injusticias contra santos y pensadores, contra los que preguntan dolorosamente, contra sus teólogos que querían sólo servirla incondicionalmente.

– Escritos de Teología, V, 24-25

¿NO SOMOS TAMBIÉN NOSOTROS PECADORES? Todo esto es verdad. Todo esto es una impugnación de la fe, una carga que puede posarse sobre cada uno casi asfixiantemente. Pero, por de pronto, ¿no pertenecemos nosotros mismos a esa carga que se posa sobre nosotros y amenaza nuestra fe? ¿No somos también nosotros mismos pecadores? ¿No pertenecemos nosotros también a la cansada y gris multitud de los que en la Iglesia, por medio de su mediocridad, de su cobardía, de su egoísmo, entenebrecen la luz del Evangelio? ¿Tenemos realmente el derecho de arrojar la primera piedra sobre esa pecadora que está ahí, acusada ante el Señor y que se llama «Iglesia»? ¿No estamos nosotros mismos acusados también en ella y con ella y entregados a la misericordia, a las duras y a las maduras?

Y además, si sabemos que la verdad y la realidad pueden ser realizadas solamente sobre la tierra, en la historia y en la carne, y no en un idealismo vacío; si sabemos hoy más que nunca que el hombre se encuentra a sí mismo únicamente en una comunidad que exige dura y unívocamente, y que todo solipsismo de cualquier especie, cualquier resguardo del individuo preciosista y al cuidado de sí mismo es un ideal pasado (y siempre falso), entonces para el hombre actual puede haber sólo un camino: soportar la carga de la comunidad como camino verdadero de la libertad real de la persona y de la verdad; entonces la Iglesia de los pecadores puede seguir siendo, desde luego, una pesada carga para nosotros, pero no significar ya un escándalo que destruya el coraje de la fe.

Y, finalmente, buscamos a Dios en la carne de nuestra existencia; hemos de recibir el cuerpo del Señor, queremos estar bautizados en su muerte, queremos estar incluidos en la historia de los santos y de los grandes espíritus que amaron a la Iglesia y le guardaron fidelidad. Esto sólo se puede viviendo en la Iglesia y portando conjuntamente su carga, carga que es la nuestra propia. En tanto se consume en ella el sacramento del espíritu y del cuerpo del Señor, toda insuficiencia humana es, a fin de cuentas, la sombra que cede y que sí puede asustar, pero que no mata. Nuestro amor, nuestra obediencia, nuestro silencio y el coraje donde sea necesario, como Pablo frente a Pedro, de confesar ante los representantes de la Iglesia oficial la verdadera Iglesia y su espíritu del amor y de la libertad...: éstas son las realidades más santas en la Iglesia, y por eso siempre también las más poderosas, más que toda la mediocridad y todo el tradicionalismo pasmado que no quiere creer que nuestro Dios es el Dios eterno de todo futuro.

Nuestra fe puede ser impugnada en lo concreto de la Iglesia; en ello puede madurar, pero no morir, si es que nosotros no la hemos dejado morir de antemano en nuestro corazón.

Si nos atrevemos a crecer así por encima de nosotros mismos y a morir como grano de siembra en el campo de labranza de la Iglesia, y no a sus puertas como revolucionarios, entonces advertiremos que sólo tal proeza nos libera en verdad hasta dentro de la infinitud de Dios. Puesto que la fe que en esta Iglesia se nos exige es la proeza que, donada por Dios, acepta el misterio infinito como cercanía del amor que perdona. Lo cual no puede suceder sin una muerte que nos hace vivos. En esta aceptación está contenido el cristianismo entero como su propia y venturosa esencia. Atreverse a tal fe es hoy posible. Hoy más que nunca.

– Ibid., 26-27; 29

3. ¿Dónde estamos? Análisis de la situación

EN UNA SITUACIÓN DE TRANSICIÓN. La situación de los cristianos de hoy y, por tanto, de la Iglesia es la de la transición, de una Iglesia de masas en concordancia con una sociedad y una cultura profana homogénea, a una Iglesia como comunidad de los creyentes que, en una opción personal y libre de fe, se sitúan también a distancia de la mentalidad y del comportamiento ordinario en el entorno social, y que encuentran y caracterizan de un modo peculiar la fe propiamente teológica, quizá justamente en y por una relación crítica frente a su sociedad y a los poderes dominantes en ella... Por todo ello, la aceptación clara, tajante y animosa de esta situación constituye un problema fundamental planteado a la Iglesia actual. [...]

Habría que repetir de nuevo (en esta situación transitoria) que el cristianismo y la Iglesia viven hoy, y mucho más mañana, en una situación en que la mentalidad general y pública, marcada por las ciencias positivas y sus métodos, no conoce ningún mundo en el que Dios se presente como una realidad concreta entre otras, y que en un sentido muy determinado, que desde luego no excluye realmente la fe y la relación con Dios, es a-tea.

Habría que decir que esta situación niega a todas las institucionalizaciones religiosas el nimbo evidente y penetrado de tabú de lo sagrado, que haría aparecer como reprobable y solamente improcedente toda posición e indiferencia frente a él.

Habría que poner más de manifiesto que esta situación, o bien conduce a la larga a una arreligiosidad que no está ya ante la alternativa de fe o incredulidad, o bien exige en el individuo y en la sociedad eclesial una formación continuamente renovada de la fe a partir de sus fundamentos últimos, que ya no se puede apoyar en sus objetivaciones previas admitidas solamente, y por ello se enfrenta a muchas de esas objetivaciones secundarias de tipo teológico, ritual y eclesiástico con una cierta mayor indiferencia que en los tiempos en que tales objetivaciones tenían en la sociedad una validez indiscutible.

Habría que caracterizar esta situación apuntando que las personas y cosas revestidas de autoridad (cargos oficiales, Escritura, celebraciones cristiano-eclesiásticas de determinados acontecimientos de la vida mediante el bautismo, la primera comunión, el entierro cristiano, etc.) sólo podrán conseguir aún vigencia si, por una parte, se fundamentan de modo continuamente renovado a partir de las experiencias últimas de la vida y de Dios y, por otra, ejercen al mismo tiempo un influjo benéfico que el hombre normal pueda percibir y entender de verdad. [...]

Si admitimos con auténtica honradez que nos encontramos en un período de transición, si estamos convencidos de que lo viejo que ha de perdurar sólo puede mantenerse como realidad que trasciende a un mero postulado si se inserta en una voluntad decidida de arrostrar una situación nueva, ¿no deberíamos nosotros, y sobre todo el estamento oficial, pensar más en el futuro que en el presente y en el pasado, y enfrentarnos de forma autocrítica a un conservadurismo muy problemático, que se vuelve de nuevo virulento cuando ha pasado la euforia del Vaticano II, y comienza una cotidianeidad en que se ha de actuar de veras y no puede evitarse una cierta confusión?

PEQUEÑA GREY. Nosotros somos el comienzo de la pequeña grey. Digo «el comienzo» porque estoy convencido, sin por ello sentirme ni profunda ni propiamente tentado en mi fe, de que la

Iglesia alemana todavía descenderá notablemente en número en los próximos decenios, por lo menos con referencia a la población total, y también en poder social. La fe cristiana institucionalizada en la Iglesia disminuirá todavía notablemente, aunque con ello no sea ni mucho menos posible juzgar de forma tajante si la fe y la incredulidad que en último término fuerza al igual que los modos con que intentan implantarse esas tendencias.

En todo caso, los responsables oficiales no deben actuar como si toda fuerza dejase ya de ser cristiana o eclesial por estar en incómoda contradicción con sus propias opiniones y tendencias; y, por su parte, esos grupos y sus dirigentes no deben actuar como si cualquier medio fuese legítimo para alcanzar los fines que ellos tienen por correctos. Tampoco aquí el fin justifica los medios. Puede ocurrir que la estructura social y la unidad de la Iglesia sólo se mantenga y sea respetada en concreto por un determinado grupo cuando ese grupo renuncia eventualmente a la realización de un fin en sí legítimo. Al menos aquí y ahora. Pero ¡ay de los pastores que con su autoridad formal a respetar impiden la realización de una tarea cuyo momento para la Iglesia era éste! Cierto que quizá, en un caso extremo, un grupo que se propone un fin legítimo haya de dejar a Dios y a la historia futura de la Iglesia la ejecución de ese «¡ay!». Quien siempre niega o quiere modificar la autoridad formal del ministerio eclesiástico tan sólo porque en el caso concreto toma una decisión objetivamente falsa, suprime básicamente el ministerio eclesiástico y se hace a sí mismo en forma tácita soberano señor de la historia. El hecho de que, por el contrario, pueda haber casos subjetivos y objetivos en que una obediencia eclesial tenga un límite ha quedado escrito en otra parte y no precisa aquí mayor exposición.

Estos grupos, fundamentalmente posibles y legítimos en la Iglesia, no tienen, sin embargo, por qué llegar a unas polarizaciones y confrontaciones como las que hemos rechazado por no ser cristianas ni eclesiales. Estos grupos pueden combatirse mutuamente de un modo serio y limpio, no tienen por qué simular una paz tranquila que en realidad no existe. Pero tampoco deben considerarse como meros enemigos que intentan darse muerte mutuamente. Han de hacer todo lo posible por convivir en medio de una contienda. La lucha de cada grupo debería perseguir también una mejor comprensión de los otros grupos. ¿Por qué, por ejemplo, no habría de invitar un grupo a sus reuniones a representantes de otro grupo y dejarles expresarse allí? ¿Por qué un grupo no debería considerar al otro como una instancia crítica para sí mismo, cosa que le es absolutamente imprescindible?

En ese tiempo futuro habrá por todas partes en el mundo, si bien dispersas con diferente grado de densidad, comunidades cristianas, católicas. Y por todas partes serán el pequeño rebaño, ya que la humanidad crece con mayor rapidez que la cristiandad, ya que los hombres no serán cristianos por la fuerza de la herencia y de la tradición, de la institución, de la historia, de la homogeneidad de un ambiente social y de una opinión pública, sino –prescindiendo del fuego sagrado del ejemplo familiar y de la intimidad de la casa paterna, de la familia y de pequeños grupos como supuestos– únicamente por una acción propia de fe, difícilmente comprada y por la que habrá siempre que luchar de nuevo.

Por todas partes habrá diáspora, y la diáspora estará por todas partes. Puesto que la unidad del espacio histórico de la humanidad será mayor de lo que ahora es, cada cual será vecino del otro y en su actitud y con su actividad determinará la situación existencial histórica de los demás. Por «los demás» entendemos cada pueblo, cada círculo de cultura, cada magnitud histórica, y cada uno en una proporción correcta... Y como los cristianos forman una minoría relativamente pequeña y, desde luego, no tendrán para ellos solos un espacio existencial histórico, vivirán todos, aunque en diferente manera de intensidad, en la «diáspora de los gentiles».

Dos subrayados del Vaticano II. Si un hombre de esa Iglesia del futuro lee el decreto sobre la Iglesia, ¿qué es lo que subrayará, lo que le sorprenderá especialmente? ¿Qué es lo que leerá como dicho para él casi proféticamente desde el pasado? ¿Qué es lo que de este decreto se recogerá en un Denzinger futuro, si en él se citan sólo un par de pasajes de las 66 páginas del documento en cuestión?

Una primera proposición, que tocará en el corazón del cristiano futuro, es la de que la Iglesia es el sacramento de la salvación del *mundo*. La cual se encuentra ya en la introducción, aunque haya quedado menos claro en las últimas redacciones del texto que en la versión anterior.

Este cristiano futuro vivirá como miembro del pequeño rebaño en un gran mundo inabarcable de no cristianos.

¿Cómo, entonces, ha de pensar de su Iglesia, cómo ha de vivir la incondicional autoconsciencia que ella tiene de ser la fundación de Dios, de Cristo, del Señor de la historia, de ser la única religión eternamente válida? ¿Cómo hará esto, si el día en que todos los hombres sean cristianos aparecerá aún más imprevisiblemente lejano de lo que ya lo está para nosotros, ya que ningún poder de una sociedad y tradición homogéneas luchará por la Iglesia? Podrá, y podrá únicamente si comprende a la Iglesia como el *sacramento* de la salvación del *mundo*. Esta expresión penetrará en su corazón iluminándolo y consolándolo.

Ahora la Iglesia no es la comunidad de los únicos que se salvan, sino el signo de salvación de aquellos que no pertenecen a ella en la dimensión de la historia y de la sociedad... La Iglesia es ya sacramento de la salvación del *mundo,* donde todavía no es Iglesia y quizá nunca llegue a serlo, ya que es la perceptibilidad histórica de la gracia en la que Dios se autocomunica en cercanía y perdón absolutos, de la gracia que opera por doquier, que a nadie excluye, que ofrece a Dios a todos, que otorga a cada realidad mundana una finalidad secreta hacia la magnificencia intradivina... El cristiano del futuro puede verse a sí mismo y a los cristianos explícitos como una *tropa de choque* de todos aquellos que en las calles de la historia caminan hacia la salvación de Dios y su eternidad. [...]

Si, según esto, el cristiano futuro predica el cristianismo al «no cristiano», no partirá tanto de la representación de querer hacer del otro algo que hasta ahora no era en absoluto, sino que intentará allegarle a sí mismo. Naturalmente, no porque el cristianismo sea sólo, modernistamente, la explicación de una indigencia religiosa natural, sino porque en su gracia, a causa de su general voluntad de salvación, Dios ha ofrecido al hombre, desde antiguo, la realidad del cristianismo, siendo desde luego posible, siendo incluso probable, que el hombre la haya aceptado ya sin saberlo de un modo reflejo.

– Escritos de Teología, VI, 472-477

Entonces es cuando no tendríamos que decir suspirando: «¡No tenemos más que un quince por ciento de practicantes!», y luego: «¡Vaya, otra vez llegamos al diecisiete por ciento!» Pero ¿dónde está escrito que habríamos de tener la integridad de los porcentajes? Quien ha de tenerlos es Dios. Afortunadamente, tiene compasión de todo el mundo y quiere incluir eficazmente a todo el mundo en su gracia. Pero no se puede decir que sólo lo haga con la condición de que nosotros, la Iglesia, tengamos a todo el mundo. Permítasenos ahora reproducir, humildemente y con sangre fría –con alguna pequeña variante– la frase de San Agustín: «La Iglesia no tiene muchos de aquellos que Dios tiene, y Dios no tiene muchos de aquellos que la Iglesia tiene». ¿Por qué olvida nuestro derrotismo, cuyo origen es una piedad hacia los hombres carente de lucidez, que, lejos de ser una verdad, es una herejía creer que fuera de las fronteras de la Iglesia no hay gracia?

– Misión y Gracia, 82

4. Tareas de la Iglesia, hoy

UNA IGLESIA DE ESPIRITUALIDAD AUTÉNTICA. Entre nosotros, los que somos la Iglesia, debería haber realmente algo así como una «espiritualidad». [...]

¿Dónde se habla con lenguas de fuego de Dios y de su amor? ¿Dónde son mencionados los «mandamientos» de Dios, no como un penoso deber que cumplir, sino como la gloriosa liberación del hombre de la angustia vital esclavizadora y del egoísmo frustrante? ¿Dónde en la Iglesia no sólo se ora, sino que se experimenta la oración como un don pentecostal del Espíritu, como gracia sublime? ¿Dónde hay, por encima de toda inculcación racional de la existencia de Dios, una mistagogía de cara a la experiencia viva de Dios que parta del núcleo de la propia existencia? ¿En qué seminarios se leen aún los clásicos antiguos de la vida espiritual con el convencimiento de que también hoy tienen algo que decirnos? ¿Dónde es entendida la lógica de la decisión existencial en que, más allá de un mero razonamiento «objetivo», el hombre pregunta por la voluntad irrepetible de Dios, válida justamente para él?

¿Cuándo nos convenceremos de que todo compromiso crítico y sociopolítico, que hoy es deber sagrado de los cristianos y de la Iglesia en cuanto lucha por una mayor libertad y justicia, encierra o ha de encerrar en sí una espiritualidad oculta, porque para el cristiano nace del compromiso íntimo y absoluto que coloca al hombre ante Dios, se dé cuenta o no de ello? [...]

Por tanto, la Iglesia ha de seguir siendo la Iglesia del misterio y de la alegría evangélica en una libertad redimida. No debe degenerar en una asociación humanitaria de beneficencia, pues el hombre, a la larga, no se aguanta a sí mismo si no está redimido para la libertad abierta de Dios. Sólo cuando el hombre sabe que es infinitamente más que una mera evidencia inmediata, que es el hombre del Dios infinito de libertad y bienaventuranza sin límites, sólo entonces puede realmente aguantarse a la larga. Si no, se va asfixiando lentamente en su propia finitud, y toda la retórica sobre la dignidad y la misión del hombre sonará cada vez más falaz. Por eso la Iglesia se ha de ocupar, ante todo y sobre todo, de Dios.

Cierto que de esta palabra –«Dios»– se ha abusado ya lo indecible. Cierto que esta palabra es la menos comprensible. Su auténtico contenido, el misterio inefable por el que el hombre se ve siempre excedido, que no puede nunca incluir en las cuentas de su vida como una partida fija, ha de ser vislumbrado y padecido de nuevo a través de todos los altibajos de la experiencia humana. Con todo, la Iglesia ha de hablar de Dios. [...]

En la Iglesia hablamos demasiado poco de Dios, o lo hacemos con un árido adoctrinamiento al que le falta una fuerza vital auténtica. Hemos aprendido demasiado poco el arte increíblemente elevado de una auténtica mistagogía para la experiencia de Dios, y por eso lo usamos también demasiado poco. De ahí también que tengamos la sensación de estar simplemente a la defensiva frente a un ateísmo tan extendido. Esta impresión, en último término falsa, procede en buena parte de que la presencia *misteriosa* de Dios y su historia, como no corresponden a nuestras expectativas, lo cual de suyo es lógico, las interpretamos como ausencia de Dios, o componemos incluso una teología de la muerte de Dios sin saber siquiera a qué se refiere la palabra «Dios».

Si hablamos de Dios como si fuese la ayuda de urgencia en los problemas de nuestra vida tal como lo querríamos tener, entonces naturalmente hemos de constatar que un tal Dios no aparece en el mundo, y es de presumir que esté muerto. Pero ese Dios que nos evita capitular ante su incomprensibilidad para ser felices no ha sido nunca el Dios del cristianismo, allí donde éste ha tenido una concepción correcta de sí mismo. [...]

Una segunda cosa hay que predicar con fuerza en una Iglesia de auténtica espiritualidad: Jesús. Es decir, la fe de que, en la historia de nuestra vida y del mundo, la autopromesa absoluta de Dios como vida que nos libera se ha hecho en él visible para nosotros y ha quedado sólidamente establecida para siempre; en él, entregado a la muerte y aceptado por Dios y vivo definitivamente. Al predicar a este Jesús como Señor nuestro en este sentido, debería tenerse en cuenta, por una parte, que, en este punto de partida recién señalado, para la comprensión de Jesús en la fe cristiana viene implícita toda la cristología tradicional, que sigue siendo vinculante; y, por otra, que si esa cristología ha de resultar inteligible y creíble hoy, no puede consistir tan sólo en el enunciado de una «cristología desde arriba», sino que ha de partir de la experiencia de Jesús, el cual, en un amor radical a Dios y a los hombres, asumió obedientemente el fracaso de su vida y su misión y precisamente así se hizo digno de fe como asumido definitivamente en la vida de Dios y se ha convertido para nosotros en la palabra inseparable de la autopromesa de Dios. [...]

Con esta doble y única confesión de Dios y de Jesús, palabra de la autopromesa de Dios en la historia, la Iglesia puede ser y seguir siendo cada vez mejor la Iglesia del misterio y de la alegría evangélica en una libertad redimida: una Iglesia de espiritualidad auténtica. [...]

En el terreno de lo espiritual somos, hasta un extremo tremendo, una Iglesia sin vida... A los funcionarios eclesiásticos les digo (y con ello, naturalmente, arrojo una gruesa piedra sobre mi propio tejado): figuraos por un momento, con un poco de imaginación existencial, que no sois funcionarios eclesiásticos, que andáis por las calles ganándoos el pan como un barrendero o (si se prefiere) como un científico en su laboratorio de física de plasmas, donde no se oye en todo el día una palabra sobre Dios y, sin embargo, se consiguen éxitos soberbios. Figuraos que vuestra cabeza está cansada de tanto barrer las calles o de la física molecular con su matemática... Y ahora intentad decir a los hombres de ese entorno el mensaje cristiano, intentad predicarles el mensaje de Jesús sobre la vida eterna. Escuchad cómo lo decís, percibid vosotros mismos cómo suena, pensad cómo lo habríais de decir para que no tope de antemano con un rechazo similar al que en ese ambiente se encontraría uno que quisiese hablar de medicina tibetana. ¿Qué diríais en esas circunstancias? ¿Cómo empezar a describir la palabra «Dios»? ¿Cómo hablar de Jesús de forma que los otros puedan tener un cierto barrunto de la importancia que tiene en vuestra vida, importancia real y significativa también para la vida que los otros llevan?

– Ibid., 102-110

UNA IGLESIA SOLÍCITA EN EL SERVICIO... La Iglesia debería ser una Iglesia a quien lo que le importa no sea ella misma, sino los hombres, todos los hombres. Esto se ha dicho muchas veces en el Concilio Vaticano II y después. Pero esa exigencia no basta, ni mucho menos, para precisar realmente la actitud de los cristianos eclesiales y de la misma Iglesia. Un grupo social que está asediado y, sin embargo, no puede ni quiere rendirse, tiene inevitablemente la gran tentación de pensar ante todo en sí mismo y en su subsistencia. [...]

El deber de la Iglesia de ser para los hombres y no para sí misma no se refiere tan sólo a la cristianización de los hombres, de forma que se hagan cristianos de Iglesia. Una tarea así entendida sólo sería legítima si se tratase de ganar a hombres que quieren compartir la misión de la Iglesia de ser para todos. Si la Iglesia es el sacramento de la salvación para un mundo que, de hecho, en su mayor parte es salvado por la gracia de Dios fuera de toda institucionalidad eclesial (por muy legítima y querida por Dios que sea ésta); si la Iglesia, pese a estar enviada a todos, no puede decir que fuera de su forma visible no hay salvación ni paulatina curación del mundo, entonces la consecución de nuevos cristianos eclesiales no es tanto ni ante todo la salvación de los que, en caso contrario, estarían perdidos, sino la consecución de testigos que, como signo para todos, pongan de manifiesto la gracia de Dios que actúa en todas partes del mundo.

Por tanto, el querer la eclesialidad de los hombres ha de significar en la Iglesia un querer que esos cristianos eclesiales sirvan a todos. Incluso a quienes están dispuestos a admitir sus servicios y, sin embargo, los desprecian y combaten. Incluso a los pobres, los ancianos, los enfermos, los desclasados socialmente, los marginados de la sociedad; a todos los que no tienen poder y no pueden aportar de por sí un aumento de poder a la Iglesia. La Iglesia ha de luchar por la justicia y la libertad, por la dignidad humana, incluso cuando más bien se perjudica a sí misma, cuando una alianza con los poderes dominantes, aunque fuese oculta, a primera vista más bien le favorecería. Desde luego, esto no lo niega en teoría nadie de nosotros.

Pero, como somos una Iglesia de pecadores, no podemos asegurar que nunca traicionaremos en la práctica esta vocación de la Iglesia. Lo hacemos ya en la vida de la Iglesia, incluyendo desde luego hasta sus decisiones oficiales y la concreción de sus instituciones, que están marcadas también por el pecado del egoísmo, del ansia de poder, de una miope pretensión de autoafirmarse. Si estamos convencidos de que en un mundo pecador hay mucha injusticia y tiranía reinantes, si estamos o estuviésemos realmente convencidos de que el pecado marca también las estructuras sociales y no incide tan sólo en la vida privada de los individuos y de sus acciones, entonces más bien nos debería sorprender lo poco que la Iglesia entra en conflicto con las instituciones sociales y con los poderosos, salvo en los casos en que atacan directa y expresamente a la Iglesia misma. Esto debería hacernos recelar de nosotros mismos, debería tildar de sospechoso cierto conservadurismo que se da entre nosotros.

– Sämtliche Werke, 77-79

...Y AL SERVICIO DEL HOMBRE. Se trata del hombre; se trata, pues, de la salvaguarda de lo humano, del hombre con su unidad, espíritu corporal y cuerpo espiritual; de la defensa del espíritu y del margen de libertad que le es necesario; de la dignidad de la persona, con la que no se puede especular con fines que no se refieran a ella misma; del hombre con su estructura ontológica jerarquizada, implicando un «alto» y un «bajo», un núcleo esencial absolutamente necesario y múltiples elementos condicionados y transitorios; del hombre, que es algo más que un átomo en una sociedad de masas; del hombre, que tiene una vocación eterna; del hombre, que sólo es verdaderamente conforme a su naturaleza si siente respeto, fidelidad, amor a la verdad, si ha aprendido a amar y a servir; del hombre, que ha de mantenerse en lo que es y no desespiritualizarse apartándose de su más profunda esencia para entregarse a la fiebre de los placeres, al trabajo o a otro engaño cualquiera.

Se trata del hombre que, creado varón y mujer, no realiza su vocación sino respetando los principios de su propio sexo; del hombre, a quien no se puede tratar de igual manera en todas las edades de su vida, pues siempre hay «algo que sacar» de cada una de esas edades.

Se trata del hombre, que está llamado a vivir en el marco de una sociedad, precisamente para encontrar en ella el sostén y el desarrollo de su personalidad, y no para quedar reducido a una simple función en el seno de una realidad colectiva que sería por sí misma su propio fin.

Se trata del hombre, que tiene una apertura a Dios, al Innominable, al Inagotable, al Inefable.

Se trata, pues, del hombre, que está más allá de toda definición; del hombre, que es también misterio; del hombre de la eternidad y de la infinitud; del hombre, que no se detiene en ningún lugar aquí abajo, que no podría definirse por ninguna referencia terrenal y que, en la amplitud inconmensurable de su espíritu y de su amor, no concede a todas las cosas más que un valor relativo, a excepción precisamente de ese Inefable al que llamamos «Dios» y que sólo es Dios, en sí mismo y a nuestros ojos, si no se identifica con nada de lo que este mundo pone a nuestro alcance, aunque fuera la suma de todo lo que estamos en condiciones de captar.

En una palabra, se trata del hombre con su apertura a Dios.

– Misión y Gracia, 198-199

EN DIÁLOGO HACIA DENTRO Y HACIA FUERA. Esto significa de nuevo que la Iglesia debe tener la valentía de pasar, de una situación de Iglesia nacional, a una Iglesia comunitaria compuesta por creyentes vinculados por su propia decisión personal.

Esto implica que la Iglesia debe dar, en concreto, *más importancia* a la creación de comunidades compuestas por creyentes comprometidos de un modo seriamente personal (aunque esas comunidades sean numéricamente pequeñas con respecto al conjunto de la población) que al mantenimiento de un tipo de Iglesia tradicional, dentro de la que se incluyen y mantienen «todos».

Esto implica el surgimiento de una estrategia y de una práctica pastoral adecuada. Esto implica que la Iglesia ha de ser, por sí misma, una Iglesia de diálogo abierto con el mundo, hacia dentro y hacia fuera.

La Iglesia debe dialogar *hacia dentro*. Una Iglesia comunitaria de este tipo (sin que su constitución jerárquica permanente sea obstáculo para ello) ha de ser una Iglesia cuya existencia debe apoyarse sobre los laicos que creen de un modo personal (y ya no tanto sobre los profesionales de la Iglesia y de su poder en la sociedad, ni sobre los miembros del clero en cuanto portadores y destinatarios de ese prestigio social). Los laicos constituyen también, *eo ipso,* el (legítimo) mundo en la Iglesia. Su formación, su mentalidad, sus esfuerzos, etcétera (también en la medida en que ellos trabajan en la Iglesia), no son sólo (como antes solía suceder casi siempre) algo que ha sido creado por la Iglesia en cuanto institución, sino algo que los mismos laicos (con los clérigos y los hombres de nuestro tiempo) actualizan y realizan en cuanto presencia del mundo en la Iglesia. Para que esto sea posible existe y debe existir un diálogo intra-eclesial de la Iglesia con el mundo.

Diálogo *hacia fuera*. Una Iglesia de tipo comunitario, que vive en diáspora y debe ser, por tanto, misionera, no puede ni debe cerrarse en sí misma de una forma sectaria. Por el contrario, ha de mantenerse en diálogo abierto con el mundo, con su cultura, con sus esfuerzos y sus creaciones. Por eso, la Iglesia no puede ni debe querer vivir sólo de aquello que ella misma ha engendrado en su interior en un plano cultural («literatura cristiana», «arte cristiano»). No puede tener una mentalidad de gueto, ni pensar que puede ser autárquica en un plano social y cultural. La Iglesia tiene que querer recibir a fin de poder dar.

– Sämtliche Werke, 1.159-1.160

UNA INSTITUCIÓN MORAL, PERO NO MORALIZANTE. Del mensaje cristiano forma parte, desde luego, un conjunto de principios morales... Pero al dejar asentado este principio, sin duda fundamental y también muy actual, hay que añadir a la vez, honestamente, que no siempre es tan fácil y terminante decir cómo se ha de responder a cuestiones más concretas de la moralidad humana desde la médula del mensaje cristiano y teniendo en cuenta la situación actual. Resulte cómodo o no, y pese a todas las quejas de que así se intranquiliza la conciencia moral de mucha gente en la Iglesia, ha de decirse que, por motivos que en definitiva no tienen nada que ver con un cobarde reblandecimiento de la moral cristiana tradicional, hay no pocos principios y modelos concretos de comportamiento que antes, seguramente con toda razón, pasaban por ser concreciones ineludibles de los principios morales últimos del cristianismo, pero que hoy no deben ser considerados, sin más, como obligatorios siempre y en cualquier caso; y también al revés: quizá algunos imperativos morales deberían mantenerse, muy en concreto, con mucha mayor claridad y valentía de como sucede (es decir, no sucede). [...]

Al decir que la Iglesia ha de ser una institución moral, pero no moralizante, el deseo de que no moralice no pretende atenuar el imperativo de exponer con decisión y claridad el mensaje de Cristo incluso en sus exigencias morales.

Uno está moralizando cuando expone las normas de comportamiento moral de un modo desabrido y doctrinario, indignándose por la inmoralidad del mundo, sin referirlas realmente a la experiencia íntima que de su esencia tiene el hombre, sin la cual los principios del llamado derecho natural, por su misma condición, en realidad no le obligan actualmente; está moralizando cuando los principios morales no quedan referidos al núcleo íntimo del mensaje cristiano, que es el mensaje del espíritu vivo, el mensaje de la liberación de una ley meramente externa, el mensaje del amor, que, cuando se impone, no está sometido ya a ninguna ley.

Ante todo y sobre todo, hemos de dar noticia al hombre de hoy del íntimo, radiante y liberador misterio de su existencia, que salva de la angustia y la autoalienación y al cual nosotros llamamos «Dios». Al menos una vez tenemos que mostrar al hombre de hoy el comienzo del camino veraz y concreto que le lleva a la libertad de Dios. Si el hombre no ha hecho, ni siquiera inicialmente, la experiencia de Dios y de su Espíritu, que libera de la culpa y de la angustia vital más profunda, no tenemos por qué manifestarle las normas morales del cristianismo. No podría entenderlas; a lo más, le podrían resultar causa de coerciones más radicales y angustias más profundas. Cuando el hombre no está auténtica y personalmente ante Dios (y esto no se logra a base de un poco de adoctrinamiento externo sobre él), quizá pueda entender aún que las infracciones de determinadas normas morales son inadecuadas con relación a la esencia concreta del individuo y la sociedad, pero no puede entender ni hacerse cargo de lo que el cristianismo quiere decir al hablar del pecado y de la culpa ante Dios. [...]

Debido a la mayor dificultad de conocimiento que entraña, este mundo más complejo no proporciona con tanta facilidad normas sencillas y manejables por el hombre y también por la Iglesia. De ahí que también la Iglesia esté a menudo perpleja en muchas esferas de la vida humana cuando se le demandan no sólo normas generales y abstractas, sino concretas e inmediatamente aplicables. Si, a pesar de ello, actúa o actuase como si poseyese siempre y para cada caso esas normas inmediatamente aplicables, lo único que hace es perder crédito ella misma, porque parecería entonces simplificar terriblemente la vida.

La afirmación de que la Iglesia debe dejar de dar esas recetas baratas de pequeños clérigos que viven al margen de la auténtica vida de la sociedad y la cultura modernas, y remitir esas decisiones a la conciencia individual, puede parecer en muchos casos simplista y precipitada, incluso puede que en realidad con el término «conciencia» defienda la arbitrariedad subjetivista, que no tiene nada que ver con una conciencia autocrítica, responsable ante Dios y temerosa de la auténtica culpa como posibilidad real; pero fundamentalmente, si se entiende bien, esa exigencia es muchas veces verdadera. Bien entendida, significa, no la retirada del cristianismo y de la Iglesia del terreno de la moral, sino un cambio de finalidad muy importante en la predicación cristiana; su deber es formar la conciencia, y no primariamente con un adoctrinamiento casuístico material que se mete en detalles cada vez más concretos, sino suscitando la conciencia y educándola para una decisión autónoma y responsable en las situaciones concretas. [...]

Una moral no moralizante no debería tampoco hacer como si, recurriendo a Dios, estuviesen resueltos todos los problemas concretos de la vida. Así no quedan resueltos. Los problemas morales concretos son muchas veces problemas prácticos intramundanos, ante los cuales un cristiano se encuentra tan perplejo como cualquier otro hombre. Aunque recurramos a Dios y a su evangelio, no sabemos cómo resolver cuestiones concretas referentes, por ejemplo, a la explosión demográfica, al hambre en el mundo, a una estructuración de la sociedad de mañana que ofrezca más libertad y justicia.

Cuando en el hombre se da una auténtica referencia a Dios, liberado de una angustia existencial profunda, puede pensar con un espíritu más abierto y un corazón más libre en toda esta problemática y tratar de encontrar soluciones lleno de esperanza; pero con ello no tiene aún, ni mucho menos, las soluciones adecuadas... Dios no nos quita nuestros problemas mundanos, no evita nuestras perplejidades. Por eso no se debería actuar en la Iglesia como si realmente lo hiciese. En último término, incluso el recurso a Dios nos empuja a una perplejidad última, pues Él es el misterio incomprensible que nos prohíbe considerar como la luz eterna cualquier claridad de nuestro propio ser. Sólo se acaba con esta perplejidad última cuando, en el santo «agnosticismo» de la capitulación ante Dios, uno se entrega con esperanza y amor a ese Dios incomprensible que nunca ha asumido la garantía de que, en cuanto uno se pone a buenas con él, todas las cuentas de su vida quedan liquidadas.

– Cambio estructural en la Iglesia, 83-88

5. La fe eclesial en tiempos de invierno (Entrevista)

P.: «Dondequiera se promueve y se padece la historia con libertad, se hace también la historia de la salvación y de la condenación; por consiguiente, no sólo donde esta historia se despliega... bajo signo expresamente religioso». Eso es lo que Usted dice. ¿Qué significa para los que no creen en Dios?

R.: Dos cosas respondería yo a su pregunta. En primer lugar, es evidente para un cristiano, sobre todo si es católico, que las relaciones del hombre con Dios no se entablan sólo mediante unos actos y hechos expresamente religiosos. Según nuestra concepción, la vida entera del hombre, desenvuelta en libertad, tiene importancia en orden a las relaciones del hombre con Dios y, por ende, en orden a su salvación. Siempre estamos de camino a Dios, no sólo cuando vamos a la Iglesia –cosa que debemos, a mi entender, no omitir–, sino también cuando somos serviciales, amables y correctos con nuestros prójimos. Esto lo formuló san Pablo en los términos siguientes: «Quien ama al prójimo cumple la ley».

En segundo lugar, a la vista de los conocimientos actuales de la psicología profunda, nos resulta hoy evidente que no siempre se identifican la estructuración última del hombre y su propia auto-interpretación refleja. En otras palabras: resulta casi una perogrullada afirmar que en lo más íntimo de nuestro ser somos distintos de como nos interpretamos a nosotros mismos. En consecuencia, nada tiene de particular si añado de mi parte que son muchísimos los que se confiesan ateos por una interpretación refleja de sí mismos, mientras que con la decisión existencial de sus vidas están afirmando propiamente lo que nosotros, los cristianos, llamamos «Dios» y «relación con Dios».

En concreto: si uno opta por el bien, por la verdad, por la justicia, de un modo absoluto y generoso, con una decisión a la postre contra su propio egoísmo, está afirmando la existencia de Dios, sépalo o no, interprételo como lo interprete. Desde esta óptica, es para mí evidente que puede haber quienes se den a sí mismos por ateos cuando en realidad, a juzgar por el encarrilamiento concreto de sus vidas, incorporan una afirmación de Dios no refleja y, en cierto modo, callada, sin palabras. Para mí, como cristiano y católico y como sacerdote, es una evidencia que me toca desear y empeñarme en hacer que lo que los sedicentes ateos *lucen* en la práctica de su vida se *trasluzca* en una conciencia de modo reflejo y verbalizado. Pero ya antes de llegar a esa clarificación pueden estar en la opción fundamental última de su vida, como creo estarlo yo, pobre pecador.

Es evidente, según los principios y las reflexiones normales de la teología católica, que las relaciones del cristiano con la Iglesia pueden ser muy distintas. Uno puede haber nacido en cierto sentido en la Iglesia y haber sido educado o «adiestrado» en el modo de vida católico; quizá paga su contribución religiosa y visita de vez en cuando una Iglesia. Esta relación con la Iglesia, que admite desde luego mil matizaciones, equivaldría a la que tiene cualquiera con una institución social de su entorno. Al nivel de las demás organizaciones sociales, sería la relación normal y natural. Sin embargo, el cristianismo católico dice:

«Una relación de este tipo se diferencia llamativamente de la relación deseada con la Iglesia y, sobre todo, de la que debería darse».

P.: Pero para los cristianos distanciados resulta precisamente muy difícil por razones obvias, a menudo insuperables, profesar que la Iglesia es santa. *¿Qué decir a esto?*

R.: Cierto, son muchísimos los cristianos católicos que sienten como Usted ha sugerido. Les falta propiamente una relación de fe con la Iglesia como realidad en la que Dios me hace su última e insuperable manifestación de sí. Pero me parece importante señalar que confundimos a menudo la causa con el efecto; es decir, que aquel para quien la Iglesia es un momento intrínseco de la opción y actitud existencial última que llamamos «fe», no se extraña de las «mil» experiencias posibles en la Iglesia que pueden ser lamentables, escandalosas, irritantes, provocativas, porque todas estas experiencias son, a sus ojos, de muy segundo orden y de mera interinidad.

Yo puedo afirmar que me ha tocado vivir personalmente en la Iglesia más escándalos, creo, que a la mayoría de vosotros todos juntos. Por algo tengo 80 años y he tenido que vérmelas con la Iglesia probablemente mucho más de lo que os tocará a vosotros a lo largo de vuestras vidas. Sin embargo, toda esta escandalera es para mí, en última instancia, algo muy secundario. Si yo creo que aquí, en lo que propiamente llamo *Iglesia,* escucho fidedignamente la afirmación absoluta de Dios, que me dice en Jesucristo crucificado y resucitado: «Con el poder absoluto de mi amor me entrego a ti para toda la eternidad», entonces todo lo demás, comparado con esto, es de segundo rango. Entonces vivo yo mi vida en la expectativa de que se realice la afirmación absoluta con la que Dios no sólo me garantiza esto o aquello, sino que se me promete él mismo, el Absoluto, la Incomprensibilidad, sin más.

¿Será, pues, tan difícil entender que cuanto de negativo vivo y sufro en la Iglesia es asunto de segundo orden? Naturalmente, la relación con la Iglesia de quien no ha realizado o no ha realizado todavía esta vinculación salvífica es muy diferente. En cuanto se vea tocado de unas experiencias negativas, se preguntará: «¿Seguiré todavía en la Iglesia?». Esta pregunta se me antoja «desquiciada». Para mí, creyente, es a la postre absurda, porque ¿qué puede significar ese *todavía*? Es como si me preguntara: «¿Quiero ser *todavía* hombre?». O bien: «¿Quiero seguir viviendo *todavía* en este pobre siglo XX?». En estas y otras realidades indiscutibles de la vida no queda, pienso yo, más que una alternativa: o una protesta radical que, consecuentemente vivida hasta el fin, tiene que acabar con el suicidio, o una aceptación y un afrontamiento de la vida con todos sus aspectos negativos.

P.: Muchos católicos ya mayores comparan sus relaciones con la Iglesia con las relaciones filiales de los hijos con los padres. Esto hace preguntarse a más de uno: ¿cómo se puede amar a la Iglesia?

R.: Una réplica: ¿puede Usted amar a Cristo? ¿Cree a vida y muerte que la fe en Jesucristo crucificado y resucitado le redime y le santifica? Si lo afirma, si pone consecuentemente el sentido último de su existencia en Jesucristo, podemos decir que también Usted se halla en esta relación positiva con la Iglesia, porque la Iglesia es la manifestación concreta del mensaje de Jesús y representa la comunidad de los que creen en Cristo y le entregan su vida sin límites. Si le choca la comparación de las relaciones de un cristiano con la Iglesia, por una parte, y de las relaciones de un hijo con sus padres, por otra, déjela tranquilamente. En el lenguaje eclesiástico se llama con frecuencia *madre* a la Iglesia. Es una designación que se remonta a los primeros tiempos y expresa algo muy significativo: la

Iglesia es mediadora y garante de mi vida de unión con Dios. En este sentido puedo llamarle *madre*, lo cual no significa actitudes infantiles con respecto a la Iglesia ni una identificación clerical con cuanto ocurre en la Iglesia.

Veamos un ejemplo. Si uno dijera –subrayo veinte veces la condicional «si»–, si uno dijera que los viajes de Juan Pablo II le sacan de quicio, yo le respondería: «No seas incauto, estate tranquilo, reflexiona bien lo que dices. Y, sea cual sea el juicio que te formes sobre esos viajes, no afecta en definitiva a tu relación propiamente teológico-religiosa con la Iglesia». O si uno dice que la Iglesia alemana tiene demasiado dinero y debe disponerlo de otro modo muy diferente en favor del Tercer Mundo, está lanzando un juicio que es ya problemático en sí, porque generaliza demasiado. Yo mismo tuve en cierta ocasión un verdadero altercado con el obispo Franz Hengsbach, en el Essener Palais, porque otros y yo opinábamos que no se procedía correctamente con Centroamérica. Pero no por ello se me empañaron los ojos en un encuentro en Frankfurt con Ernesto Cardenal. Modestia aparte: me abrazó con efusión y, sin embargo, me pareció harto disparatado desde la óptica teológica y política cuanto allí dijo. Afirmó que con los sandinistas había alboreado el reino de Dios en Nicaragua; que ya no había cárceles, que todos se amaban como hermanos... y otras fantasías de la misma calaña.

Basándome en tales experiencias, pienso que, cuando un obispo o el Papa se muestran más reservados con respecto a ciertos desarrollos del Tercer Mundo, no está claro en principio que su actitud sea tan desaforada. Hay que examinar los casos uno a uno, hay que ser autocrítico y no ser críticos frente a los demás, sino también frente a la crítica contra la autoridad eclesiástica, que tan a menudo se da por justificada sin más. Pero, sea lo que sea, estos problemas no afectan, a mi entender, a la relación última, fundamental, con la esencia y sustancia peculiar de la Iglesia.

Me imagino que, probablemente, mi amigo Johannes Baptist Metz me diría en este momento: «Oye, Karl, si eres cristiano, tienes que ser mucho más radical, agresivo y duro con muchas cosas de la Iglesia». Entiendo hasta cierto punto que quien de antemano tiene la impresión de que este mundo no es de cabo a rabo más que un ostrón, no se admire de que la Iglesia es lo que es. Pero el que está convencido de que la Iglesia es una comunidad amada por Dios, la comunidad de los bautizados en el Espíritu Santo, cuyos carismas deben lógicamente florecer en ella, exigirá que el cristianismo intervenga más radicalmente que todas las demás organizaciones en favor de la paz y de la justicia y en la lucha contra las estructuras empecatadas. Que nosotros, los cristianos, seamos remisos, es más escandaloso que si no se empeñan los demás. Nosotros, cristianos, bautizados y favorecidos con la luz y la gracia del Espíritu Santo, nosotros, con nuestra esperanza en la vida eterna, tendríamos que ser mucho más sensibles a los escándalos, miserias y pequeñeces de nuestra Iglesia. Pero hay que saber ser también magnánimos, liberales y tolerantes.

– La fe en tiempos de invierno, 170-175

6. Ignacio de Loyola y la Iglesia

EL QUÉ Y EL PORQUÉ DE SU MÍSTICA ECLESIAL. «Tras mi conversión, siempre quise entregar mi vida al servicio de la Iglesia, aun cuando dicho servicio estaba orientado, en definitiva, a Dios y a los hombres, y no a una institución que se buscase a sí misma. La Iglesia posee infinitas dimensiones, porque es la comunidad creyente, peregrina en la esperanza, amante de Dios y de los hombres, y está formada por hombres llenos del Espíritu de Dios. Pero la Iglesia es también para mí, naturalmente, una Iglesia concreta socialmente constituida en la historia, una Iglesia de las instituciones, de la palabra humana, de los sacramentos visibles, de los obispos, del Papa de Roma: la Iglesia jerárquica católica y romana. Y si se me llama hombre de Iglesia, cosa que reconozco como algo obvio, entonces se hace referencia a la Iglesia en su institucionalidad estricta y visible, a la Iglesia oficial, como soléis decir ahora con ese tono no excesivamente amistoso que la palabra conlleva. Efectivamente, yo fui y quise ser ese hombre de esa Iglesia, y de veras os digo que ello jamás me ocasionó un conflicto insuperable con la radical inmediatez de Dios en relación a mi conciencia y a mi experiencia mística.

Pero se interpretaría mal mi eclesialidad si se entendiera como un deseo de poder egoísta, lindante con el fanatismo ideológico, que pretendiera pasar por encima de la conciencia; como si se tratara de la auto-identificación con un «sistema» que no se refiriera a algo por encima de sí... Mi eclesialidad no fue, en suma, más que un momento, si bien imprescindible para mí, de mi determinación de «ayudar a las almas»; determinación que sólo alcanza su verdadera meta en el momento y en la medida en que dichas «almas» avanzan, en la fe, la esperanza y el amor, hacia la inmediatez de Dios.

Cualquier amor a la Iglesia oficial que no estuviera animado y limitado por esta determinación no sería más que idolatría y participación en el tremendo egoísmo de un sistema que busca su razón de ser en sí mismo. Pero esto significa, además (y de ello da fe la historia de mi «vía» mística), que el amor a esa Iglesia, por incondicional que pudiera ser en un determinado sentido, no fue lo primero y definitivo de mi «existencia» (como ahora decís), sino una dimensión derivada de la inmediatez con Dios, de la que ha recibido tanto su magnitud como sus límites y su determinada singularidad.

Dicho de otro modo: al participar en el interés de Dios por el cuerpo concreto de su Hijo en la historia, amaba yo a la Iglesia, y en esta unidad mística de Dios con la Iglesia (y a pesar de su mutua y radical diversidad) la Iglesia siguió transparentándome a Dios y siguió siendo el lugar concreto de esa inefable relación mía con el misterio eterno. Ahí radica la fuente de mi carácter eclesial, de mi práctica de la vida sacramental, de mi fidelidad al papado y del sentido eclesial de mi misión de ayuda a las almas.

Dado que mi eclesialidad ocupa semejante lugar (y no otro) en la estructura de mi existencia espiritual, hay también, una vez más de modo eclesial, una relación crítica con la Iglesia oficial concreta. Dicha relación crítica le está permitida al cristiano porque su punto de vista no se identifica, sin más, con esa Iglesia oficial en su sola institucionalidad externa, ya que el cristiano siempre se halla en la inmediatez de Dios, y su inspiración, operada por la gracia (por más que le sitúe dentro de la Iglesia y por más que, a su vez, él mismo pertenezca a la Iglesia en cuanto comunidad de gracia), no tiene por qué estar mediatizada por el aparato eclesiástico y puede perfectamente ser algo de lo que la Iglesia oficial, por medio de sus representantes, tenga algo que aprender si no quiere ser culpable de ignorar esas mociones del espíritu no aprobadas en principio oficialmente.

Esta relación crítica con la Iglesia, a su vez, es eclesial en sí misma considerada, porque también la Iglesia como institución, en razón del interés de Dios por ella, está siempre, a fin de cuentas, abierta y sometida a su Espíritu, el cual siempre es algo más que institución, ley, tradición escrita, etc. Naturalmente, debido a esta relación entre espíritu e institución, los conflictos concretos entre los cristianos carismáticos y los representantes oficiales de la Iglesia no van a desaparecer de raíz, e incluso tales conflictos asumirán siempre formas sorprendentemente nuevas, de tal modo que para superarlos no se dispone de recetas y mecanismos institucionales prefabricados.

En último término, sólo por la fe puede un cristiano abrigar la convicción de que hasta el final de los tiempos no tiene, en principio, por qué darse un conflicto absoluto entre el espíritu y la institución dentro de la Iglesia; y por lo que a él respecta, lo único que puede hacer es esperar humildemente que la Providencia de Dios le libere de una situación en la que le resulte imposible captar la compatibilidad simultánea de un dictamen absoluto de la Iglesia oficial y un dictamen igualmente absoluto de su conciencia. En cualquier caso, esos conflictos parciales y relativos que se dan en la Iglesia también son, a su vez, algo eclesial; lo cual no significa que tenga yo que dar aquí recetas concretas acerca del modo de solventarlos. Del mismo modo, la ejecución literal de un mandato superior no constituye la norma suprema de la eclesialidad y de la obediencia eclesial, por lo que yo mismo nunca goberné según dicha norma cuando ocupé el cargo de General de la Orden. Si fuera ésta la norma suprema, no habría en absoluto conflicto alguno en la Iglesia. Pero, de hecho, los hay, los ha habido (a partir de la controversia entre Pedro y Pablo) con los santos y entre los santos, y puede seguir habiéndolos.

Tampoco hay en la Iglesia principio alguno según el cual las convicciones y resoluciones de los cristianos y de los representantes jerárquicos hayan de sintonizar desde el principio sin ninguna dificultad. La Iglesia es una Iglesia del Espíritu del Dios infinito e incomprensible, cuya feliz unidad sólo puede reflejarse en este mundo fragmentada en elementos muy diversos cuya definitiva y satisfactoria unidad reside única y exclusivamente en Dios»

– Palabras de Ignacio de Loyola..., 24-26

* * *

Oración por la Iglesia

Dios mío, tengo que orar por la Iglesia. Lo hago todos los días en la celebración de la Cena de Jesús. Mi fe puede vivir únicamente en la comunidad de aquellos que constituyen la santa Iglesia de Jesús. Por eso (junto a otras muchas cosas) es indispensable para mi salvación que ella pueda ser también la patria y fundamento de mi fe.

Naturalmente, ya sé que esto puede serlo y lo será siempre para mí, gracias al poder de tu gracia irrevocable. Puesto que también es, sin embargo, la Iglesia de los pobres pecadores, puede ser, en diversa medida, fundamento y casa de mi fe: me puede facilitar y dificultar la fe en ti y en tu victorioso amor para conmigo. La verdad es que no me tengo por mejor que otros en la Iglesia; sé muy bien que no soy en absoluto un espléndido argumento en favor del origen de la Iglesia a partir de la voluntad salvífica de Dios, yo que soy un miembro de esa Iglesia a la que debería representar.

Por esa razón, sin embargo, me es lícito decir que mis hermanas y hermanos en esta Iglesia con frecuencia constituyen una tentación cuando me pongo a orar: creo en la Iglesia que es una, santa, católica y apostólica; creo en la comunión de los santos y, por ello, en la vida eterna. ¡Qué aburridos, viejos, preocupados por el prestigio de la institución...!, ¡qué miopes y dominantes me parecen con frecuencia los dignatarios en esta Iglesia...!, ¡qué conservadores y clericales, en el mal sentido de la palabra...! Cuando, llenos de unción y penetración, se disponen a exhibir su buena voluntad y su generosidad, entonces lo ponen peor. Casi nunca oigo que confiesen pública y claramente sus fallos y desaciertos. Desean que creamos hoy en su infalibilidad y que olvidemos las equivocaciones y omisiones capitales que cometieron ayer. Frecuentemente caen en santa indignación con respecto a determinados hechos. Pero percibo con menos claridad su santa cólera acerca de un orden social que constituye la causa última de los mismos. Moralizan mucho, pero apenas resuena nada del torbellino de alegría que estalla del espíritu y del corazón de todos ante el mensaje de tu gracia, en la que te nos comunicas Tú mismo. Y lo cierto es que su sermón moral tendría muchas más posibilidades de ser escuchado si fuera como una observación de pasada en esta alabanza de tu gloriosa gracia, plenitud de vida que Tú quieres comunicarnos.

Y eso sin hablar de comportamientos oficiales de tu Iglesia que me parecen tan paralizadores. Como si la Iglesia no fuera universal, sino europea, con exportación a todo el mundo. Hace trescientos años se quemaban brujas entre nosotros, y a uno que dudase de que las brujas existían podía irle muy mal. Hoy ya no existe en la Iglesia esta locura colectiva, pero ¿sabemos con seguridad si no existen otras formas de locura con las cuales la Iglesia colabora ingenuamente? Entre los partidarios de la vieja locura colectiva había también gente de buena voluntad, santa, culta y piadosa, que no cayeron en la cuenta de cuán profundamente contradecía al Evangelio su propio comportamiento. ¿Está la Iglesia de hoy inmunizada por principio contra tal atrocidad? ¿Cómo podría yo saberlo? ¿Cómo se podría demostrar tal inmunidad?

Dios mío, ten piedad de nosotros, pobres, estrechos y pecadores insensatos que formamos tu Iglesia. Ten misericordia de los que se llaman tus representantes (sinceramente, esta palabra no es buena, ya que Dios no puede dejarse representar). Ten misericordia de nosotros. Yo no quiero ser de aquellos que critican a las autoridades en la Iglesia y, por su parte, contribuyen más que ellas a la falta de credibilidad de la misma. Menos todavía quiero ser de aquellos que meditan insensatamente si aún quieren permanecer en la Iglesia. Quiero esforzarme siempre en tener ojos claros que puedan ver el milagro de tu gracia que sigue aconteciendo hoy en la Iglesia. Admito que veo más claramente esos milagros en los pequeños de la Iglesia (por ejemplo, en Andrés, que durante sus estudios lavó de forma gratuita un año entero la ropa de los jóvenes recogidos en un hogar) que en los grandes de la Iglesia, a la mayoría de los cuales les va muy bien en su aburguesamiento. Pero tal vez mis ojos estén pesados, y estoy predispuesto contra el «dominio» y el «poder».

Es legítimo cantar himnos en la santa Iglesia. A lo largo de todos los tiempos ella confiesa tu gracia y que Tú eres indeciblemente más excelso que todo lo que puede ser pensado fuera de ti. Y por eso existirá hasta el fin de los tiempos, aun cuando espero el Reino de Dios, que supera incluso a la Iglesia. Pero también la lamentación un poco amarga y la súplica por la misericordia de Dios para con la Iglesia constituyen un elogio de esta Iglesia y de tu misericordia.

– *Oraciones de vida,* 140-142

5

MARÍA, MADRE DEL SEÑOR

«El ideal de la perfecta apertura a Cristo se encuentra concretamente en María. Ella es la perfectamente redimida, aquella en quien se da una perfecta integración de todos los factores de la existencia humana: una feliz y total unidad entre lo dado y lo aportado, entre la gracia y la libertad, entre subjetividad y ministerio. A María le corresponde representar en el mundo a la Iglesia en cuanto Iglesia totalmente consagrada a Dios» (K. Rahner).

MARÍA, MADRE DEL SEÑOR. María es la madre virgen de Jesús. Esta relación no debemos entenderla en el sentido estricto de una conexión meramente física. María en el «sí» de su fe, «sí» libre que la gracia de Dios le otorgó, ha concebido para nosotros al Hijo de Dios, y en sus entrañas le ha dado la existencia terrena mediante la cual podrá constituirse miembro de la nueva raza humana y, de esta forma, ser su Redentor (Mt 1,18-23; Lc 1,26-38). Por razón de la unión hipostática del Hijo de Dios con lo humano recibido de María, ésta es en realidad la «madre del Señor» (Lc 1,43), madre de Dios (concilio de Éfeso, 431).

En María esta maternidad divina es obra de su fe (Lc 1,45; 11,27ss) y no es, por tanto, un simple proceso biológico; obra de fe que no es, pura y simplemente, un hecho de historia particular, sino que es la realización de su maternidad divina y, por consiguiente, el acontecimiento central de la historia general de la salvación, considerada como tal y en su conjunto, puesto que la maternidad divina (en cuanto recepción libremente aceptada) se verifica por parte de Dios, por su gracia, en el hecho de que María recibe por la encarnación la gracia de Dios que viene al mundo, y por parte del hombre una auténtica cooperación con Dios. [...]

A causa de este puesto central que ocupa en la historia de la salvación («receptora» de la salvación que la santificó a ella misma), María es para la Iglesia, que de modo progresivo y cada vez más claro adquiere conciencia de su fe, el caso absoluto y radical del ser humano redimido, la redimida del modo más perfecto; arquetipo de los rescatados de la Iglesia en general, incluida en la voluntad de Dios con respecto a la encarnación redentora y, como tal, triunfante, de su Verbo. [...]

Dado que la historia de la salvación ha avanzado ya hacia la fase definitiva en la que aun el mundo material comienza a transfigurarse por la resurrección de Jesús (cf. Mt 27,52ss), la Iglesia confiesa que María, la más perfecta redimida, ha hallado ya en cuerpo y alma la plena consumación.

Supuesto que en el cielo los que han alcanzado ya la salvación interceden ante Dios por los santos que forman la comunidad de la tierra e interceden en la medida en que esta intercesión se funda y contiene en el papel que en la historia de la redención les ha tocado desempeñar sobre la tierra, María, con toda verdad, en su situación única en la historia de la redención, es la «mediancra de todas las gracias», aunque no de una manera operativa como Cristo, sino instrumental, implorante y receptiva.

– María, madre del Señor, 13-17

MARÍA, REALIZACIÓN CONCRETA DEL CRISTIANISMO PERFECTO. ¿Qué es el cristianismo? Algo muy simple, pero que lo comprende todo. El cristianismo no es algo que el hombre invente o descubra. Tampoco es la elevación del hombre a Dios por sus propias fuerzas. Y tampoco es principalmente un cumplimiento de mandamientos dados por Dios para que los realicemos por nosotros mismos. El cristianismo es la obra del Dios vivo en nosotros. Es lo que nos da Él, el Dios vivo de la gracia, en el perdón y la redención, en la justificación y en la comunicación de su propia gloria.

Pero como lo que Dios nos da no es, en definitiva, su don creado, sino Él mismo, el cristianismo, finalmente, es el mismo Dios eterno que viene al hombre y que actúa en el hombre por su gracia, de manera que éste abre libremente su corazón para que penetre en el pobre corazón de esa pequeña criatura la total, espléndida, infinita vida del Dios trinitario. Esta unidad y totalidad se puede considerar desde el punto de vista de Dios, y en ese caso es el amor de Dios a los hombres, en el que Dios mismo se les comunica. Se puede considerar también desde los hombres, y entonces es el amor de los hombres a Dios concedido por Dios a esos mismos hombres; amor en que el hombre recibe ese don que es Dios mismo.

Ese amor de los hombres a Dios, dice Jesús, incluye también el amor al prójimo; que en esta simple totalidad no podemos olvidar al prójimo. Para nosotros esto significa, ante todo, que este amor al prójimo en el amor de Dios consiste principalmente en que la recepción, en virtud de la gracia de Dios, de la totalidad de la vida divina que penetra en nuestro corazón por la fe y el amor, debe alcanzar y alcanza en su bendición a los demás hombres, que están destinados a recibir a nuestro lado y con nosotros la única salvación del Dios eterno.

¿Qué es el cristianismo perfecto? Ahora es fácil responder. El cristianismo perfecto debe consistir en que el hombre reciba este don del Dios eterno, que es Dios mismo, con una libertad imbuida de gracia; que lo acoja con cuerpo y alma y con todas las fuerzas de su ser, con todo lo que es y lo que tiene, lo que hace y padece, a fin de que esta recepción englobe la totalidad del ser del hombre y toda su historia, para introducirla en la vida eterna de Dios.

Cristianismo perfecto debe significar que se adecúan perfectamente profesión y vida personal; lo que sucede a plena luz en el mundo y en la historia y lo que acontece ocultamente en la profundidad íntima de la conciencia; que se haga patente lo que se realiza en lo más íntimo de la vida cristiana y que, a la vez, lo que se manifiesta al exterior sea la aparición externa de lo sucedido en lo íntimo del corazón ante Dios. El cristianismo en su forma perfecta debe significar, además, que este perfecto cristianismo del cristiano se dedica sin reservas a la salvación de los demás, y que sólo entonces será verdaderamente perfecto, cuando se realiza como tal en todas las personas y en todos los tiempos.

María es el cristiano perfecto. Si tal es el cristianismo perfecto, podemos y debemos decir: María es la realización concreta del cristiano perfecto. Si el cristianismo en su forma acabada es la pura recepción de la salvación del Dios eterno y trinitario que aparece en Jesucristo, entonces María es el cristiano perfecto, el ser humano cristiano por excelencia, puesto que ella ha recibido en la fe del Espíritu y en su bendito seno –por tanto, en cuerpo y alma y con todas las fuerzas de su ser– la palabra eterna del Padre. Si el cristianismo perfecto es la plena correlación entre la misión salvífica externa y la vida personal, entonces ese cristianismo se ha dado perfectamente en María, pues ella es la que concibe de una manera palpable el Verbo de Dios hecho carne y es, por tanto, la figura más representativa de la historia de la salvación entre los seres meramente humanos de la historia visible y concreta. Si el cristianismo es la irradiación e influencia de la gracia de cada uno en servicio desinteresado por la salvación ajena, entonces María es la representación más perfecta del ser cristiano, pues la que ella ha concebido en el sí de su fe y en la corporalidad de su maternidad divina es la salvación de todos: Jesucristo, nuestro Señor.

Consideradas así las cosas, aparece claro que María es realmente la perfecta cristiana; es, en cierta manera, la realización concreta y representativa de la redención en su forma más perfecta. Por eso mismo, es también el ser más noble entre todos los redimidos y, a la vez, el ejemplar de toda perfección. En ella se manifiesta, en cierto modo, el significado de Iglesia, gracia, redención y salvación de Dios.

Segunda Eva. Por ello puede con razón ser llamada la segunda Eva. Si el cristianismo es la aceptación de Dios no sólo en forma ideal y abstracta, sino en lo concreto de la historia, en su palabra humana, en su gracia que transfigura al mundo..., sencillamente, en la corporeidad del ser humano, es evidente que el caso más perfecto de cristianismo como aceptación de Dios en la realidad corporal concreta es la maternidad divina, supuesto que la concibamos no como un mero acontecimiento biológico, sino como algo que absorbe totalmente el ser físico y espiritual de la Virgen.

Así, a la pregunta acerca de la esencia del cristiano perfecto que recibe la salvación en Jesucristo obtenemos como respuesta la imagen sencilla, y a la vez densa en significado, de la santísima Virgen. Todo lo que la fe dice sobre la realización de la redención, de la salvación, de la gracia, de la plenitud de la misma, se halla realizado en María.

Esta persona humana que llamamos «María» es en la historia de la salvación como el punto de esta historia sobre el que cae perpendicularmente la salvación del Dios vivo para extenderse desde allí a toda la humanidad. Pues su Hijo, a quien dijo el sí con todo el vigor de su corazón, a quien recibió con fe y amor, es la salvación del mundo.

Pero, dado que, según el testimonio de la Escritura, el asentimiento de su fe y de su obediencia no sólo pertenece a su propia biografía, sino que se inserta en la historia pública de la salvación, tal asentimiento debe –por la perfecta adecuación entre función pública y persona– acomodarse al fin para el que ha sido dado, es decir, debe ser perfecto. Esto significa que la salvación de todos que en ella y a través de ella nos alcanza debe cumplirse y realizarse en María con toda perfección, porque ella es el punto decisivo de la historia salvífica, que es siempre obra de Dios y, a la vez, por la gracia de Dios, obra del hombre.

María es, de esta forma, la redimida de modo más perfecto, el fruto más hermoso de la obra redentora de su Hijo divino.

MARÍA ESTÁ DE NUESTRA PARTE. De todo esto resulta que María está de nuestra parte. Nosotros la honramos, la alabamos, la amamos y ensalzamos su dignidad sin igual; sabemos que en un sentido auténtico, sobre el que hablaremos más adelante, es nuestra mediadora junto a Jesucristo. Pero lo es permaneciendo uno de nosotros.

Jesucristo, Hijo del Padre eterno, persona divina, es también verdaderamente hombre y, como tal, pertenece a nuestra raza; es el segundo Adán, el portavoz de toda la humanidad; es el que, como hermano nuestro, se presenta por nosotros y con todos nosotros a su Padre para obtener allí, ante el trono de gracia, nuestra redención y salvación. Pero como Dios y hombre, como mediador entre Dios y el ser humano, también es el que viene a nosotros de parte de Dios. Al mismo tiempo que en su naturaleza humana adora y honra con nosotros al Padre, es también aquel a quien nosotros adoramos como nuestro último fin. Su misterio consiste en ser ambas cosas a la vez.

Pero si, teniendo en cuenta este misterio del Hijo hecho hombre, preguntamos dónde *está* María, deberemos responder que pertenece completamente a nuestra condición, pues ella, como nosotros, debe recibir la misericordia de Dios y representa perfectamente lo que nosotros mismos debemos ser ante Cristo. Nunca alcanzaremos la incomparable santidad y dignidad de esta bendita Virgen, pues Dios comunica sus dones como le place, y no le podemos preguntar: ¿por qué has dado esto a uno y eso a otro? Pero lo que María posee, en última instancia debe ser también nuestro. Lo que ella es debemos llegar a serlo nosotros; ella es quien, como nosotros y no perteneciendo más que a nuestra raza, avanza en nuestra compañía hacia Dios en comunión con el único e inmenso coro de la humanidad. Desde este punto de vista, es nuestra medianera. Entre nosotros realiza María, en la historia de la humanidad y a partir de ésta, su propia historia; historia de María que es de decisiva importancia para nuestra salvación, y cuya consumación no disminuye su eterno valor a los ojos de Dios.

Precisamente por esta significación suya como medianera, por la que se sitúa completamente de nuestra parte, y también por su unión con nosotros como mera criatura perteneciente a la familia humana, nos es tan entrañable. Por eso la amamos; por eso tenemos con ella una confianza que casi podría parecer demasiado humana. Por eso sentimos tan cercana su intercesión, su protección y su amor; o, mejor, porque esta cercanía y esta humanidad son asumidas intactas y transfiguradas en la vida eterna de Dios.

Si decimos con toda sencillez: María es quien, en su intervención activa en el nacimiento de Jesucristo y en su experiencia personal, ha recibido la redención de Dios en la forma más perfecta para sí y para todos nosotros, expresamos por medio de los conceptos más elementales de la teología, fáciles de comprender, aun con independencia de la mariología, quién es la santísima Virgen en sí misma y para nosotros. A partir de aquí podemos comenzar a reflexionar qué significa esto, tanto para ella como para nosotros; y sólo cuando se presente ante nuestra mirada espiritual esta imagen de la Virgen santa más clara y nítida, podremos ser mejores cristianos o, en todo caso, saber mejor qué es lo que deberíamos ser. Podremos entonces volver con más fe, autenticidad y cordialidad a honrarla. Y esto sería para nosotros una bendición.

– Ibid., 42-50

LA «CARNE» HA SIDO SALVADA EN UNA MUJER. Ahora bien, la fe sabe que María es el fruto perfecto de la redención y que esta consumación de su gracia ha entrado en un estadio definitivo, puesto que María ha abandonado ya la vida terrena, esta espacialidad y temporalidad terrestre, y ha entrado en esa fase de su historia en la que ya no hay un devenir nuevo de una libertad ultramundana, sino que el producto de este tiempo finito ha sido ya trasladado a la eternidad de Dios.

Si, pues, durante su vida en la tierra, María, en cuanto madre de Dios, fue la realización más sublime y grandiosa de la redención en un ser humano en gracia, y por ello representa el tipo más perfecto de la redención; si María ha entrado ya en su consumación (de lo que nadie puede dudar, sabiendo que ha acabado su carrera terrena y que es la concebida sin pecado y llena de gracia); y si el reloj de la historia ha alcanzado ya el momento en que una consumación verdaderamente perfecta en cuerpo y alma es en adelante fundamentalmente posible (lo cual nadie pondrá en duda, si cree en la resurrección de Cristo según su humanidad), entonces no puede la fe en plena posesión de sí misma creer acerca de María otra cosa que lo que la Iglesia ha definido: que María, habiendo consumado su vida terrena, ha sido elevada en cuerpo y alma a la gloria celestial.

¿Qué significa para nosotros este misterio de la fe? Ante todo, lo siguiente: cuando queremos expresar hablando de María la consumación de su gloria, no podemos decir de ella algo distinto de lo que confesamos de nosotros como nuestra más firme esperanza: la resurrección de la carne y la vida eterna. Haciendo esto hemos reconocido su única y plena felicidad, puesto que expresamos acerca de ella lo que esperamos también para nosotros, como si no supiésemos proclamar sobre María nada más glorioso que lo que reconocemos como nuestra propia consumación; y en esa misma confesión alabamos la grandeza magnífica de la gloria eterna, totalmente insuperable, que será nuestra herencia; y en esa alabanza celebramos también la grandeza de cada ser humano tal como ha sido planeada por la misericordia de Dios.

Hay una segunda lección: ¿No vivimos en un tiempo en que el hombre se interesa por sí mismo de una manera intensa y casi inquietante, no sólo en cuanto es espíritu abierto a los espacios infinitos del conocimiento y del progreso, sino también en cuanto es carne, hombre de la tierra, de la corporeidad, de la finitud y de la muerte, hombre que parece estar aprisionado sin esperanza en su corporeidad, sus taras hereditarias, sus condicionamientos económicos, etc.? ¿No convierten unos en un ídolo esta carne, mientras que otros la odian? ¿Y esa misma carne no les hace sufrir a todos por igual? ¿No es esa carne atormentada de una manera indecible, profanada y martirizada, y al mismo tiempo no se abusa de ella sin vergüenza ni escrúpulo?

A este mundo de la carne odiada, idolatrada y sufriente, dirige la Iglesia su dogma de fe: la asunción de la santísima Virgen en cuerpo y alma a los cielos. La Iglesia no proclama simplemente programas, principios y verdades abstractas. Anuncia las realidades del poder y de la eterna misericordia de Dios. Realidades que ya han sucedido, que han llegado hasta nosotros, simples hombres; no solamente hasta Cristo, el autor de la salvación, sino hasta aquellos que necesitan la redención, y que no pueden atribuirse a sí mismos nada, sino que deben recibir de otro todo lo que es en verdad salvación y no caducidad temporal.

La Iglesia clama por medio de esta verdad acerca de María: la carne ha sido salvada. La carne ya está salvada. Ya se ha logrado en una mujer, en un ser humano de nuestra raza, que ha llorado y sufrido con nosotros y que con nosotros ha muerto. La pobre carne, odiada por unos y adorada por otros, ha sido ya hecha digna de estar eternamente junto a Dios y, por tanto, de ser salvada y reafirmada para siempre. Y no solamente en el Hijo del Padre, el que vino de arriba, sino en alguien de nuestra raza que, como nosotros, era de aquí abajo.

La existencia en el *hic et nunc* de la carne, tema de todas las filosofías contemporáneas, no es el muro que nos separa eternamente de Dios y eternamente nos convierte en los sin-Dios, ni algo que debería ser destruido (aun cuando en verdad deba ser transformado) para llegar a Dios mismo. Más bien, la carne es algo creado por el Padre sobre todos los abismos, rescatado por el Hijo, santificado por el Espíritu y, en adelante, eternamente salvado.

Entre la angustia y la tristeza de esta generación, la Iglesia, a quien se le reprocha con tanta frecuencia entregarse a la política y a los poderes de la tierra, instalarse demasiado definitivamente en este mundo, ser poco escatológica..., esa misma Iglesia alza su cabeza y, al confesar este dogma de fe, alcanza con su mirada la única esperanza en la que verdaderamente confía: el futuro de Dios, de ese Dios que está para venir de un momento a otro en su reino y que ya ha comenzado a estar presente de manera plena; la Iglesia alza su mirada y saluda en María su propio ejemplar, su propio futuro de la resurrección de la carne.

– Ibid., 119-123

* * *

Oración a María

¡Virgen santa, verdadera madre del Verbo eterno que ha venido a nuestra carne y a nuestro destino; mujer que has concebido en la fe y en tu seno bendito la salvación de todos nosotros; madre, pues, de todos los redimidos, siempre viviente en la vida de Dios, cercana a nosotros, pues los unidos a Dios son los que nos están más próximos!

Con agradecimiento de redimidos alabamos la eterna misericordia de Dios que te ha redimido. Cuando comenzaste a existir, ya te había prevenido la gracia santificante; y esa gracia, que no tuvo en ti que arrepentirse, ya no te ha dejado de su mano. Tú has seguido el camino de todos los hijos de esta tierra, los estrechos senderos que parecen serpentear sin sentido fijo a través del tiempo, caminos de vulgaridad y de dolores hasta la muerte. Pero caminos de Dios, senderos de la fe y del incondicional «hágase en mí según tu palabra».

Y en un momento que ya no se borrará de la historia, sino que permanece por toda la eternidad, tu palabra fue la palabra de la humanidad, y tu sí se convirtió en el amén de toda la creación al sí decidido de Dios; y tú concebiste en la fe y en tu seno al que es al mismo tiempo Dios y hombre, creador y criatura, felicidad inmutable y que no conoce cambio y destino amargo, consagrado a la muerte, destino de esta tierra, Jesucristo, nuestro Señor.

Por nuestra salvación has dicho el sí; por nosotros has pronunciado tu «hágase»; como mujer de nuestra raza, has acogido para nosotros y cobijado en tu seno y en tu amor a aquel en cuyo solo nombre hay salvación en el cielo y en la tierra. Tu sí ha permanecido siempre, y ya nunca ha vuelto atrás. Ni aun cuando se hizo patente en la historia de la vida y de la muerte de tu Hijo, quien en realidad era aquel a quien tú habías concebido, el cordero de Dios que tomó sobre sí los pecados del mundo, el Hijo del hombre a quien el odio contra Dios de nuestra generación pecadora clavó en la cruz y, siendo luz del mundo, arrojó a las tinieblas de la muerte que era nuestro propio y merecido destino.

De ti, Virgen santa, que como segunda Eva y madre de los vivientes estabas de pie bajo la cruz del Salvador –árbol verdadero del conocimiento del bien y del mal, verdadero árbol de vida–, se mantenía en pie la humanidad redimida, la Iglesia, bajo la cruz del mundo, y allí concebía el fruto de la redención y de la salvación eterna.

He aquí reunida, Virgen y Madre, esta comunidad de redimidos y bautizados. Aquí precisamente, en esta comunidad donde se hace visible y palpable la comunidad de todos los santos, imploramos tu intercesión. Pues la comunión de los santos comprende a los de la tierra y a los del cielo, y en ella nadie vive solo para sí. Ni siquiera tú. Por eso ruegas por todos los que en esta comunión están unidos a ti como hermanos y hermanas en la redención. Y por eso mismo confiamos e imploramos tu poderosa intercesión, que no niegas ni aun a los que no te conocen.

Pide para nosotros la gracia de ser verdaderamente cristianos: redimidos y bautizados, sumergidos cada vez más en la vida y en la muerte de nuestro Señor, viviendo en la Iglesia y en su Espíritu, adoradores de Dios en espíritu y en verdad, testigos de la salvación por toda nuestra vida y en todas las situaciones, hombres que pura y disciplinadamente, y buscando sinceramente la verdad en todo, configuran su vida con valentía y humildad, vida que es una vocación santa, una llamada santa de Dios. Pide que seamos hijos de Dios que, según la palabra del apóstol, han de lucir como estrellas en el seno de una generación corrompida y depravada (Flp 2,15), alegres y confiados, edificando sobre el Señor de todos los tiempos, hoy y para siempre.

Nos consagramos a ti, santa Virgen y Madre, porque ya te estamos consagrados. Como no estamos solamente fundamentados sobre la piedra angular, Jesucristo, sino también sobre los apóstoles y profetas, así también nuestras vidas y nuestra salvación dependen permanentemente de tu sí, de tu fe y del fruto de tus entrañas. Así pues, al decir que queremos consagrarnos a ti, no hacemos más que reconocer nuestra voluntad de ser lo que ya somos, nuestra voluntad de acoger en espíritu, de corazón y de hecho, en toda la realidad del hombre interior y exterior, lo que ya somos. Con una consagración semejante intentamos sólo acercarnos en la historia de nuestra vida a la historia de la salvación que Dios ha efectuado y en la que ya ha dispuesto de nosotros. Nos llegamos a ti porque en ti sucedió nuestra salvación y tú la concebiste.

Ya que te estamos consagrados y nos consagramos a ti, muéstranos a aquel que ha sido consagrado en tu gracia, Jesús, el bendito fruto de tus entrañas; muéstranos a Jesús, el Señor y Salvador, la luz de la verdad y advenimiento de Dios a nuestro tiempo; muéstranos a Jesús, que ha padecido verdaderamente y verdaderamente ha resucitado, hijo del Padre e hijo de la tierra, porque es tu hijo; muéstranos a aquel en quien realmente somos liberados de las fuerzas y potencias que todavía vagan bajo el cielo, liberados aun cuando el hombre de la tierra les permanezca sumiso; muéstranos a Jesús ayer, hoy y por la eternidad. Dios te salve, María, llena eres de gracia. Amén.

– Ibid., 139-143

6

UNA ESPIRITUALIDAD
PARA NUESTRO TIEMPO

«En 1966, terminado ya el Concilio, Rahner pronunció una famosa conferencia en varias ciudades de Alemania. Su título era «Espiritualidad antigua y actual». En ella se centraba en tres notas que habrían de caracterizar necesariamente la espiritualidad cristiana de nuestros días, la primera de las cuales es la tan citada «o será un místico o no será». Pero él aludía a tres, no sólo a una, y es una lástima que se silencien las otras dos... Este apartado arranca de esas tres características vertebradoras para abordar después más en concreto el seguimiento de Cristo, la vida en el Espíritu, etc» (T.G.).

1. Tres características de una espiritualidad actual

1ª. La experiencia del Dios incomprensible

Una relación personal e inmediata con Dios. La nota primera y más importante que ha de caracterizar a la espiritualidad del futuro es la *relación personal e inmediata con Dios*. Esta afirmación puede parecer una perogrullada, ya que se reduce a afirmar lo que constituye la esencia eterna de la espiritualidad cristiana. Sin embargo, actualmente está muy lejos de ser algo que cae de su peso.

Vivimos en una época que habla del Dios lejano y silencioso, que aun en obras teológicas escritas por cristianos habla de la «muerte de Dios»; en una época de ateísmo, que no nace simplemente de un corazón perverso, impío y rebelde, sino que es la interpretación desacertada de una experiencia humana muy auténtica y difícil Vivimos en una época en la que el hombre transforma el mundo y a sí mismo, y en la que el mundo deja de ser el campo de acción concreto de poderes celestiales para pasar a ser objeto de investigación racional y modesta cantera para la edificación del mundo que ha proyectado el hombre a su imagen y semejanza: en una época en la que parece que sólo ocurren milagros allí donde no está uno.

Vivimos en un mundo en el que el hombre ha hecho incluso de su vida interior objeto de una ciencia racional y técnica, en la que se analiza a sí mismo, y entre los elementos de ese análisis no descubre, sin más, algo así como «Dios»: en el que más bien se vive constantemente con la sospecha de que un buen día podría llegar a descubrirse que la experiencia religiosa no es más que una interpretación anticuada y falsa de las tendencias psíquicas, de las frustraciones y los mecanismos internos, que podrían y deberían ser explicados y dominados de forma muy distinta que por un ser mítico e indefinible al que se llama «Dios».

Vivimos en una época en la que «Dios» –o lo que quiera entenderse por ese nombre– ya no parece ser útil para «calafatear» los agujeros que descubrimos en lo insatisfactorio de nuestra existencia. Tenemos más bien la impresión de que esos agujeros han de taparse por sí mismos, o de que la idea de Dios no los va a tapar, y de que, por consiguiente, la oración de petición es algo muy problemático. Vivimos en una época en la que uno no se pregunta tanto cómo siendo pecador encontrará la gracia de Dios que le justifique, sino en la que más bien se tiene la impresión de que Dios –si le es posible– tendría que justificarse a sí mismo ante sus atormentadas criaturas, que no necesitan de justificación. En una época que desconfía cuando, para solucionar sus problemas, se le remite a un más allá en el que todo se resuelve con claridad y orden.

Vivir una espiritualidad cristiana en semejante mundo no es algo que caiga de su peso, y mucho menos si se tiene en cuenta que el ambiente *social* no ayuda a poder y deber ser así, aun cuando el 90 por 100 de nuestros niños reciba instrucción religiosa. [...]

Ante todo, es evidente que la espiritualidad en esta situación ha de ser modesta y sobria. Y no está mal que sea así. No somos nosotros, los cristianos, quienes nos hemos buscado esta situación. Y esta situación no nos permite el lujo de una espiritualidad complicada, como fue posible en otros tiempos. Quien en la actualidad es capaz de vivir con ese Dios incomprensible y silencioso, quien no pierde el ánimo de hablarle con fe en su lejanía, quien le habla con confianza y sencillez, aunque aparentemente no reciba más respuesta que el eco vacío de su propia voz, quien prepara continuamente el desenlace de su existencia para que desemboque en la incomprensibilidad de Dios, aunque se sienta constantemente asaltado por dioses procedentes de la realidad del mundo inmediatamente experimentable, por sus problemas y necesidades que nosotros mismos hemos de solucionar, por su belleza y grandeza en constante aumento; quien logre esto sin el apoyo de la «opinión pública» y de las costumbres, quien acepte esta tarea como responsabilidad de su vida que exige continua renovación y no como una ocupación religiosa ocasional, *ése* es *actualmente* un hombre religioso, un cristiano. [...]

Para tener el valor de mantener una relación inmediata con Dios en el sentido de esa sobria espiritualidad, y también para tener el valor de aceptar esa manifestación silenciosa de Dios como el verdadero misterio de la propia existencia, se necesita, evidentemente, algo más que una toma de posición racional ante el problema teórico de Dios y algo más que una aceptación puramente doctrinal de la doctrina cristiana. Se necesita una mistagogía o iniciación a la experiencia religiosa que muchos estiman no poder encontrar en sí mismos; una mistagogía de tal especie que uno mismo pueda llegar a ser su propio mistagogo. [...]

Solamente para aclarar el sentido de lo que se va diciendo, y aun a sabiendas del descrédito de la palabra «mística» –que, bien entendida, no implica contraposición alguna con la fe en el Espíritu Santo, sino que se identifica con ella–, *cabría decir que el cristiano del futuro o será un «místico», es decir, una persona que ha «experimentado» algo, o no será cristiano*. Porque la espiritualidad del futuro no se apoyará ya en una convicción unánime, evidente y pública, ni en un ambiente religioso generalizado, previos a la experiencia y a la decisión personales. La educación religiosa usual hasta ahora podrá ser en adelante solamente un adiestramiento muy secundario para la vida religiosa institucionalizada.

La mistagogía es la que habrá de proporcionar la verdadera «idea de Dios» partiendo de la experiencia aceptada de la referencia esencial del hombre a Dios, la experiencia de que la base del hombre es el abismo, de que Dios es esencialmente el Incomprensible, de que su incomprensibilidad, en lugar de disminuir, aumenta a medida que se le va conociendo mejor y a medida que Dios se acerca a nosotros en su amor, en el que se da a sí mismo; la experiencia de que no podemos concebirlo como un dato determinado en el cálculo de nuestra vida, sin que automáticamente fallen nuestras cuentas; la experiencia de que Él sólo constituye nuestra «felicidad» cuando se le adora y ama incondicionalmente. [...]

Esa mistagogía nos ha de enseñar concretamente a perseverar en mantenernos cerca de «ese» Dios, en hablarle como a un «tú», en aventurarnos en su silenciosa oscuridad, en no temer que podríamos perderlo precisamente por darle un nombre, como si fuera imposible que Él –cuando lo quisiese, y lo ha querido– estuviera mano a mano con nosotros, precisamente porque no es un simple factor de nuestro sistema al que se pudiera asignar un lugar determinado, por ejemplo, el «exterior». Naturalmente, en esa mistagogía *cristiana* ha de ocupar un lugar decisivo Jesús de Nazaret, el Crucificado y Resucitado.

La teología ha de proporcionar un nuevo concepto y una nueva práctica de la oración de petición acomodados a esa relación con Dios, cosa que no ha hecho hasta ahora de forma satisfactoria. Tal vez cabria decir que no se ha de pedir, directamente y en cuanto tales, cosas individualizadas, lo que cada uno ha de hacer o aceptar con valentía como su propio destino, sino que cada uno ha de aceptarse en la oración como un conjunto que engloba todas esas particularidades. De esa forma, la oración ya no será una ofensa a los dioses, sino una oración a Dios, un abrirse el corazón para dejarse penetrar de la incomprensibilidad de Dios como amor, único capaz de escuchar siempre al hombre. La oración de petición sólo es verdadera oración de petición cuando está llena de verdadera confianza de ser escuchada.

– Escritos de Teología, VII, 22-27

LLEVAR A LA VIDA EL «PLUS PECULIAR» DEL CRISTIANISMO
(Entrevista)

P.: ¿Qué testamento espiritual dejaría, P. Rahner, a los jóvenes de hoy?

R: Me es difícil responderle con pocas palabras. Mis «Palabras de san Ignacio a un jesuita de hoy» pueden considerarse como una especie de testamento. Caí en la cuenta de ello en una lectura posterior. Pero no es un legado para jóvenes. Es más bien un resumen de mi teología y de lo que yo he procurado vivir.

¿Un testamento a la juventud de hoy? No sé si se trata ya de un período de espejismos, pero mi impresión es que los jóvenes toman con seriedad su compromiso social y político. Pero deberían tomarlo en una síntesis profunda con su religiosidad.

Porque hay un Dios, hay unas relaciones personales con Él y hay un juicio personal de Dios después de la muerte de cada uno. Estas cosas no deben ser sacrificadas en el compromiso sociopolítico y socio-crítico.

Cada tiempo tiene sus peligros, y uno de ellos consiste en la propensión a reducir el cristianismo a lo que en un momento parece necesario y urgente, pero viene en buena parte condicionado por la moda. Por eso pienso que a los jóvenes hay que decirles: «No defendáis sólo un socialismo, por atinado que sea; reflexionad que el "plus peculiar" del cristianismo es una relación personal con el Dios vivo, que no es sólo un rancio símbolo pasado de moda, equivalente a *humanismo*». Yo les diría: «Creed en Dios, orad, procurad superar, mal que bien, lo absurdo de vuestra vida. Ahora que estáis alegres, disfrutando, rebosantes de esperanza, no necesitáis de un viejo gruñón que os disuada del goce de vivir».

Pero en cierto modo es verdad que la vida desemboca en un desengaño, por la sencilla razón de que a su término nos aguarda la muerte. Un cofrade mío del siglo XIX tomó por lema de su vida: «J'ai porté la vie, désiré la mort» (He soportado la vida y he deseado la muerte). Tal vez esto nos suene a exageración. Como jóvenes que sois, la vida no es para vosotros sólo algo que soportar; tenéis derecho a considerarla hermosa y valiosa, con una alegría humana y cristiana. Pero llegan un día las cargas, los desengaños, el término de la vida... Nadie está exento de tener que morir con Jesucristo. Esto lo resumió san Pablo diciendo: «Si morimos con Cristo, también viviremos con él» (2 Tim 2,11).

La vida cristiana consiste toda ella en una urdimbre de realidades. No hay una fórmula práctica disponible de antemano para resolverlo todo de una vez. En la juventud se forjan ideales grandiosos y se piensa que todo cabe en ellos armoniosamente. Pero luego, con el tiempo, se desmoronan hasta cierto punto los ideales, y no le quedan a uno sino sus acciones, sus desengaños, sus pecados, sus éxitos, la vida entera, para dejarlo en manos del Dios eterno, único capaz de dar unidad a todo este «revoltijo».

Hoy no sentís todavía la necesidad de ocuparos demasiado de estas cosas. Pero lo que un día llegará a ser actual para vosotros hay que anticiparlo ya de algún modo en la juventud, para estar preparados para todas las eventualidades y todos los matices de la vida. Yo espero, pues, que en medio de vuestra jovialidad, de vuestro ánimo y deseo de vivir, mi sabiduría de viejo os sirva un poquito para seguir adelante.

– La fe en tiempos de invierno, 124-125

2ª. La vida temporal y el servicio al mundo como espiritualidad

UN ELEMENTO INTERNO DE LA ESPIRITUALIDAD. Lo libremente humano ha de ser concebido por la espiritualidad cristiana del futuro como un elemento interno de ella misma. [...] Si el Concilio Vaticano II ha afirmado que Dios puede ser la salvación de quien con auténtica sinceridad y, por tanto, sin culpa, estima que debe ser ateo, *también* en la vida del cristiano Dios podrá estar allí donde se vive la vida del mundo con alegría, naturalidad, seriedad y valentía.

Ése es el verdadero sentido de la «espiritualidad mundana», de la que tanto se habla sin comprender siempre debidamente su sentido. Este mundo, concebido como posibilidad y tarea, precisamente porque Dios lo ha querido y hecho como mundo mundano, hecho por los hombres mismos, es de una amplitud imprevisible, en oposición a lo que antes se pensaba; y a pesar de todas sus deficiencias, resulta cada vez más grandioso.

Ya no hay por qué pensar que el mundo sólo –o casi sólo– comienza a ser humano cuando el hombre lo hace humano mediante el culto, las ideas religiosas, su interpretación explícitamente religiosa y las prácticas religiosas consiguientes. La vida mundana *vivida honradamente y sin reservas* es ya un elemento de espiritualidad, ya que Dios ama al mundo mismo, le da su gracia y no siente envidia de él como de quien le hiciera la competencia. Quien se da verdaderamente al mundo *con amor* encuentra en ese mismo mundo la Cruz de Cristo y la incomprensibilidad de Dios y no necesita introducirlas en el mundo como con un conjuro.

Quien ejercita las virtudes del mundo y se deja educar por él en la alegría, en la audacia, en la fidelidad al deber y en el amor, vive ya en parte una auténtica espiritualidad, y esas virtudes mundanas le revelarán un buen día el más profundo misterio, que es Dios mismo. Todo lo que en el hombre tiene realmente un contenido rico y una vida original y auténtica está llamado a ser fecundado por la gracia de Cristo, aun antes de que sea expresamente bautizado. Más aún, con tal de que el cristiano no cierre su corazón a Dios, no siempre es absolutamente preciso que sea bautizado. En primer lugar, porque eso no siempre es posible; y en segundo lugar, porque el cristiano no es un integrista que se considere como único posible representante de Dios. Sólo Dios es y será la única verdadera unidad del pluralismo. [...]

El hombre no sólo vive en un mundo que le ha sido *dado previamente,* sino que también *lo hace.* Con ello se le ofrecen posibilidades, tareas, responsabilidades y riesgos que antes, sencillamente, no existían. Por tanto, la espiritualidad cristiana del futuro *habrá de ser vivida también en ese campo,* y no solamente por aquellos que, como ricos, pueden permitirse el lujo de vivir la espiritualidad de Filotea, alejados de ese mundo del trabajo y de la hominización del mundo, o por los que, como proletarios, no tienen todavía acceso a la transformación del mundo mediante su colaboración creadora y responsable. [...]

Cuando el Concilio Vaticano II exhorta a los cristianos a hacerse cargo de sus tareas en el mundo de hoy, a colaborar con todos en la formación de un mundo más grande, más libre, más digno del hombre, a sentirse responsables y tener valor no sólo para esperar las directrices morales de la Iglesia jerárquica, no sólo para preguntarse *cómo* se han de hacer las cosas para no ofender a Dios, sino *qué* es lo que hay que hacer para que la vida sea más digna de ser vivida..., al decir todo esto, la Iglesia no traiciona su mensaje de la Cruz, de la humildad y de la búsqueda de lo eterno, acomodándose a un mundo secularizado, sino que manda a los cristianos tomar *cristianamente* en serio sus tareas, que antes no existían en esa misma forma, pero que actualmente existen y son para los cristianos en cuanto tales parte integrante de su verdadera espiritualidad. En este campo, como en los demás, cada uno debe hacer lo que le corresponde conforme a sus dotes y a su vocación, y no lo que corresponda a los demás.

El cristiano no puede prejuzgar la política como un «negocio sucio» y esperar de Dios que haga intervenir en ese «negocio sucio» a otras personas que no sean él, mientras él se dedica a su tranquila vida de piedad en medio de una comodidad burguesa. El mundo concebido como «mundo mundano» hecho por los hombres y en plena transformación está lleno de exigencias para los cristianos de hoy, y el cumplimiento de sus deberes en lo que se podría llamar «espiritualidad política» es ya hoy –o lo será mañana– parte integrante de la auténtica espiritualidad cristiana».

– Escritos de Teología, 27-30

Antes se entendía la espiritualidad, más o menos, como un sublime montaje sobre la vida cristiana normal. Los hombres «espirituales» vivían entonces en los conventos o en instituciones análogas. Eran en cierto modo los «adelantados» del cristianismo, que se permitían –digámoslo así– el lujo de ser hombres de oración, de meditación, de penitencia, de aspirar a la santidad, sin que ninguna preocupación humana viniera a perturbarles.

La situación es hoy manifiestamente distinta. A grandes rasgos, podría decirse lo siguiente: la vida actual, hostilizada por el ambiente ateo, por el sentimiento de la opresión, de la muerte y de una política absurda, es tan mala que, si alguna vez, es hoy cuando toca ser cristianos de modo sublime y radical, es decir, espiritual. La espiritualidad y la vida normal cristiana hoy se ligan, se compenetran, se promueven recíprocamente. Nadie puede vivir hoy, como en tiempos pasados, en un paraíso de espiritualidad inmune al mundo, y tampoco puede –es al menos mi opinión– componerse con este mundo concreto sin ser cristiano radical. Partiendo de aquí, puede decirse absolutamente que la experiencia peculiar de Dios más íntima, sobrenatural, es en la profundidad de la existencia algo que puede llamarse «místico».

Naturalmente, no hay que designarlo así. El mero hecho de hablar de «mística» hace pensar a algunos en un rasgo elitista. Pero si se adoctrina sobre Dios sólo de una manera extrínseca, como cuando me cuentan que existe Australia, yo no podría a la postre ser cristiano. Desde dentro, por así decirlo, desde el centro de mi existencia, tengo yo algo que ver con Dios y necesito conseguir que esa interioridad –así me gustaría llamarle– cale más y más toda mi vida. En otras palabras, aunque suenen demasiado patéticas, habría que decir: hoy no podrá ser cristiano el que no es místico.

– La fe en tiempos de invierno, 73

PARTICIPAR EN EL DESCENSO DE DIOS AL MUNDO. «Esta experiencia de la «encarnación» de Dios en su criatura, en virtud de la cual dicha criatura no pierde su consistencia ante Dios, por mucho que se le aproxime, sino que incluso adquiere validez, no ha quedado aún plenamente explicitada con lo que acabo de decir. Por incomprensible que pueda parecer, existe, por parte de quien ha llegado a un contacto tan directo con Dios, una especie de cooperación en ese descenso de Dios hacia la finitud, la cual se va haciendo de este modo progresivamente buena. [...]

Al participar de esa preferencia de Dios que le hace descender a lo finito sin que por ello Dios se empequeñezca, ni la realidad finita sea aniquilada, el ser humano ya no puede seguir siendo aquel ser cuyo tormento más íntimo y, al mismo tiempo, su placer más secreto consiste en desenmascarar el carácter relativo e insignificante de todas y cada una de las cosas; ni puede tampoco seguir siendo aquel ser que, o bien idolatra una determinada realidad finita o bien acaba por aniquilarla. Esa experiencia de participar de la preferencia de Dios por algo que no es Dios y que, sin embargo, en virtud de dicha preferencia y a pesar de permanecer diferenciado, no puede ser ya separado de Dios, esa experiencia –digo– se tiene siempre que se vivencia cómo una cosa, a diferencia de otra, es querida por Dios, como ya he indicado. Pero como ese objeto de la preferencia de Dios es concretamente el prójimo, y no una cosa, la participación en la preferencia de Dios consistirá en el auténtico amor al prójimo, de lo cual hablaremos en detalle más adelante. El amor a Dios, que parece haber dejado de lado al mundo es amor al mundo, es amar al mundo junto con Dios y, de este modo, permitirle abrirse a la eternidad.

Participación en el descenso de Dios al mundo. [...] Y como al ser humano, que siempre anda en busca de la diversidad del mundo, el amor al prójimo se le presenta en un primer momento como lo más natural, aunque al mismo tiempo corriendo siempre el peligro de hundirse en las más desesperante decepción, a causa de la vanidad del que ama o del ser amado, probablemente hoy, como siempre, habría que empezar decididamente a hacer lo que no es tan evidente, a buscar al mismísimo Dios en su inmediatez. [...]

En cualquier caso, no debéis caer hoy en la tentación de creer que esa silenciosa e indefinida incomprensibilidad que llamamos «Dios» no tenga, para ser ella misma, ni la posibilidad ni el derecho de volverse hacia vosotros en virtud de su libre amor, de adelantarse a vosotros, de hacer que en vuestro interior, en el que Él está presente, podáis llamar de tú al Innombrable.

– *Palabras de Ignacio de Loyola...,* 14-16

PRINCIPIOS CRISTIANOS Y PLURALISMO DE OPCIONES CONCRETAS. Tratándose de la vida del mundo, de la vida profana, nunca podrán emplearse expresiones como «la» cultura cristiana, «la» época cristiana. [...] Nunca puede obtenerse de los principios cristianos en materia de fe y de moral un mundo tal que no hubiera otros posibles con relación a estas leyes ideales. Ya se trate del Estado, de la Economía, de la Cultura, de la Historia..., no hay, en principio, ningún imperativo concreto del que pueda decirse, apoyándose en la doctrina cristiana, que sería el único bueno.

Pueden rechazarse situaciones, tendencias, esfuerzos, modos de actuar... como contrarios al dogma y a la moral del cristiano. Es posible que, en multitud de casos particulares, el margen de elección y de libertad de acción de que dispone el hombre sea concretamente tan estrecho que no le quede, de hecho, más que un modo lícito de actuar, si no quiere ir contra la ley cristiana. Los principios cristianos, verdadero bosquejo de la realidad cuya ejecución le es propuesta a la libertad humana, pueden ser soberanamente importantes y benéficos para el actuar humano, mientras que el hombre los infringe, y generalmente con gran perjuicio para sí mismo.

Pero fundamentalmente no puede uno nunca apoyarse en estos principios para decir que el mundo tiene que ser exactamente «así», si se designa con la palabra «así» una determinación definitiva, única, singular. Fundamentalmente, puede haber, en una situación dada, varias posibilidades de actuación, y esto no sólo de hecho, sino también de derecho. La elección entre estas posibilidades –una elección necesaria y que siempre representa para el hombre una decisión histórica– no puede únicamente hacerse bajo el signo del cristianismo, sin ninguna otra consideración.

– *Misión y Gracia,* 44-45

3ª. Una nueva ascética

ANTES... a la libre actividad del hombre se le imponían unos límites, procedentes de una dura coacción externa nacida de su situación vital. Sus vicios quedaban castigados inmediatamente, llevaban en sí mismos la sanción. Por lo menos, eso les ocurría a la mayor parte de los hombres, cuyas vidas, en constante amenaza, apenas dejaban lugar –o lo dejaban muy poco– al lujo, al capricho, a la ociosidad, al turismo, al placer, etc. Por ello la ascética cristiana, o se reducía a la aceptación paciente de lo precario y trabajoso de la vida, o era una ascética adicional, en algún sentido externa, como el monaquismo, y apenas se dejaba sentir en ella el llamamiento a una ascesis nacida de la vida misma en su aspecto diario y vulgar. Por ello, concebida como algo adicional y libremente aceptado, ponía de relieve lo extraordinario y lo heroico.

La ascética cristiana era, por consiguiente, o bien pasión, o bien acción adicional y extraordinaria.

Actualmente, el hombre, por su amplio dominio de la naturaleza, de la técnica de la medicina y de la planificación, tiene posibilidades tal vez más amplias de lo que le corresponderían, considerada su verdadera esencia. Tiene la posibilidad de actuar sin medida, sin que se lo impidan las estructuras previas de la vida. La libertad sexual ya no está automáticamente «castigada» por los hijos o por la enfermedad. El abuso del poder no es tan arriesgado como antes, cuando un soberano inmoderado encontraba indefectiblemente en su camino al tiranicida. Ya el hambre no llama automáticamente al orden al ocioso. El afán de goces fomenta la medicina más de lo que merece la pena. Ya no existen límites impuestos desde fuera. [...] La ascética activa tenía antes el carácter de lo adicional y extraordinario. Hoy tiene más bien el carácter de la libertad responsable ante el deber. Resulta casi más difícil que la antigua, precisamente porque ha de presentarse con el aspecto de una «racionalidad» perfectamente normal.

Esa «ascética de consumo», ejercitada en todos sus campos, es difícil. Considerada en su misma esencia, afecta a la totalidad del Hombre, y –siempre que no se dé una cierta debilitación de las tendencias, que libere parcialmente al hombre de tener que decidir libremente y le haga inmune ante el atractivo de una sociedad ávida de consumo, que crea y sugiere continuamente nuevas necesidades– esa nueva ascética sólo puede ser practicada en todos los campos de la vida humana por quien esté abierto a Dios y sea capaz por ello de aceptar previamente una renuncia aparentemente irreparable para el hombre angustiado por la muerte, y la apertura respecto a Dios dista mucho de ser un analgésico que se puede tomar a discreción para hacer más llevadera la ascética de consumo que todos han de practicar.

Concebidos y utilizados de esa forma, fallan inmediatamente en sus efectos. Sólo harán bien a quien ama a Dios por sí mismo. Quien está abierto al absoluto futuro de Dios será capaz de superar la apetencia sin límites de llenar su vida con el mayor goce posible –incluyendo en ese concepto el de poder– para, en último término, destruirse a sí mismo por su inmoderación. Y, al contrario, quien se traza unos límites a su propio ser y los mantiene, *sin buscar con ello realmente una compensación,* en el fondo, aunque no lo haga reflejamente, dice con ello un sí al Dios del futuro absoluto.

HOY: LA ASCÉTICA COMO LIBERTAD RESPONSABLE ANTE EL DEBER entra de lleno en la espiritualidad cristiana del futuro. Se la puede considerar como una nueva forma de practicar el misterio más radical de la ascética cristiana, que consiste y nos es ofrecida en la participación en la muerte del Crucificado, ya que la vida es y sigue siendo una incomprensible pasión. *Estos límites que uno se impone a sí mismo* no pueden ser reducidos en nuestros tiempos a un esquema general institucionalizado, en oposición a lo que antes ocurría. Pero tampoco pueden quedar en mera teoría o mandamiento abstracto. Tienen que adoptar una forma que configure nuestra vida y sea eficaz y concreta. Ha de transformarse, de pura moralidad, en «uso moral», en «ethos» y en buena costumbre.

Y aquí aparece de nuevo la importante misión que tienen los institutos seculares cuyos miembros sigan siendo realmente seglares: han de crear modelos que muestren cómo se puede vivir actualmente con autenticidad, sin prevenciones, con suavidad y, al mismo tiempo, con firmeza ante sí mismo, una vida con medidas, «disciplinada», limpia; cómo se puede vencer en el fondo del corazón la angustia mortal y desesperada que enciende nuestras apetencias y nos hace así, en último término, incapaces de asumir sin egoísmo la responsabilidad de nuestra acción temporal en favor de los demás, aun a costa de renuncias aceptadas con una sonrisa tácita.

– Ibid., 30-33

Al exaltar la gracia, no debemos olvidar que no siempre viene sobre nosotros como el viento impetuoso de Pentecostés, victoriosa, entusiasmante, arrebatadora. No es tampoco un crecer y madurar obvio y sin obstáculos, como jugando. La gracia de la cruz, tampoco se limita a aleccionar nuestra «vida espiritual», como si únicamente debiéramos aguantar en silencio el dolor, dejando todo lo demás a Dios.

A la larga, la «vida espiritual» es gracia, precisamente porque la vivimos trabajosamente día a día, porque reclama atención tensa, entrenamiento, doma. En una palabra: la «vida espiritual» es, aunque no exclusiva y primariamente, trabajo, ejercicio planificado y despliegue consciente en nosotros de la vida divina que cree, espera y ama conforme a las leyes de la naturaleza y de la gracia y a los motivos de una total orientación a Dios. Este aspecto de la vida espiritual es lo que denominamos «ascética» en sentido amplio.

– Meditaciones sobre los EE, 70

2. El seguimiento de Cristo

FIJOS LOS OJOS EN ÉL. La imitación de Cristo cobra conciencia de sí misma y crece a su particular plenitud con la constante relación con el Jesús «histórico», con la repetida mirada a los misterios de su vida y la renovada audición de sus palabras. Mirando a Jesús de Nazaret y oyendo sus palabras, que nos vienen de «fuera», entendemos lo que desde siempre somos: seres cuyo fundamento y sentido de la vida es la vida del eterno Logos encarnado y públicamente ofrecido al mundo en Jesús de Nazaret.

De otro modo, nuestro seguimiento del Señor permanecería opaco a sí mismo, tendría sólo el respaldo indirecto e implícito de nuestro libre «sí» y, consiguientemente, estaría siempre expuesto al peligro de no entenderse a sí mismo y de perderse en esta incomprensión.

La imitación de Cristo no es la observancia de unos principios morales realizados en Jesús acaso de modo ejemplar, pero que en realidad tendrían un valor y podrían conocerse independientemente de él. Seguir a Cristo es más bien entrar, realizándolo, en el movimiento de su vida, y así en la vida divina que se nos da.

El llamamiento a la imitación de Cristo no nos llega, en primera y última instancia, en palabras venidas de fuera y que nos empujan por un camino no conforme a nuestra naturaleza, sino que es, en definitiva, el despliegue necesario de lo que ya somos en nosotros mismos: destinados, por virtud de nuestra más intima esencia, a la vida con Cristo. [...]

ESTRUCTURA FORMAL DEL SEGUIMIENTO. La verdadera imitación de Cristo, en la convivencia con él, consiste, pues, en hacer que la ley interior de su vida obre en cada diversa situación personal. La imitación de Cristo es digna de vivirse, no cuando meramente se intenta *multiplicar* su vida –sin posibilidad de lograr más que aguadas copias–, sino cuando realmente se la prolonga. Entonces interesa al mismo Dios y logra eternidad con el Hijo del hombre elevado a la diestra del Padre. Precisamente porque esta prolongación de la vida de Jesús en nosotros observa su ley interna, al realizarse en su Espíritu, en la potencia del divino Pneuma, por ello es en verdad auténtica imitación de Cristo.

Para prolongar la vida de Jesús en cada nueva situación mía, tengo que descubrir cada vez la forma válida para mí. Así como una situación histórica no puede deducirse de leyes históricas generales, tampoco mi forma de imitación de Cristo puede deducirse de la legislación general, que también existe. Tal hallazgo es siempre una decisión personal e intransferible. Por lo mismo, el cargar con la responsabilidad de lo que nadie, ningún tratado de moral, ningún padre espiritual, puede decirme, es un factor esencial en la imitación de Cristo. Debemos, por tanto, correr el riesgo de soledad que tal decisión existencial lleva consigo, sin que nos quede el recurso de declinar la responsabilidad en una instancia externa, intento tantas veces escondido tras la caza de un confesor ideal.

Naturalmente, con esto no se pretende fomentar una introversión narcisista que aspire sólo al despliegue del propio ser. Dado que no es posible salvar el alma sino perdiéndola, el hombre sólo puede llevar su existencia a la madurez desplegándola en el servicio, en el sacrificio desinteresado, en el gastarse por los demás.

De la naturaleza de la imitación de Cristo se sigue, en segundo lugar, que, pese a toda autodecisión y auto-responsabilidad, es fundamentalmente obediencia.

La decisión intransferible, en que cada uno debe hallar la forma concreta de su imitación, es a su vez acto de obediencia: es oír el imperativo individual de Dios, que me ha puesto en esta concreta situación mía, para que en ella prolongue la vida de Cristo; es el amor que se sujeta, que no pretende trazar ni siquiera la apertura más personal del propio yo de manera autónoma, sino que quiere recibirla de la mano de Dios; es seguimiento de Cristo, que, en la alteridad del tú, me señala con inapelable libertad el puesto que me corresponde en su imitación.

Autodecisión y subordinación no se contraponen, pues, en la imitación de Cristo; ambos representan, en el fondo, elementos inseparablemente constitutivos de la única entrega al Señor. Sin embargo, su relación mutua es polar y dialéctica. No siempre se encuentra su armonía con facilidad y sin dolor. La tensión entre ellas es algo muy típico de la existencia cristiana. Cristo quiere una imitación enteramente obediente, pero no que nos limitemos a un seguimiento pedísecuo, que sería más cómodo. Cada uno de nosotros tiene que cumplir, en nombre de Cristo, una tarea de la que nadie puede eximirle. Una y otro –la obediencia a la ley de Cristo universalmente válida y el valor para el sello personal, que en realidad representa la forma más radical de obediencia– se siguen parejamente de la naturaleza de la imitación del Señor. En la coexistencia de ambos elementos estriba la dificultad, pero también la grandeza de nuestra existencia cristiana.

CONFIGURACIÓN INTERNA DEL SEGUIMIENTO. Lo primero, pues, que deberíamos aprender de Jesús es a ser verdaderamente hombres. Esto pide valor: para la integración en la masa, para el monótono existir cotidiano, en la fragilidad de la enfermedad y la muerte, víctimas de la banalidad propia y ajena y de la angostura de las circunstancias. Poseer este valor no es cosa sencilla (el humanismo y el Renacimiento no son, en definitiva, sino escapatorias hacia una utopía sólo en apariencia heroica). Puesto que, en Jesús, el Logos ha acogido al ser humano concreto, éste tiene que ser, evidentemente, tan enorme y lleno de significado, tan vasto –pese a nuestra experiencia y a su permanente estrechez–, tan prometedor y rico en posibilidades, que Dios, al querer salir de sí mismo, no se ha hecho otra cosa que este hombre.

Jesús es además, en su vida, el hombre de escándalo; algo contra lo que nos tienta siempre la protesta. Si contemplamos su vida con los ojos de un historiador incrédulo, vemos a un hombre nacido en un rincón insignificante del mundo y de su tiempo, que inicia su vida inadvertido e incomprendido –ni sus padres le entendieron–, peloteado por la política contemporánea, y que, tras una breve aparición pública, apenas registrada en la escena mundial, muere en el patíbulo. Nada grandioso se descubre en esta vida. En cierto modo, Jesús no ha vivido; por lo menos, no como debería vivirse una vida humana espiritualmente dinámica. Pasa por alto todo lo que, a nuestro parecer, enriquece y llena nuestra vida. Advierte que las flores de los prados visten con más esplendidez que Salomón en todo su fasto, pero al mismo tiempo dice de ellas que son sólo heno que mañana será quemado. Prescinde del matrimonio, el arte, incluso la amistad, ya que los hombres que escoge tampoco le entienden y, en el fondo, está solo. que despreciara estas cosas; no experimentó resentimiento hacia ellas ni las desvalorizó, pero tampoco entró a fondo en ellas. Lo único que propiamente se puede decir de él es que era religioso.

También nosotros habríamos concebido de otra manera la vida humana de Dios. El Hijo de Dios encarnado tendría que ser, naturalmente, religioso. Debería enseñarnos cómo hay que rezar al Dios viviente. Pero, además, habría debido tener tiempo e interés para otras muchas cosas y mostrar una genialidad superior a nuestra medida. Habríamos esperado de él la composición de una grandiosa obra literaria; ante todo, que hubiera reformado el mundo, incluso política y socialmente, en un reino visible de Dios. Con gusto descubriríamos en su vida rasgos que nos lo hicieran más simpático.

Nada hallamos de esto. De Jesús vale lo que dijo san Pablo: «Se anonadó a sí mismo». El Logos ha escondido, en el más pleno sentido, su *doxa* en la humanidad. Evidentemente, no le interesaba exhibir en su humanidad su majestad divina. Si el Logos se reveía en Cristo, como primero y último principio espiritual de toda la creación, ¿no tendría derecho el metafísico a esperar que sintetizara en sí toda la creación, que la concentrara como en un foco, que fuera de verdad la quintaesencia del mundo, la condensación de todo lo grande, bello y vivo? Pero Cristo pasa de largo ante todo esto. A lo sumo, toma acá o allá algo, con naturalidad: un banquete, una confidencia de Juan, una mirada al templo...; pero, aun aquí, son los discípulos los que, admirados, llaman su atención sobre el soberbio edificio. Calla, sigue adelante sin ruido, como alguien para quien todo, en cierto sentido, hubiera muerto o, por lo menos, se hubiera hecho fugazmente pasajero. Todo es para él lo «otro», lo distinto del reino de Dios, lo no esencial.

Nos resulta amargo el hecho de que Jesús no pueda propiamente hacer otra cosa sino salvar las almas. Claro que no tendríamos nada contra ello, aunque lo hubiera hecho con toda intensidad, pero lo quisiéramos combinado con otras cosas de las que también pende nuestro corazón.

Por supuesto, el seguimiento del Señor como hombre de escándalo pide discreción. En cierto sentido, necesitamos del mundo. Muchas cosas hay que podemos y debemos insertar en nuestra vida y que, para decirlo con san Pablo, podemos disfrutar con agradecimiento. Incluso tenemos que aplicar esta prolongación de la vida de Jesús a muchas cosas que él, por voluntad del Padre, no «podía» vivir. No nos corresponde, pues, ser unos resentidos ni actuar como ciertos «ascetas» que se facilitan la renuncia a las cosas del mundo teniendo por malo aquello que deben abandonar. No podemos ser fanáticos, sino que debemos seguir a Cristo con serenidad y alegría. Para ello, es preciso primero cobrar conciencia de nosotros mismos y recoger experiencias del mundo –no, claro está, del pecado–. La síntesis dialéctica del usar y dejar las cosas, que tratamos en el «Principio y fundamento», se aplica también a la imitación de Cristo. Esto no obstante, como cristianos –y mucho más como sacerdotes– debemos tomar muy en serio el factor «escándalo» de la vital legislación de Jesús. Ésta es siempre la forma fun-

damental de su historia, que nos fuerza incoerciblemente a la
decisión.

– *Ibid*, 116-123

3. No apaguéis el Espíritu

¿QUÉ PODEMOS HACER PARA NO APAGARLO?

– Lo primero que hay que hacer y que hay que tomar muy a
pecho es *preocuparse* por el hecho de que se pueda apagar al
Espíritu. El Espíritu puede ser apagado, aunque no en toda la
Iglesia, sí al menos de una forma tan amplia y tan espantosa que
nos debe hacer temblar ante el juicio, que comienza ya en la casa de Dios. Y por ello debe atormentarnos la preocupación de
que podamos ser *nosotros* los que apaguemos el Espíritu. Apagarlo con la soberbia de querer saberlo todo mejor que nadie,
con la pereza de corazón, la cobardía y la ignorancia con que
nos enfrentamos a los nuevos impulsos y las nuevas iniciativas
que surgen en la Iglesia.

¡Cuántas cosas serian de otra manera si no se saliese al encuentro de lo nuevo con una seguridad en uno mismo consciente de su superioridad, con un conservadurismo que no defiende
precisamente la gloria y la doctrina de Dios y la fundación de la
Iglesia sobre la tierra, sino que se defiende a sí mismo, las antiguas costumbres, lo usual, el principio de poder vivir sin el dolor de una continua *metanoia*...! Pero cuando se ha percibido en
lo vivo que uno también puede ser juzgado por sus omisiones,
por su dureza de corazón difusa y anónima, por su falta culpable de fantasía creadora y de valor para lo audaz, en tal caso indudablemente se prestará atención con oído más fino, con más
cuidado, con sentido de anticipación, a la más ligera posibilidad
de que el Espíritu se esté moviendo en algún lugar fuera de las
fórmulas y máximas jerárquicas de la Iglesia y de sus centros
oficiales. [...]

– Lo segundo es tener valor para la *audacia*. Permítasenos repetir otra vez con insistencia lo que acabamos de decir. Vivimos en una época en la que, sencillamente, es necesario llegar hasta el último extremo con valor frente a lo nuevo y lo no experimentado, ir hasta donde sea absolutamente claro e indiscutible para la doctrina cristiana y para la conciencia cristiana que no se ve con posibilidad de seguir más adelante. El único tuciorismo permitido hoy en día en la vida práctica de la Iglesia es el tuciorismo de la audacia.

Al tratar de solucionar los problemas actuales, ya no podemos propiamente preguntarnos hasta dónde *debemos* llegar, ya que la situación nos obliga a avanzar por lo menos algo, sino que debemos preguntarnos hasta dónde nos es dado llegar en la utilización de todas nuestras posibilidades teológicas y pastorales, porque indudablemente la situación del Reino de Dios es tal que hemos de atrevernos a lo más audaz para poder ser tal como Dios quiere que seamos.

En las cuestiones ecuménicas, por ejemplo, no hemos de peguntarnos: ¿qué concesiones podemos hacer a los hermanos separados?, sino: ¿cómo lograremos poner en juego todas las posibilidades de acercamiento que tengan algún sentido y sean de algún modo concebibles para nuestra conciencia cristiano-católica, y ello con tranquilidad y valor, ya que en la actualidad no podemos ya permitirnos el lujo de hacer menos para, por lo menos, acercarnos a la unidad de los cristianos?

Tengo la impresión de que si en esta y en otras cuestiones se aplicase este tuciorismo, es decir, sí se tomase como punto de partida, como imperativo válido para nuestra hora –aunque no como principio válido para todos los tiempos– la convicción de que hoy lo más seguro es lo más audaz, y de que la mejor oportunidad para conseguirlo –o conseguir al menos algo– no es la prudencia reservada, sino la más animosa audacia, en tal caso cambiaría dentro de la Iglesia más de un modo de pensar. [...]

– Uno de los presupuestos para que se logre la vitalidad del Espíritu es también el *valor frente a ese inevitable antagonismo* que se da en la Iglesia. La Iglesia no es «un corazón y un alma» en el sentido de que en ella no pueda darse lucha alguna, ni dolor alguno de mutua incomprensión. En la Iglesia hay realmente muchos carismas, y nadie los tiene todos, y a nadie se le ha confiado la administración de todos los carismas, ya que ni siquiera el cuidado por el mantenimiento de la unidad de la fe y del amor, que en la Iglesia tiene su correspondiente organismo oficial, equivale propiamente a una administración de todos los carismas por la Iglesia jerárquica. No, los cristianos en muchas cosas debemos opinar de forma diferente, debemos tener diversas tendencias. No es necesario que todas las cosas se acomoden positivamente a cada uno. Un amor que se levanta en la uniformidad sería muy fácil, pero en la Iglesia ha de dominar el Espíritu del amor que reúna en una unidad los dones múltiples y siempre distintos, del amor que acepta a los demás y reconoce su valor, aunque no lo comprenda.

– Escritos de Teología, VII, 92-95

4. El amor, acto fundamental del hombre

SÓLO EL AMOR NOS LIBRA DEL VACÍO Y LA NADA. Si preguntamos: ¿cuál es el acto capital del hombre en el que éste puede concentrar su entero ser y vivir, aquel acto que puede abarcarlo todo y encerrarlo todo, todo lo que se llama hombre y vida del hombre: risa y llanto, dicha y desesperación, espíritu y corazón, el «cada día» y las horas cumbre, cielo y tierra, fuerza y libertad, pecado y salvación, pasado y futuro? No se ofrece ciertamente tan inmediata ni evidente la respuesta a esta pregunta. No nos atreveríamos a decir a cierra ojos que es el amor el cauce de esa integración total humana.

Pero está patente al menos una realidad. El amor a Dios, y sólo él, puede, efectivamente, abarcarlo todo. Porque sólo él pone al hombre delante de Aquel sin el cual el hombre sería tan sólo la horrible conciencia del vacío radical y de la nada. Sólo él está en disposición de aunar todas las fuerzas múltiples, caóticas y opuestas entre sí del hombre, porque él lo refiere todo a Dios, cuya unidad e infinitud puede realizar en el hombre aquella unidad que reduce a síntesis la multiplicidad de lo finito sin eliminarlo. El amor, sólo él, hace al hombre olvidarse de sí mismo (¡qué infierno, si no se nos diera al fin lograr esto...!). Sólo él puede salvar todavía las más oscuras horas del pasado, porque solo él encuentra en sí valor para creer en la misericordia del Dios Santo. Sólo él no se reserva nada para sí y puede por ello disponer aún del futuro (que, de otro modo, el hombre, desbordado por la angustia de su finitud, estaría siempre tentado de ahorrarse). Él puede, a la par que a Dios, amar también a esta tierra. Y así puede integrar en ese momento de eternidad todos los amores de acá, y sólo a él no se le acabará el ánimo y el optimismo en esta vida, porque ama a Aquel que nunca se ha arrepentido de haber hecho esta tierra, que nos aparece como tierra de pecado, de maldición, de muerte, de inanidad.

El *amor de Dios* es realmente la única *total integración de la existencia* del hombre, y sólo habremos penetrado ese amor en toda su alteza y dignidad y grandeza integradora cuando lo hayamos entendido así; cuando hayamos sentido que debe ser él el contenido de ese momento de la eternidad temporal. Sin él, en efecto, ese momento no sería más que el juicio ya de antemano juzgado y sentenciado, *iam iudicatus est* (Jn 3,18); con él, en cambio, ese momento único será aquello que quiere y debe ser: todo.

– De la necesidad y don de la oración, 96-97

¿QUÉ HACE AL OTRO DIGNO DE AMOR? De esa forma surge una pregunta que, en un sentido propio, permanece siempre eterna y nueva: *¿qué* es lo que hay en ese otro para que pueda tener la categoría y la legitimidad para ser amado, para ser tomado en serio? Pues bien, esa pregunta no se puede responder apelando a la capacidad creadora de amor del amante, que *hace* que el amado sea digno (pues de esa forma el otro sólo tendría valor en la medida en que yo mismo lo descubro y valoro). Para los cristianos, esta pregunta viene a ser una ocasión de apelar de nuevo solamente al acicate que nos permite captar el misterio de Dios como verdadera realidad del otro, el misterio de Dios que hace que ese otro sea digno de ser amado y que hace que este mismo amor resulte incomprensible.

Pues bien, esto implica ya que el futuro concreto del otro viene a mostrarse como mediación para el futuro absoluto, que es el futuro propio de uno mismo y de todos los demás. El Reino de Dios sólo viene para aquellos que construyen el reino venidero de la tierra, aunque ciertamente con los medios que nos ofrece la nueva situación de cada época, de tal manera que cambian siempre incluso el mismo plan. ¿Cuál es la forma concreta de esa mediación en la que el hombre actúa para hallarse preparado para aquello que resulta irrealizable?; ¿de qué manera ha de mostrarse y cómo esa mediación puede ser hallada de una forma creadora?... Sobre todo esto, el cristiano no sabe más que los demás hombres.

En este campo, el cristiano es como los otros, y por eso debe mantenerse en diálogo con todos los demás agentes que buscan el futuro común, como si fuera en una especie de combate, porque la decisión y la acción del futuro concreto, que nunca es deducible teóricamente, no puede descubrirse si no es en el «combate» o lucha, es decir, allí donde se actúa con poder. Y dado que para los cristianos esa mediación del futuro mundano se sitúa siempre en el ámbito del futuro absoluto e incomprensible, el cristiano es aquel que menos sabe, pues empieza a sondear ese futuro solamente cuando se encuentra inmediatamente cerca de su verdadero fundamento, que es el Dios abismal, sin fundamento. Todo lo demás permanece siendo pasajero. Pero de esa manera es absolutamente importante.

– *Schriften zur Theologie,* VIII, 256-257

UN AMOR SIN RETORNO. Si no quiere convertirse en egoísmo de dos, el amor de uno debe referirse verdaderamente al otro, al otro en sí y por sí mismo, sin buscar la importancia que el otro tiene para el amante, ni la felicidad que ofrece al amante, ni la seguridad que ese amor implica; el amante debe buscar verdaderamente al otro en cuanto tal, como es en sí, con su carácter único, impagable, inutilizable, lleno de sentido por sí mismo, bueno y bello.

Aquí no se trata de que uno no pueda atreverse a aguardar, a esperar que el otro, en cuanto amado, se comunique con uno; que el otro acoja el amor que se le ha regalado y pueda regalar la comprensión, la seguridad y todas las demás cosas que suelen florecer en el amor mutuo. Pero si en el amor, en último término y de un modo oculto, el amante sólo buscara su propia felicidad y no amara al amado por sí mismo, si la gracia del amor que viene del otro no se acogiera como un milagro que nunca se puede exigir, sino que se entendiera ocultamente y como dado por supuesto, como aquello que uno ha querido alcanzar con su amor, en tal caso, ese amor habría perdido ya su verdadera esencia, se habría vuelto egoísmo, por mucha felicidad que aún pudiera encontrar en él.

El amor verdadero se aleja de sí para no retornar más hacia sí mismo. Ese carácter no retornable del movimiento del amor no cambia nada por el hecho de que el hombre pueda y deba ser la esencia de ese amor, de tal manera que él sólo encuentra su propia esencia verdadera en la medida en que ama; de tal manera que él sólo está en su verdad, en sí mismo, cuando se olvida de sí mismo amando; de tal manera que sólo torna y se introduce en su verdadera esencia en cuanto él logra realizar el milagro de una salida que no conoce ya ningún retorno.

Esta paradoja constituye la verdadera esencia del hombre: él recibe en la medida en que pierde, puede ascender en la medida en que no tiene miedo a la caída; sólo alcanza su felicidad en la medida en que busca y encuentra algo que es distinto de sí mismo. La renuncia a uno mismo es el único camino que conduce a la realización de sí mismo. La más terrible de las tentaciones del hombre consiste en esto: en que él intenta hacer secretamente que el amor desinteresado se convierta sólo en un medio para alcanzar así su propio ser.

– *Schriften zur Theologie*, XIV, 408-409

LO QUE NO PODEMOS DEJAR DE DAR (Rm 13,8-10). El texto que vamos a meditar hoy dice así: «No debáis nada a nadie, fuera de amaros unos a otros. Porque el que ama al otro ha cumplido la ley. Y es así que el "no adulterarás, no matarás, «no robarás, no codiciarás" y cualquier otro mandamiento se cifra en esta palabra: "Amarás a tu prójimo como a ti mismo". El amor no hace ningún daño al prójimo: luego la plenitud de la ley es el amor».

Si leemos el texto un poco por encima, no ofrece dificultad particular. Así puede antojársenos. Pero, apenas nos preguntamos un poco más despacio qué quiere decir que el amor es el cumplimiento, plenitud o consumación de la ley, ya no resulta tan fácil entender rectamente estas palabras. Y aun después de haber reflexionado un poco sobre ello, no podremos decir que hemos entendido rectamente el sentido oculto y profundo de estos tres versículos. Acaso los entendamos mejor si nos preguntamos qué les precede inmediatamente.

Es notorio que la carta a los Romanos, desde el capítulo 12 hasta 15,14, trata de deberes morales del cristiano. En los siete primeros versículos del citado capítulo 13 ha hablado Pablo de los deberes del cristiano respecto de la autoridad civil, y en el último versículo ha dilatado su visión a nuestros deberes para con los hombres en general. Así, dice en el v. 7: «Pagad a todos lo que se les debe, a quien tributo, tributo; al que impuesto, impuesto...»; y lo amplia inmediatamente: «a quien respeto, respeto; a quien honor, honor». Prescripción amplísima, un principio que los antiguos latinos formulaban diciendo: ¡A cada uno lo suyo! No debáis nada a nadie. Aquello a lo que uno tenga derecho, dádselo. Si la autoridad del Estado reclama, con derecho, un tributo, muy bien. La autoridad del Estado tiene que cobrar esos tributos. Si a otro le debéis respeto, respetadlo. Mas ahora podríamos pensar que, si a cada uno le hemos dado lo que se le debe, hemos acabado con él, nada más le debemos, se le ha dado lo que podía reclamar, y podemos pensar íntimamente: Márchate a donde quieras. Hemos saldado nuestras cuentas. Tienes lo que podías pedir, y probablemente tú también me has dado lo que yo podía pedirte. ¡Todo está arreglado!

No, dice Pablo, ahora comienza la cosa. Cuando hemos tratado al otro debidamente, hemos saldado con él nuestras cuentas, nada le hemos quitado, lo hemos respetado y acaso le hayamos prestado este o el otro servicio, a que tenía derecho, ahora, dice Pablo, comienza la verdadera deuda que le debemos. Pero ¿qué más le debemos, ya que le hemos dado todo aquello a que tenía derecho? Evidentemente, esta deuda es de especie totalmente otra. Pablo dice: «No debáis nada a nadie». Traduzcámoslo un poco diferentemente: Pagad todas vuestras deudas con prestaciones externas o internas de naturaleza palpable; pero aún quedáis deudores. ¿Deudores de qué? Del amor de unos con otros, responde Pablo.

Probablemente, si nos examinamos a nosotros mismos y nos vemos tal como realmente somos en la vida, pensaremos que ya hemos cumplido con ese amor. Hemos pagado nuestros tributos, hemos sido respetuosos y atentos, hemos practicado algunas obras de misericordia, hemos pagado nuestros diezmos y primicias, etc. ¿Qué debemos todavía? Pablo nos contesta: No debáis nada a nadie, aunque siempre os queda una deuda: el *agape,* la caridad, el verdadero amor del prójimo. ¿Cómo se paga esa deuda? En nuestros supuestos, no tenemos ya nada que pudiéramos dar, porque todo lo que hemos dado lo hemos dado ya, el otro lo ha ingresado en caja, desde las cuentas y tributos hasta la atención y el respeto y la misma reverencia. ¿Qué puede, pues, pedirnos, si, según Pablo, le debemos aún todo el amor al prójimo? ¡A nosotros mismos!

Sólo de este modo podemos comprender lo que nos dice Pablo: después de pagarlo todo y no quedarnos deuda alguna, todavía somos deudores del amor a nuestro prójimo. Y así es. Porque este *agape* de que habla Pablo, con una palabra que los griegos no empleaban en la esfera de lo profano en ocasiones aparentemente semejantes, este amor, tiene su origen, su modelo y realidad primera en Dios, de quien dice san Juan que es el *agape,* y san Pablo que ha derramado su *agape* en nuestros corazones. ¿Y qué es este amor divino? Es la entrega de Dios a nosotros. Dios no nos da sólo sus dones, sino también a sí mismo.

Si tal amor tenemos para con nuestro prójimo, tampoco entonces cesa la deuda, sino que crece siempre a medida que pagamos; no acabamos nunca, no podemos decir: Vete en paz, ya tienes lo que puedes pedirme. Si tenemos que darnos a los otros, ¿lo hemos hecho ya? ¡No, evidentemente! ¿Por qué no? He aquí por qué: visto de tejas abajo, este acto de verdadero amor a los hombres sólo podemos realizarlo en el tiempo y el espacio, sólo por lo terreno y tangible, queda siempre fragmentario. Si miramos dentro de nuestro corazón, veremos lo difícil que se nos hace, cómo no acabamos nunca de salir de nosotros mismos, cómo volvemos siempre al propio reducto y no logramos dar de verdad el corazón. Y si a veces nos parece que lo hacemos, es que queremos que el otro se nos dé a sí mismo, y no se trata de darnos al otro tal como es. Y luego, visto de tejas arriba, creemos; en efecto, tenemos que meter, por así decir, infinitudes dentro de nosotros mismos, pues tenemos que estar abiertos a Dios. Y es así que Dios, por habérsenos dado en su *agape,* se ha hecho pertenencia nuestra.

Por eso tiene nuestra vida, nuestra realidad, posibilidades infinitas, que sólo paso a paso, lenta y fragmentariamente, vamos conquistando. Si de este modo nos hacemos cada vez más ricos (podríamos decir: más agraciados, de más profundo conocimiento, más desinteresados, más fieles), si recibimos a Dios que se nos da a nosotros, entonces lentamente recibimos lo que podríamos dar en amor, al dar más y más al otro (nosotros, los que estamos creciendo, los aún caminantes, los aún inacabados). Pero siempre seguimos, en algún sentido, encarcelados dentro de nosotros mismos, que sólo vemos así de lejos al otro para darle a entender que hay realmente en nosotros una voluntad íntima de amar. Y cuando por la cercanía, por palabras, regalos y fidelidad hemos procurado dar a entender que queremos amarnos unos a otros, todo ello no pasa, desgraciada-mente, de un inicio.

Sin embargo, ahora comprendemos tal vez mejor lo que dice Pablo: este amor es, con creces, la perfección de la ley. Las leyes, mientras son meras leyes, son sólo justicia conmutativa, delimitan lo tuyo y lo mío y señalan al individuo lo que debe dar al otro en prestaciones medibles, exigibles y demostrables. Mas cuando comienza el amor, cuando el hombre se da al otro con toda su divina infinitud o, por lo menos, intenta darse, todo lo normativo y legal desaparece. El hombre que ama no ofrece ya una prestación, no es ya el cumplidor de una norma objetiva, igualmente válida para todos; ahora se perfecciona o consuma precisamente en su ser señero, y se perfecciona en cuanto Dios se le dio a él de modo también totalmente señero. Y como aquí se pone en cuestión la persona, lo único e insustituible, la persona se da a sí misma y a sí misma se perfecciona al entregarse por el amor al otro; por eso queda aquí lo meramente legal superado y sobreabundantemente cumplido. Por eso es el amor la perfección de la mera ley y el vínculo de la perfección, como dice también Pablo, lo que ya no perece ni pasa. Por eso puede decir realmente Pablo que ese tal no sólo ha cumplido la ley, sino sobrecumplido y superado, y está donde el hombre tiene que llegar.

Porque cuando uno ama de verdad al prójimo en Dios –esta libertad de regalarse uno al prójimo sólo se tiene en Dios–, no tiene ya por qué preocuparse de nada más. La ley, como norma que exige y sobreexige, queda propiamente a sus espaldas. Él ha entrado en la dichosa libertad del amor de Dios a nosotros, de nosotros a Dios y de nosotros al agraciado de Dios, al prójimo. Sólo cuando hemos llegado tan lejos, no por nuestra fuerza, sino por la gracia de Dios, estamos en Dios.

– Homiliario Bíblico, 108-112

5. Buscar y hallar a Dios en todas las cosas

SAN IGNACIO VIENE AL MUNDO DESDE DIOS, y no viceversa. Porque se ha entregado en la humildad del adorador ofrecimiento al Dios de más allá de todos los mundos y a su voluntad, por eso y sólo por eso está dispuesto a obedecer a su palabra, incluso está dispuesto a obedecerla cuando, desde el callado desierto de su huida audaz hacia Dios, Dios mismo le vuelve a enviar al mundo, para cuyo abandono encontró ánimo en la locura de la Cruz.

De aquí resulta la doble característica típica de la ignaciana alegría del mundo: la máxima de la «indiferencia» y la máxima del «encontrar a Dios en todas las cosas». La primera es supuesto de la segunda.

La indiferencia: el sereno estar dispuesto a cualquier mandato de Dios, la indiferencia, que, nacida del conocimiento de que Dios es siempre mayor que todo lo que sabemos de él y mayor que todo aquello en que podamos encontrarlo, se libra continuamente de todo lo determinado, que el hombre está siempre tentado a ver como *el* único lugar en que Dios puede salirle al encuentro. La característica de la piedad ignaciana no es su objeto determinado, su cultivo de un pensamiento concreto, un ejercicio especial; no es uno de los caminos especiales hacia Dios, sino algo formal, una actitud última frente a todos los pensamientos, ejercicios y caminos: una reserva y frialdad últimas frente a todo camino especial, porque toda posesión de Dios tiene que permitir que Dios sea mayor aún que toda posesión.

De esta actitud de indiferencia nace por sí mismo el duradero estar dispuesto a oír la nueva llamada de Dios para tareas distintas de las presentes y anteriores, a despojarse continuamente de las tareas en que se quiso encontrar a Dios y servirle; crece la voluntad de estar dispuesto como un siervo a tareas nuevas; crece el ánimo para cumplir el deber de transformarse y no tener morada fija más que en el inquieto caminar hacia el Dios sereno y tranquilo; el ánimo de no creer que un camino hacia el camino hacia él; el ánimo de buscarlo por todos los caminos. Desde ese espíritu, el apasionado amor a la Cruz y a la incorporación en la ignominia de la muerte de Cristo está todavía dominado por la indiferencia: la Cruz, sí, cuando place a su divina majestad llamarnos a esa vida mortal.

La indiferencia sólo es posible cuando está viva la voluntad de huir del mundo; y, sin embargo, esta indiferencia oculta, a su vez, este amor a la locura de la Cruz, algo así como en la *modestia* diaria de una *normal razonabilidad del estilo de vida*. Desde esa indiferencia, San Ignacio puede renunciar incluso a las manifestaciones de la gracia mística –Dios está también más allá del mundo de vivencias del místico–; puede renunciar al místico don de lágrimas, porque el médico así lo quiere. San Francisco rechazó indignado el mismo reproche del médico en un caso parecido.

Resumiendo: tal indiferencia se convierte en un buscar a Dios en *todas* las cosas. Como Dios es mayor que todas las cosas, puede hacerse el encontradizo cuando se huye del mundo, pero también en las calles y en medio del mundo. Y por eso San Ignacio sólo conoce una ley para su eterna inquietud hacia Dios: buscarlo en todas las cosas, lo cual significa buscarlo siempre allí donde quiere dejarse encontrar, y significa también buscarlo en el mundo cuando quiere manifestarse en él. En este buscar-a-Dios-en-todas-las-cosas tenemos la fórmula ignaciana de la síntesis superior de la división de la piedad, usual en la historia de las religiones, entre piedad mística de la huida del mundo y piedad profética del trabajo en el mundo por mandato de Dios.

En esta fórmula están «sintetizadas –en el sentido hegeliano de la palabra– estas oposiciones. A San Ignacio sólo le importa el Dios de más allá de todos los mundos, pero sabe que ese Dios, precisamente por ser el Dios de más allá del mundo y no sólo la antitesis dialéctica del mundo, puede dejarse encontrar también *en el mundo,* cuando su soberana voluntad nos impone el camino hacía el mundo.

Si prescindimos de la coloración excesivamente griega de los conceptos, encontramos el problema de la dialéctica entre huida del mundo y afirmación del mundo en la dialéctica de los conceptos cristiano-medievales de *contemplatio* y *actio, vita contemplativa* y *vita activa.* La *contemplatio* es una entrega al Dios que es la meta de la existencia cristiana, es decir, al Dios de una vida supramundana. La *actio* es el cumplimiento de la tarea intramundana, incluso de la moral natural. Desde esta interpretación de la definición de estos conceptos, comprendemos la fórmula de la ignaciana afirmación del mundo, nacida en el círculo de sus primeros discípulos: «*in actione contemplativus*». San Ignacio busca sólo al Dios de Jesucristo, al Absoluto libre y personal: *contemplativus.* Y sabe que puede buscarlo y encontrarlo también en el mundo, si así le place a él: *in actione.* Y así, en la indiferencia está dispuesto a buscarle a él y sólo a él, siempre a él solo, pero en todas partes, incluso en el mundo: *in actione contemplativus.*

– *Escritos de Teología,* III, 327-329

CONTEMPLACIÓN PARA ALCANZAR AMOR. Y así, el amor, que hemos perseguido durante todos los Ejercicios, tiene la voluntad incondicional de irrumpir con Dios para la redención del mundo, para recuperarlo y, en determinadas condiciones, para llevarlo a Dios a través de la muerte.

La misma actitud contiene la fórmula ignaciana «hallar devoción en todas las cosas». Esto permite a san Ignacio derramar lágrimas de místico arrebato o, en vez de ello, estudiar latín, sentirse movido al llanto al asistir a la liturgia y dejarla cuando la soberana disposición de Dios lo llama a otra parte. Puede reprimir sus lágrimas, porque sus médicos juzgan que daña a su vista. Un san Francisco les habría replicado: Bien, pues perderé los ojos. San Ignacio presupone un hombre realmente muerto a sí mismo que, de este modo, ha adquirido, como un ángel, la capacidad de mirar el rostro de Dios o de partir al servicio que se le confía; o –según Ruysbroek– de abrirse, como un espejo, a Dios o de orientarse al servicio de las almas.

Otra fórmula de la actitud de «hallar a Dios en todas las cosas» sería aquella frecuentemente citada y aún peor comprendida: *contemplativus in actione*. El ejercitante debe hallar a Dios en todas las cosas. Esto presupone el puro mantenerse en la voluntad de Dios por encima de todas las cosas particulares, incluso de las formas religiosas concretas.

Una consideración más detenida de cada uno de los puntos de esta contemplación muestra que se iluminan entre sí y mutuamente se penetran. El amor de Dios aparece cada vez en una nueva perspectiva, a la que nuestro amor debe responder en una forma cada vez bien precisa. Estos puntos de vista podrían caracterizarse así: Dios da. Dios habita. Dios trabaja. Dios desciende.

– *Dios da.* «El primer punto es traer a la memoria los beneficios recibidos, de creación, redención y dones particulares, ponderando con mucho afecto cuánto ha hecho Dios nuestro Señor por mí y cuánto me ha dado de lo que tiene y consecuenter el mismo Señor *desea dárseme* en cuanto puede, según su ordenación divina. Y con esto reflectir en mí mismo, considerando con mucha razón y justicia lo que yo debo de mi parte ofrecer y dar a la su divina majestad, es a saber, todas mis cosas y a mí mismo con ellas, así como quien ofrece, afectándose mucho...» [EE 234]. Y aquí san Ignacio invita al ejercitante a rezar el «Tomad, Señor, y recibid», donde no se menciona nuestro amor. Pero este amor del hombre no precisa de palabras altisonantes; hay que decirlo en un acto silencioso del corazón, donde se realiza sobria y sencillamente. Se realiza en la perfecta entrega a Dios del hombre con el núcleo fontal de su libertad, la imagen de la Trinidad: que Dios disponga totalmente de él conforme a su libre disposición; de Dios se espera solamente lo que sobre todo basta: su amor y su gracia.

– *Dios habita.* En el segundo punto, dice san Ignacio: «Mirar cómo Dios habita en las criaturas, en los elementos dando ser, en las plantas vegetando, en los animales sensando, en los hombres dando entender, y así en mí dándome ser, animando, sensando y haciéndome entender; asimismo haciendo templo de mi siendo criado a la similitud e imagen de su divina majestad. Otro tanto reflexionando en mí mismo, por el modo que está dicho en el primer punto, o por otro que sintiere mejor» [EE 235].

– *Dios trabaja.* «Considerar cómo Dios trabaja y labora por mí, en todas las cosas criadas sobre la haz de la tierra, *id est, habet se ad modum laborantis.* Así como en los cielos, elementos, plantas, frutos, ganados, etc., dando ser, conservando, vegetando y sensando, etc. Después reflectir en mi mismo» [EE 236].

– *Dios desciende.* «Mirar cómo todos los bienes y dones descienden de arriba, así como la mi medida potencia de la suma y infinita de arriba, y así justicia, bondad, piedad, misericordia, etc., así como del sol descienden los rayos, de la fuente las aguas, etc. Después acabar reflexionando en mi mismo, según está dicho» [EE 237].

Todos estos puntos tienen en común el «hallar a Dios en todas las cosas», tienden a que el mundo redimido se haga conmigo transparente a Dios y también a que Dios se haga transparente al mundo y a mí. ¿Difiere esto de la verdad central del cristianismo, según la cual Dios no sólo pone fuera de sí mismo lo creado, sino que además lo conserva en sí en la forma insuperablemente misteriosa de la gracia? Ahora bien, para no limitarse a formular esto en términos teológicos, sino para sentir a

Dios realmente en todas las cosas; para experimentar el mundo como abierto a Dios, para gustar aquí su cercanía, para no sentirnos cerrados a Dios por el hecho de estar en el mundo, antes bien integrarlo todo en el amor de Dios..., para esto se requiere absolutamente el supremo acto de la criatura. En su pura entrega, este acto debe hallar en todo al Dios siempre más grande, precisamente en un mundo cuyo encerramiento en la finitud y en el pecado hay que hacer saltar; lo cual sucedió en la cruz de Cristo y sigue aconteciendo en la imitación del crucificado. Todo debe así integrarse en un canto de alabanza a Dios.

Quien es capaz de esto, quien no dice el «Tomad, Señor, y recibid» a la ligera, como un propósito cualquiera de buen súbdito, sino que se entrega de veras a Dios de todo corazón, con todo cuanto es y cuanto posee en su contorno vital, este tal, libre ya del pecado, verdaderamente salido de sí mismo en la imitación de Cristo, se encuentra en el punto en que san Ignacio desea colocarlo al final de los *Ejercicios*. Así quiere san Ignacio devolverlo al mundo y a su vida cotidiana, de suerte que, en su profesión, en su destino, con sus cualidades, tareas y dolores, en vida y en muerte, en el tomar y en el dejar, en todo, halle al Dios vivo y su más profundo amor; que posea a Dios, no en contraposición al mundo, sino como el que todo lo vuelve valioso y espléndido.

– *Meditaciones sobre los EE,* 262-264

Sólo logra hallar a Dios en todas las cosas, experimentar la transparencia divina de las cosas, quien encuentra a Dios allí donde él ha bajado a lo más espeso, lo más cerrado a lo divino, lo más tenebroso e inaccesible de este mundo: la cruz de Cristo. Sólo así se vuelve limpio el ojo del pecador, se le hace posible la actitud de la indiferencia y puede hallar a Dios, que le sale al encuentro en la cruz y no sólo donde él quisiera tenerlo.

– *Ibid.,* 260

* * *

«Dios de mis hermanos» (Oración)

Me has enviado a los hombres. Has puesto las pesadas cargas de tus plenos poderes y de las fuerzas de tu gracia sobre mis hombros y me ordenaste ir con palabras severas, casi ásperas. Me despediste de ti con dirección a tus criaturas que quieres salvar, a los hombres. Ciertamente, me había movido siempre entre ellos, aun antes de que tu palabra consagrante llegara hasta mí. Me gustaba amar y ser amado, ser buen amigo y tener buenos amigos. Estar así con los hombres es una cosa fácil y agradable. Al fin y al cabo, uno se dirige solamente a aquellos que uno mismo eligió, y permanece entre ellos todo el tiempo que quiere.

Pero ahora la cosa cambió: los hombres a los que he sido enviado los elegiste tú, no yo. No debo ser amigo de ellos, sino siervo. Y cuando me canso de ellos, no puedo considerar esta situación como señal de haber terminado con ellos, sino que debo aceptarla como una orden que tú me das de quedarme.

¡Dios mío, qué hombres éstos hacia los que me empujaste...! La mayoría de las veces, ni siquiera me reciben a mí, tu mensajero, y no quieren los dones –tu gracia y tu verdad– con que me mandaste a ellos. Y sin embargo, como un casero molesto, debo una y otra vez tocar a sus puertas. Si al menos yo supiera que de veras te quieren rechazar cuando no me reciben, me serviría de consuelo; porque quizá también yo, tranquila y naturalmente, mantendría cerrada la puerta de mi casa sí alguien parecido a mí llegara llamando a ella y afirmando haber sido enviado por ti.

Y aquellos que me dejan entrar en la casa de su vida, de ordinario desean mucho más otras cosas que las que debo llevarles de tu parte. Quieren referirme sus pobres y pequeñas preocupaciones. Quieren vaciar delante de mí su corazón y, Dios mío, ¡qué cosas las que van arrojando hacía fuera...!: una espantosa mezcolanza de cosas que conmueven y de ridiculeces, de pequeñas verdades y grandes mentiras, de pequeños dolores a los que dan importancia y grandes pecados que tratan de disculpar.

Y los hombres, ¿qué quieren de mí? Cuando no es precisamente dinero, ayuda terrena o pequeños consuelos de un corazón humano que sufre con ellos lo que buscan en mí, me consideran, las más de las veces, como un agente de seguros con el que quieren negociar un celestial seguro de vida, para que tú no puedas, con la omnipotencia de tu santidad y justicia, irrumpir en su vida y asustarlos y sacarlos de sus pequeñas penas cotidianas y sus vulgares diversiones dominicales, sino que puedan estar tranquilos para esta vida y la otra.

¡Cuán raras veces dice alguno: Señor, ¿qué quieres que haga?...! ¡Cuán raras veces quiere alguno oír el mensaje admirable, íntegramente y sin enmienda, de que se te ame apasionadamente por ti mismo, que se te ame a ti por voluntad tuya, no sólo por voluntad propia; que se te ame y no únicamente se te respete y se tenga un saludable temor de tu juicio...! ¡Cuán raras veces quiere alguien recibir el regalo de tu gracia como efectivamente es: tajante y claro, para gloria tuya, no únicamente para nuestro consuelo, casto y puro, silencioso y animoso...!

Me enviaste a tales hombres. Y no puedo huir. Cuando los encuentro así como te he dicho, eso no es signo para huir de la tierra de lo demasiado humano, sino la señal de que he encontrado el barbecho juntamente con piedras y espinos y veredas bien endurecidas sobre las cuales tú, incomprensible y pródigo Dios, quieres saber que he arrojado la semilla de tu verdad y tu gracia. Y entonces debo observar cómo cae sobre caminos y rocas y zarzales, y es comida por los pájaros del cielo y permanece infecunda. Sí, incluso cuando parece que cae en buena tierra, da la impresión de que al germinar se transforma otra vez en aquello en cuyo corazón fue sembrada: en humanidad pequeña. El verdadero fruto que se multiplica en treinta, sesenta, cien veces, parece que sólo lo ves tú. Cuando creo verlo, todavía tengo que dudar: ¿acaso tú mismo no dijiste que ninguno de nosotros sabía quién era realmente digno de tu reino?

Cuando así me quejo contigo de los demás hacía los que tú me enviaste, no quiero decir que yo sea mejor que mis hermanos. Conozco mi corazón, y tú lo conoces mejor; no es de condición distinta del de los hombres a los que yo llego en tu nombre. Y si me quejo de lo difícil de tu embajada, sé que ya me estoy volviendo como aquellos de quienes me estoy quejando: un hombre pequeño, que desea ser consolado, que siempre piensa en sus dolores y que ni siquiera durante una hora puede olvidarse de sus propias penas y conveniencias, mientras guarda silencio ante la grandeza de tu servicio desinteresado. Pero precisamente por esto, ¿no tengo ya suficiente conmigo mismo? ¿Acaso mi corazón no es ya suficientemente miserable y débil para que todavía otros vengan a vaciar su corazón en el mío?

¿O acaso sana mi corazón de su propia miseria espiritual cuando en silencio y pacientemente se entrega sin queja, cuando valientemente mantiene su sitio en el servicio de los hermanos y, de este modo, se convierte en testimonio para este mundo de que tu corazón es más grande que el nuestro, de que eres magnánimo y paciente, de que tu misericordia no nos desprecia y de que tu amor no es superado por nuestras miserias? ¿He cuidado de mí de la mejor forma cuando me olvido a mí mismo, cuando cuido de los demás desinteresadamente? ¿Se aligera mi corazón cuando lleva la carga de los demás sin pesadumbre, día a día, callada y pacientemente? Si la embajada que me confiaste fue tu misericordia para conmigo (¿y cómo podría dudarlo?), debe ser así. Porque sin duda quieres que, por medio de esto, posea mi alma en la paciencia, que soporte a mis hermanos con paciencia.

Pero mira, Dios mío, cuando con tu verdad y tu gracia, algo así como en gira pastoral, llego a los humanos y llamo a la puerta de su hombre interior, y cuando me dejan entrar, de ordinario solamente me llevan a los aposentos en los que viven su vida de rutina; platican de ellos mismos y de sus negocios terrenos, muestran su mobiliario, hablan mucho para callar de lo que se trata, para hacerme olvidar a mí y a ellos el propio objeto de mí visita: introducirte en la más recóndita cámara de su corazón, a ti, mi Dios, como lo más sagrado, donde lo eterno de ellos se encuentra mortalmente enfermo, donde debería haber un altar erigido a ti, sobre el cual ardieran los cirios de la fe, de la esperanza y del amor.

En lugar de eso, me reciben en las salas donde hacen su vida rutinaria. Fácilmente encuentro una puerta para éstas; pero en vano busco el portón que vaya a las últimas profundidades donde habrá de decidirse el eterno destino de un hombre. A veces casi me parece que hay hombres que viven su vida propia tan «exteriormente» que ni ellos mismos jamás han encontrado el camino y la puerta hacia aquella intimidad en la que cada uno está enfermo, a punto de morir o en condiciones de seguir viviendo.

¿Cómo he de encontrar así el camino? ¿O no hay tal camino para mí? ¿Así que sólo soy un mensajero, aquel que en la «puerta de servicio» entrega su mensaje y tus dones, sin poder alguna vez entrar en el más íntimo «alcázar» de un alma ajena, para procurar allí que tu mensaje y tu don se conviertan realmente, en este hombre, en vida eterna mediante su libre amor? ¿Quieres tú, mediante esta única y decisiva gestión de un hombre, estar y tratar completamente solo con él en lo más íntimo de su corazón? ¿Se ha acabado ya mi ministerio pastoral cuando he cumplido mi «deber», cuando he llenado mi comisión? ¿No puedo ni debo llevarte a lo más recóndito de otro hombre, puesto que tú ya siempre estás allí, tú, el que lo llenas todo y en quien todos viven y son, tú, el que siempre estás ya allí para salvación o condenación de cada hombre?

Pero si me has ordenado cuidar yo mismo de las almas, y no solamente cumplir «mi deber», entonces mi preocupación ha de poder penetrar en cada una de las cámaras más ocultas del prójimo, en su centro más íntimo, en su «chispita» del alma. Y puesto que sólo tú has encontrado propiamente el camino hacia allá, tú, con tu gracia –a cuya suave omnipotencia ningún corazón se cierra cuando quiere compadecerse de algún hombre–, por eso sé que sólo tú eres el camino y la puerta por los cuales encuentro el alma de mi hermano. Debo saber encontrarme en ti, siempre más hondamente dentro de ti, si es que he de ser algo más que un huésped más o menos bien visto y soportado en la vida cotidiana de los demás hombres, si he de poder entrar allí donde habita tu eterna luz o la eterna oscuridad en el hombre. Porque tú eres lo más absolutamente íntimo y la última inaccesibilidad de cada hombre en sí. Tú la llevas en tu insondable amor y omnipotencia, a la cual aun el reino de la libertad de cada hombre está sometido. Y por eso tus colaboradores se limitan solamente a preocuparse de las almas, rey de los corazones.

Así que no me has enviado lejos de ti al darme el encargo de dirigirme a los hombres, sino que mediante tal encargo me has impuesto de nuevo tu único mandamiento: encontrar mi camino en el amor hacia ti. Todo ministerio pastoral es, en su último y verdadero ser, únicamente posible en ti, en tu amor que me liga a ti, y así me lleva allí donde sólo tú puedes hallar el camino que conduce a los corazones de los hombres. A ti te encuentro en el amor y en aquello que es vida del que verdaderamente te ama a ti: en la oración. Si hubiera yo orado más, estaría más cerca de las almas. Porque la oración que no sólo mendiga tus dones, sino que me hace vivir a mí mismo dentro de ti, por el amor, no es solamente una ayuda que acompaña al ministerio pastoral, sino su primera y última acción. Señor, enséñame a orar y a amarte. Porque apoyado en ti olvidaré mi propia pobreza. Porque entonces podré lo que ella deja en el olvido: introducir con paciencia la pobreza de mis hermanos en tu riqueza. Entonces en ti, Dios de mis hermanos, podré ser verdaderamente un hermano para los hombres, alguien que puede ayudarles en lo único necesario: encontrarte.

– Palabras al silencio, 89-96

7

SER SACERDOTE HOY

«Aunque inseparables y llamados a compenetrarse mutuamente, el servicio al altar y la misión profética del sacerdocio de la nueva alianza son dos funciones diversas que podrán cobrar mayor o menor relieve según la vocación de cada uno. Tampoco pueden separarse en él lo ministerial y lo personal, el ministerio y la vida. Sólo así obtiene el sacerdote la impronta que pone en tensión toda su existencia y le da su configuración propia frente a otras formas de vida, como la del seglar o la del monje. ¿Qué espiritualidad hará posible ese tipo de sacerdocio?» (K. Rahner).

1. ¿Qué es un sacerdote?

UN HOMBRE COMO LOS DEMÁS. El sacerdote no es un ángel, es un hombre, un miembro de la santa iglesia, un cristiano, lo mismo que vosotros. Como dice la Escritura, ha sido tomado de entre los hombres. Lo cual no es tan evidente al escucharlo; pues esto quiere decir que nosotros, los sacerdotes, somos hombres como vosotros, hombres pobres, oprimidos, débiles, pecadores..., hombres de esta época precisa y no de otra..., que no se diferencian de los demás, pobres, débiles, cansados, necesitados de la misericordia de Dios. A éstos ha llamado Dios para que sean en vuestra comunidad servidores del altar... Cuando el obispo les impone las manos, siguen siendo hombres, y esta gracia que les es conferida es la gracia de la flaqueza humana, la gracia en medio de la humana defectibilidad.

– Siervos de Cristo, 84

A QUIEN HA SIDO CONFIADA LA PALABRA OPERANTE DE DIOS. Hay palabras que aíslan y limitan. Otras que hacen transparecer en un solo objeto la total, inmensa Realidad, menudas conchas en las que resuena el océano de la infinitud. Unas palabras son claras por chatas y superficiales; otras, en cambio, son oscuras porque claman el deslumbrante secreto de lo dicho. Existen palabras para la cabeza, instrumentos con que dominar a las cosas. Pero las hay también que brotan del corazón rendido y adorante ante el misterio que nos avasalla. Unas que aclaran lo pequeño, iluminando un retazo tan sólo de realidad, y otras que nos confieren sabiduría al dar un tono unánime a lo múltiple.

A estas palabras aunantes y conjuradoras, mensajeras ante todo de la Realidad, señoras de nosotros, nacidas del corazón, proclamadoras, regaladas..., a éstas quisiera yo llamar palabras originales o «protopalabras». A las otras podríamos denominarlas palabras confeccionadas, técnicas palabras útiles... Las «protopalabras» son precisamente la casa encendida de la que salimos, aunque es de noche. Están siempre repletas como de un leve son de infinitud. Hablen de lo que hablen, murmura en ellas todo. Quien pretende recorrer su ámbito se pierde en lo intransitable. Son como parábolas, apoyadas en un punto y disparadas al infinito. Son vástagos de Dios que guardan en sí un poquitín de la clara oscuridad de su Padre.

Las «protopalabras» constituyen, en sentido propio, la presentación, la «puesta ahí» de la cosa misma. No se limitan a señalar algo sin mudar su relación al oyente; no hablan acerca de una relación entre lo nombrado y el auditor. La «protopalabra» trae la realidad enunciada, la torna presente, la pone ahí. [...]

¿Qué es un sacerdote? Sorprende que el Nuevo Testamento, a la hora de caracterizar al sacerdote, aparte de los distintivos correspondientes a la estructura formal de su oficio (enviado = apóstol, supervisor = obispo, anciano = presbítero), en lo que toca al contenido sólo explícita uno: el ministerio de la palabra (Hch 6,4), la predicación de la Buena Nueva. De tal suerte que, incluso donde se encarga expresamente a los apóstoles la administración del Bautismo (Mt 28,10), éste aparece como medio para hacerse «discípulo» de Cristo. Y San Pablo antepone su misión de predicar al mandato de administrar el Bautismo (1 Co 1,17)... El sacerdote es el administrador por excelencia de la palabra operante del mismo Dios.

La palabra de *Dios.* El sacerdote no se dice a sí mismo. Su palabra no conduce al hombre, su mundo y la experiencia con que se topa en sí mismo, a la claridad de la autoconciencia humana. La palabra del sacerdote es palabra de Dios, pronunciada por éste en la infinita *catábasis* de su auto-revelación. [...]

Muchas son las palabras operativas que importa la misión encomendada por Cristo. De ahí su varia virtualidad, en sí y en el oyente. Ahora bien, ¿cuál es la palabra sacerdotal de la que todas las otras no son sino declaraciones y variantes? ¿Cuál lo dice todo de una vez, sin que sea preciso añadir más, porque, al ser escuchada, ya todo «está ahí» efectivamente? La palabra que el sacerdote pronuncia, absorbido en la persona de la palabra encarnada del Padre, al susurrar: «Esto es mi cuerpo... Éste es el cáliz de mi sangre...». Aquí suena únicamente palabra de Dios. Aquí dice la mismísima Palabra operante.

Podrá hablarse acerca de realidades más elevadas, del eterno misterio de la Santísima Trinidad, por ejemplo. Pero aun estas palabras existen «para nosotros» –cargadas de sentido, fundamentadoras de nuestra existencia–, porque el Hijo no conoce otra gloria del Padre que aquella en la que él ha introducido su –y nuestro– ser humano; porque se hizo hombre y tiene un cuerpo que fue entregado por nosotros; porque tomó nuestra sangre y por nosotros la derramó. Los más encumbrados misterios están ahí, porque ahí está el misterio de la Humanidad y de la muerte del Señor. De donde resulta que se hablará de ellos con la máxima virtualidad al hablar operativamente del Cuerpo y de la Sangre del Señor, es decir, al pronunciar las palabras de la consagración. Allí está presente aquello mismo de que se habla, está todo presente: cielo y tierra, divinidad y humanidad, cuerpo y sangre, alma y espíritu, muerte y vida, iglesia e individuo, pasado y eterno porvenir. Todo se suma en esta palabra. Todo cuanto ella conjura tiene efecto: *mysterium fidei, sacrum convivium, communio* en la que Dios, si bien todavía bajo velos de fe, se hace en todas las cosas. Aquí no se habla *sobre* la muerte y la vida; aquí se anuncia la muerte y la vida, hasta que él venga trayendo lo que está aquí y se celebra en este misterio: la oblación del Hijo y, en él, del mundo, al Padre en el sacrificio de la misa.

Ésta es la palabra operante confiada al sacerdote: el Verbo mismo de Dios. Esto es lo que le hace sacerdote. Por ello podemos decir: el sacerdote es aquel a quien ha sido confiada la palabra. Cualquier otra palabra que él diga o medite o analice teológicamente, cualquiera que él predique exigiendo que sea creída, por la cual esté dispuesto a dar su sangre, será tan sólo una aclaración y un eco de aquella palabra única con la que, hundiendo en Cristo su propia personalidad, dice lo que éste ha dicho, a saber, a sí mismo como ofrenda nuestra.

El sacerdote anuncia los más remotos misterios escondidos en los abismos de la Divinidad, porque le es dado mostrar, bajo especies terrenales, al que como Hijo del Padre vino de aquellas lontananzas trayéndonos todo cuanto eterna y renovadamente le regala aquel a quien llamamos «Padre»; el que está presente bajo las especies, porque sobre estos humildes signos flota siempre la palabra musitada: «Esto es mi Cuerpo». Cuando el sacerdote anuncia a Jesús, su vida y su muerte, no se queda en un mero decir, ya que por su palabra está entre nosotros el que vivió aquella vida y murió aquella muerte por nuestra salud. Anuncia el pecado, el juicio y la condenación, porque levanta la sangre derramada por nuestras culpas y proclama aquella muerte que fue redención nuestra y juicio de nuestros pecados, Al hablar de la tierra, no puede olvidar que está alzando en sacramento a los cielos el fruto de nuestros pobres campos y viñedos. Habla del hombre, de su dignidad y de sus ruindades. Sólo él es capaz de darnos la auténtica verdad del hombre; cuando dice *ecce homo* y señala la carne de pecado colocada como víctima sobre los altares, esa carne de la que el Hijo unigénito de Dios nunca se despojará, después que ha gustado sus dolores y su glorificación.

En verdad podemos definir: el sacerdote es aquel a quien ha sido confiada la palabra operante de Dios. Y cabría asimismo decir: a quien de tal suerte ha sido confiada la «protopalabra» de Dios en el mundo, que puede enunciarla en su absoluta, poética densidad.

– Escritos de Teología, III, 333-334; 339-344

2. Sacerdotes de ayer, sacerdotes de mañana

¿QUÉ SUCEDÍA ANTES? ¿QUÉ SUCEDE AHORA? La fe era cosa «fácil», y no lo notábamos; ni en realidad teníamos por qué notarlo. Pero la misma fe *quiere* ser *difícil* y pesada. Y así lo es hoy.

Vivimos en un mundo de mil opiniones en igualdad de derechos sociales; un mundo en el que, al parecer, todo va bien sin Dios y en el que no es fácil adivinar que con él iría mejor; un mundo en el que al menos *nosotros* no tropezamos con ningún milagro, en los que tanto abundan los venerables libros antiguos; un mundo en el que las palabras parecen quedar desprovistas de un sentido preciso –que ya no es posible seguir inquiriendo– desde el momento en que se emplean palabras precisamente, en lugar de restringirse a las cifras de las ciencias naturales. Hemos sido arrastrados, desde la evidencia acogedora de lo mutuo, a la soledad de una decisión cargada sólo a nuestras espaldas. Y cuando tratamos de hacer comprensible esta decisión en nuestra predicación, tropezamos con oídos y corazones cerrados, incapaces de comprender, de ser el lugar donde aún perviven los restos de antiguas evidencias de índole social hasta el día en que éstas se consuman y desaparezcan. Tal parece ser la situación que a no pocos inquieta y desespera.

Pero, propiamente hablando, la verdadera fe quiere y exige esta nueva situación. Su antigua situación epocal, por más que para Occidente haya durado un milenio bien cumplido, no es en modo alguno la situación que ella requiere por ser la que le compete.

No es que pretendamos hacer de la necesidad virtud, sino que es la misma virtud de la fe, la que busca su necesidad, la que le urge a mostrar su eficacia y aplicabilidad, y la encuentra hoy precisamente de esta manera. ¿O acaso no es nuestra fe la «locura de la cruz», escándalo para los judíos, es decir para los que quieren someter a cálculo al mismo Dios –que hoy lleva otro nombre–, «estupidez» para los helenos, es decir, para los «filósofos» (en sentido amplio) racionales y ateos? ¿No tiene que ver, por principio, con el martirio la fe de los cristianos, pues en él es sometida a la última prueba la autocomprensión de la fe, es decir, la necesidad de seguir creyendo, aunque la infidelidad u oposición a la fe de la sociedad «normal» se tengan a sí mismas por tan evidentes que –en la convicción de «prestar un servicio a Dios»– expulsan fríamente del mundo al creyente? ¿Va contra la esencia de la fe el que su enemigo conviva con ella en el *propio* corazón? No. ¿Por qué no ha de ser hoy posible, con relación a la fe, lo que lo ha sido siempre con relación al amor (caridad), que es siempre el amor atribulado por el *amor mundi* en el propio corazón?

Si por fuerza ha de haber un *simul iustus et peccator* católico, ¿por qué no puede haber también necesariamente un *simul fidelis et infidelis* católico y cristiano? ¿Por qué no habíamos de experimentar en nuestro propio corazón la tiniebla del mundo cuando éste se resiste a dejarse iluminar por la luz de Dios en Cristo Jesús? *Fe* es, llanamente, lo imposible, que sólo la gracia hace posible; es la decisión solitaria que se cumple en contradicción con el mundo de fuera y de dentro de nosotros; es el gran riesgo en el que aventuramos nuestra vida. Y si la situación de hoy exige de nosotros *esta* fe, no tenemos razón para extrañarnos y para sentirnos inseguros *por ello*.

Aceptemos la situación, y entonces viviremos fraternalmente con aquellos a quienes debemos predicar; entonces no nos limitaremos a ofrecer buenos consejos desde la orilla a los que luchan por salvar su vida en la corriente impetuosa, sino que seremos de los que están comprometidos en la misma corriente y han de luchar, con no menor cuidado, para no ahogarse en ella. Se puede seguir creyendo con probidad intelectual, aun viendo alejarse aquella seguridad y aquella «evidencia» en el creer que no son las que da la misma fe, sino que provienen de una época sociopolítica y cultural cuyo ocaso nos toca vivir, aunque muchos de entre nosotros no quieran enterarse de ello, incluso algunos que están investidos de altos cargos dentro de la Iglesia.

– Siervos de Cristo, 54-56

En nuestra calidad de cristianos y sacerdotes de hoy, no podemos dejarnos arrastrar a una mentalidad neurótica y comportarnos como si la fe cristiana estuviese ya en tal situación que necesitase ser defendida con esfuerzos desesperados contra unas dificultades que no cesan de presentarse y contra unas amenazas que se multiplican como un sembrado de dragones. Digámoslo claramente: no es así. No debemos permitir que tales pensamientos paralicen nuestra actividad. Es cierto que nuestra fe es objeto de impugnación para los que están alejados de ella, y algo que en el orden social ha dejado de ser válido y reconocido por todos.

Pero esta situación *exterior* del hombre de hoy es insoslayable. Tampoco es posible cambiarla refugiándose en la duda y el agnosticismo, pues éste es no sólo estéril y holgazán, sino que él mismo es solamente *una* «posición», una actitud (si bien carente de base), que a su vez constituye tan sólo un momento del pluralismo cultural de nuestra época. En realidad, es un peso más, no más ligero por cierto, y en ningún caso un alivio. El amor, la fidelidad, el sentido de responsabilidad... son también realidades que muchos desprecian con escepticismo o difaman brutalmente. Pero para quien las realiza en libertad son interiormente tan luminosas y evidentes que liberan al amante, fiel y responsable, de la opinión superficial que se vende a bajo precio en los mercados cambiantes de la vida.

–Ibid., 73

EL HOMBRE DEL CORAZÓN TRASPASADO. ¿Cómo habrá de ser y comportarse el sacerdote de mañana para corresponder de algún modo a lo que le exige su misión?

– Creo que, sin tener dotes de profeta, se puede responder así: habrá de ser en mucha menor medida que hoy el funcionario al servicio de una institución religiosa que por sí misma se impone y afirma en virtud de su poder social. No se habrá de acreditar a sí mismo por medio de la Iglesia, sino la Iglesia por medio de él. No podrá emplear su ministerio para fundamentar su prestigio social: por el contrario, él es quien, en lugar de servirse de dicho ministerio, deberá acreditarlo como válido y ratificarlo por la prueba del espíritu y de la fuerza, por la vitalidad original de su experiencia de lo divino. No podrá ser un mero empleado que cumpla una función social en la Iglesia, como si se tratara de un oficio civil con obligaciones bien reguladas, para poder ser además y al margen de ello –por fin– un ciudadano privado, cuya vida «no importa a nadie».

– Es preciso que sea un creyente que espera y ama, por una experiencia totalmente original e irreductible. Su oficio no se aprende con humana solicitud, y si lo consideramos a su verdadera luz, con todas las implicaciones que lleva consigo y exige, ni siquiera es comunicable por completo por el *opus operatum* de la imposición de las manos. Es un carisma, con mayor razón que el de un sabio o un poeta; un carisma que se debe vivir y ejercer incluso en el orden socio-eclesiástico, más aún en el orden social profano, si bien en una forma que hoy no está exenta de cambio. La vida del sacerdote ha de ser empleada en su ministerio; su oficio ha de seguir identificado con su vida, cuando ya no sea posible ejercerlo en sentido social, de la misma forma que distinguimos entre músicos en sentido propio y músicos a los que así llamamos por extensión, pues los unos son músicos porque viven de la música, y los otros lo siguen siendo aunque se mueran de hambre por ella.

– El sacerdote del mañana habrá de ser un hombre al que tengan acceso los hombres maduros, aunque la sociedad civil se niegue a entregarle los niños. Será un hombre, que sienta de veras las pesadas tinieblas de la existencia con todos sus hermanos y hermanas, pero sin olvidar que tales tinieblas tienen al tiempo su primer principio y su feliz consumación en el misterio de aquel amor que triunfa por medio de la incomprensibilidad de la cruz. Finalmente, el sacerdote del mañana será –o no será sacerdote– un hombre capaz de escuchar, un hombre para el cual sea importante cada hombre en concreto, aunque no signifique nada en el orden político y social. Será un hombre a quien pueda uno confiarse, que cometa la saludable estupidez, o al menos lo procure, de llevar no solamente sus cargas, sino también las de los otros; será un hombre que, aun teniendo los medios para ello y sin ser un miserable, no se deje arrastrar por los demás a la caza desesperada y neurótica del dinero, el placer y el resto de los calmantes con que se adormece la espantosa decepción de la existencia, sino que demostrará por medio de su vida que la renuncia espontánea en el amor del Crucificado es posible y liberadora.

– El sacerdote de mañana no será un hombre investido de poder, en virtud del poder social de la Iglesia, sino el hombre que tendrá el valor de ser impotente precisamente porque la Iglesia carece de tal poder; un hombre convencido de que la vida viene de la muerte, y que el amor, el desinterés, lo que nos habla de la cruz y la gracia de Dios, tiene poder suficiente para procurarnos lo único que importa, a saber, que un hombre pueda entregarse de buen grado a la incomprensibilidad de su existencia, por la fe y la esperanza en que su existencia está gobernada por la incomprensibilidad de Dios, en quien reside la salvación y el amor indulgente que se comunica a sí mismo.

– El sacerdote de mañana será un hombre cuyo oficio apenas tendrá justificación en el orden profano, porque lo que podría tener de éxito se perderá continuamente en el misterio de Dios, y él mismo no será precisamente un psiquiatra vestido con los atuendos trasnochados del mago. Hablará suave y no se sentirá capaz de disipar patéticamente las tinieblas de la vida y las perennes tribulaciones de la fe; dejará resignado que triunfe Dios allí donde él ha cosechado una derrota, y seguirá viendo actuar a la gracia de Dios cuando él mismo no sea ya capaz, con su palabra y sacramento, de hacer que sea aceptada precisamente por medio de ellos; no calculará el poder de la gracia por las cifras que arrojan las estadísticas de los que se confiesan y, sin embargo, se sentirá asumido para el servicio de Dios y para su misión, aunque haya llegado a la convicción de que la misericordia de Dios puede seguir su obra sin contar con él.

– En una palabra, el sacerdote de mañana habrá de ser un hombre con el corazón traspasado, el único que puede proporcionarle la energía necesaria para su misión. Con el corazón traspasado: traspasado por la existencia sin Dios, traspasado por la locura del amor, traspasado por la falta de éxito, traspasado por la experiencia de la propia miseria y de su radical incertidumbre, pero convencido de que únicamente tal corazón puede proporcionar la energía para cumplir la misión; y convencido también de que ni la autoridad inherente al ministerio ni la validez objetiva de la palabra ni la eficacia del *opus operatum* de los sacramentos podrán convertirse en el suceso salvador por medio de la gracia de Dios, si no llegan al hombre a través del medio inefable de un corazón traspasado. Y digo que es un hombre con el corazón traspasado porque debe llevar a los hombres al centro más íntimo de su existencia –por tanto, a la raíz del corazón–, y no estará en condiciones de hacerlo si él mismo no ha encontrado su propio corazón; porque este centro de la existencia, es decir, el corazón, solamente podrá ser encontrado por él y por los otros a condición de que se acepte que está traspasado, pero por la incomprensibilidad del amor, que ha tenido a bien triunfar exclusivamente en la muerte.

Naturalmente, hay razones para decir que así ha de ser el sacerdote en todas las épocas, y que así ha de entenderse a sí mismo. Pero precisamente esto, que de tal forma es siempre esencial al sacerdote, se hace ahora y se hará mañana más patente y se exigirá con mayor apremio de la decisión del sacerdote, pues el sacerdocio será cada vez en menor grado una magnitud evidente en sí y de tipo social, y deberá ser ejercido cada vez en mayor grado en la diáspora de la incredulidad, de la insignificancia de la Iglesia en el orden social, de la falta de comprensión para Dios en el mundo. Y lo que se trata de saber es si no se habrá de perder aún mucho en el futuro de lo que actualmente constituye el estatuto social del sacerdote, aunque ello no signifique que lo que esperamos para el futuro coincida, por lo que hace a este estatuto, con lo que nosotros mismos procuramos ya ahora activamente o con lo que debemos fomentar.

Y cuando el sacerdote de mañana –que ha de ser así y que, por serlo, lo *será* también radicalmente por la gracia de Dios– se vea continuamente llevado al límite e inquiera, lleno de cuidado, dónde podrá encontrar lo que él no tiene de sí, dónde le será dado ver una y otra vez, en sencillez arquetípica, lo que ha de hacer de sí mismo, no tendrá más que un recurso: volverse al Señor a quien sirve, poner su vista en el que traspasaron y rendir culto al corazón traspasado de Jesucristo. [...]

El sacerdote de mañana encontrará su propia realidad en cuanto tal si se fija en el corazón del Señor. Es el corazón que ha tomado sobre sí la tiniebla del mundo y sus culpas; el corazón que encomendó en las manos del Padre incluso su sentimiento de abandono por parte de Dios; el corazón que no quiso más poder que el amor indulgente; el corazón que fue traspasado y, de esta forma, se convirtió en fuente de todo espíritu.

Éste es el corazón del mundo, el centro en el que Dios y el mundo, la eternidad y el tiempo, la vida y la muerte, la palabra de Dios y la respuesta del hombre se hicieron uno, ni separados ni confundidos; el centro en el que la unidad sustancial, llamada «unión hipostática», se vertió a suceso existencial y, de esta forma, cobró su último sentido y llegó a su plenitud propia. En él están unidas y reconciliadas en el origen todas las realidades de la Palabra encarnada del Padre y, por lo mismo, el incalculable cúmulo de múltiples experiencias a que llegamos en él y con él. Al hablar del corazón de Jesús, evocamos aquel centro radicalmente unificador –incomprensible, al tiempo que evidente– que se explícita en la historia de Jesús de Nazaret y en ella se realiza; el que confiere su sentido a esta historia y a cada acontecimiento que en ella se cumple; el sentido de Dios, de su incomprensibilidad, de su amor, de la vida, que se encuentra a sí misma por medio de la muerte.

Este corazón, pues, no es «dulce», sino terrible. Terrible en su tenebrosa angustia de muerte; terrible por el incomprensible misterio del amor, en el que Dios se entregó a sí mismo a su creación, a sus culpas y a su vaciedad; terrible en lo incondicional de las exigencias que nos plantea y con las que nos asume en su propio destino; terrible por la confianza con que corresponde a nuestra falta de seguridad. Y si este corazón es «dulce», lo será por la santa madurez del amor que triunfó en la muerte y que sólo alcanza a comprender el que con él ha pasado por su terrible sino. Con este corazón traspasado ha de tropezar el sacerdote de mañana.

No crean ustedes que esta devoción al corazón de Jesús ha pasado de moda y pertenece a un tipo de piedad que ya es de ayer. ¿Qué es lo pasado de moda? ¿Qué es moderno? El cristiano verdaderamente moderno no es el que practica un efímero inconformismo frente al pasado y cae víctima del hoy, el que sólo lo superficial tiene por futuro, sino el que conserva lo antiguo y anticipa realmente lo futuro. En lo que a menudo parecía antiguo se ha anticipado muchas veces el futuro en la Iglesia, antes de hacerse visible a todos. Quien, en pleno apogeo del individualismo ingenuo, tenía el valor de mantener una auténtica piedad eclesial, anticipaba la época que ahora comienza a alborear; el que en la escuela de san Ignacio hacía auténticos Ejercicios de elección, tomaba por adelantado el auténtico existencialismo teológico de la decisión solitaria, un existencialismo que tal vez no aparezca hasta mañana. Los que van en solitario y los decididos por cuenta propia, los que encuentran en el ayer lo del mañana, son los verdaderos portadores del hoy.

– *Ibid.,* 136-143

3. ¿Qué gracia convertirá a un hombre en sacerdote?

LA EXPERIENCIA DEL ESPÍRITU. Planteémonos la cuestión de nuestra experiencia del Espíritu. Una lectura desapasionada del Nuevo Testamento enseña que no recibimos la elevación ontológico-sobrenatural de nuestras acciones exclusivamente por la fe escuchada, es decir, desde fuera, sin apenas enterarnos interiormente de ello. La Escritura, por el contrario, dice: «El Espíritu mismo da testimonio a nuestro espíritu de que somos hijos de Dios» (Rm 8,16). Precisamente donde da este testimonio, él es la unción, la fortaleza, la paz y la alegría, la paciencia y el amor. Para nuestra vida en el Espíritu no es necesario que, reflexionando sobre nosotros mismos, podamos exhibir, por así decirlo, objetivamente al Espíritu. Pero que él obra en nosotros, que todo cuanto experimentamos de nuestra vida psico-espiritual, cuando es auténtica, posee también una amplitud, profundidad e infinitud tangibles, en el fondo, dada por el Espíritu de Cristo..., esto nos lo tenemos que repetir una y otra vez, conforme a la Escritura. De nosotros y de nuestra vida espiritual no debemos tener un concepto más estrecho del que autoriza la revelación. De nada sirve exagerar la modestia en cosas que Dios mismo ha concebido para nosotros con mayor grandeza de cuanto creemos saber en nuestra raquítica reflexión.

Acaso nuestra experiencia actual del Espíritu es modesta. Pero tiende por sí misma a desarrollarse. Quien carga con la cruz del Señor, quien sabe callar cuando le atacan, quien hace algo que en realidad sólo ve el Dios que atisba en el interior de los corazones, quien reza ocultamente y no sólo a la hora de cumplir sus deberes legales, quien encuentra la magnanimidad y la paciencia necesarias para salir al encuentro de la muerte sin una angustia extrema y confiando en Dios, quien está por encima del mundo y de ergotismos y razonamientos..., ese tal gusta en el fondo una anchura interior, una inmensidad del corazón que, si pudiéramos sondearla –no sólo especulativa, sino existencialmente– en toda su trascendencia, tal como en efecto es, nada podría detenerlo, sino que penetraría en las profundidades de Dios, hasta ponerse frente a él cara a cara.

En este sentido, ciertamente existe para nosotros una como experiencia del Espíritu; si bien, volviendo sobre nosotros en un auto-examen, nunca podríamos declararnos con seguridad llenos del Espíritu y dotados de la gracia de Dios. Pero precisamente cuando nos desprendemos de nosotros, en vez de buscarnos, cuando somos de verdad fieles a la cruz de Cristo, sucede en nosotros lo increíble: el Espíritu del amor del Padre y del Hijo nos arrebata consigo, nos arranca de nosotros para conducirnos, con su divina libertad, más allá de toda finitud y hacernos partícipes de su vida divina.

Si vivimos en este Espíritu y no permanecemos, en un falso sentido, bajo la ley, todo cuanto hacemos como cristianos y sacerdotes tenemos que vivirlo y sentirlo internamente, no sólo como deber o deuda ni porque, de no hacerlo, Dios nos juzgará, sino como expresión de la vida bienaventurada, de la libertad y la ley interior del corazón.

Es verdad que todavía peregrinamos entre lo viejo y lo nuevo. Estamos aún en una fase de transición, sin haber alcanzado lo que san Pablo describe como existencia liberada de la ley. Pero tenemos que llegar a ello. Estamos aún de camino entre Adán y Cristo; vivimos, en cierto modo, presionados por el aguijón de la ley, el pedagogo que sólo debe conducirnos al verdadero Señor. Esto requiere humildad para someterse a la imposición exterior, a la norma, para embocar el camino de la vida del Espíritu libre, potente, irresistible, que sopla donde quiere. Pero deberíamos notar más y más que ya nos hallamos en este camino.

Sus características son ciertamente la pobreza y los oprobios de Cristo, la renuncia, la práctica de las bienaventuranzas del sermón de la montaña y el ejercicio de la imitación de Cristo. Pero cuanto más nos dejemos adueñar por el Espíritu, tanto más advertiremos que esta dura vida de la imitación es, al mismo tiempo, la vida que lleva ya en sí, como nuevo centro, el fruto de la redención, el Espíritu; la vida que no sólo tiende a una felicidad todavía enteramente por alcanzar, una vaga promesa de futuro, sino que posee ya aquello que espera; que es libre precisamente allí donde parece estar sujeta por las ataduras de la ley, de la muerte, de la concupiscencia y de toda la miseria de este mundo.

Deberíamos ser los redimidos que, de este conocimiento del Espíritu de fortaleza, sacan la libre generosidad que nos hace ser en nosotros lo que, según Dios, deberíamos ser: cristianos y sacerdotes que, en el Espíritu Santo, llevan hasta Dios a sí mismos y a los demás

– Meditaciones sobre los EE., 247-249

Puestas así las cosas, debería encontrarse tal vez con mayor frecuencia de lo que se encuentra al pastor carismático, aquel a quien se va a consultar como lo fue Jesús mismo por Nicodemo durante la noche; el pastor que desarma el escepticismo del hombre de hoy, pues éste se encuentra entonces ante una existencia religiosa tomada en su origen, y no, según la impresión que se tiene en otros momentos, ante un subproducto impersonal. [...]

¿Acaso no carecemos muchas veces de pastores de esta clase, capaces de ser una especie de «modelo eficaz» de la realidad religiosa auténtica, tomada desde su origen mismo? ¿Hay suficientes pastores de los que dimane una fuerza de despertar religioso? ¿Cuántos sacerdotes tienen la valentía de dar el ejemplo de la oración espontánea, de hablar de las cosas espirituales en un nivel más alto que el nivel corriente? ¿Cuántos son capaces, con la mayor naturalidad del mundo y fuera del ejercicio oficial de su función, de hablar un idioma espiritual acuñado por su personalidad profunda? ¿No se tiene, quizá, la impresión de entregarse a lo que depende de la función, de la organización, de las agrupaciones, porque uno no se cree capaz de experiencias ni de triunfos en los campos más elevados y más importantes de la verdadera pastoral?

Bien sé que hay una supuesta pastoral del individuo que es muy sospechosa y que, con razón, muchos pastores verdaderos tratan con desconfianza. Pero en realidad no es única. A quien va dirigida es al individuo (en los locutorios, en un círculo de relaciones personales, etc.). Pero no penetra en la esfera en que el hombre, en lo que de más íntimo tiene, se decide ante Dios. Señalemos además que esta pseudo-pastoral del individuo, medio de satisfacer una necesidad de relación entre pastor y fiel, más que verdadera solicitud en pro de la salvación de las almas, muchas veces es una coartada para eludir la labor reclamada por la pastoral de masas. Pero, por el contrario, ¿hay que considerar ésta como la única o como la única importante? Ciertamente, no. Lo que se necesita es una verdadera pastoral del individuo, es la valentía de entrar en el terreno individual. Efectiva-mente, ahí es donde se libran las más decisivas batallas de Dios.

– Misión y Gracia, 166-167

UNA ESTRECHA RELACIÓN ENTRE ESPÍRITU Y MINISTERIO. La rela-ción entre espíritu y ministerio es de capital importancia para nuestra existencia «sacerdotal». Hay que considerar sin tregua que el proceso por el que se confiere el ministerio en la Iglesia representa un sacramento santificador. Este hecho simple, casi obvio para nuestra conciencia, sella decisivamente nuestra vida sacerdotal y nuestra ascética. Implica que, pese a todo antido-natismo y a la justa diferenciación entre poder ministerial y san-tidad subjetiva, nuestra misión, la llamada que nos confiere los poderes del sacerdocio jerárquico, está inseparablemente vin-culada a la santidad personal. Y ello porque quien, con su veni-da, nos confiere el ministerio es el Espíritu de santidad que pro-cede del Padre y del Hijo y que, en cuanto dado a nosotros, sig-nifica amor, fuerza, fidelidad a Dios y a los hombres, valor y prontitud para la cruz.

Cuando asumimos su ministerio y, al mismo tiempo, lo re-chazamos como espíritu de santidad y como amor y fuerza, da-do por el Padre y derramado por el Hijo, entonces le ofendemos y obramos contra su naturaleza más íntima. Y al obrar así daña-mos, a su vez, nuestro ministerio, ya que, si bien somos sus man-datarios –aunque imperfectos, malos o incrédulos–, con todo, el ejercicio concreto, la aplicación y el éxito del poder ministerial dependen de modo determinante de nuestra santidad. También –a Dios gracias– de la santidad de toda la Iglesia regulada –y aceptada– por la omnipotencia misericordiosa de Dios.

Pero ¿de qué servirían los poderes sacerdotales si los nom-bres se cerraran a lo que, en estos poderes, viene de Dios? Solo podemos administrar los sacramentos si hay quien los recibe de nosotros. Todo cuanto se hace por oficio de nada sirve; queda, por así decirlo, en el ministro, si no hay personas que lo realicen en sí mismas. Todo carisma de verdad de la Iglesia, la última instancia de la infalibilidad, no sirve si los hombres no quieren oír la verdad. En definitiva, éstos, en su conjunto, escuchan la verdad y aceptan la gracia sacramental únicamente si nosotros, por la fuerza del Espíritu Santo, testimoniamos, en nosotros y por nosotros, la credibilidad y felicidad de lo que traemos. Espíritu y ministerio van, pues, estrechamente unidos.

– Ibid, 246-247

EL EJERCICIO DE LA ASCÉTICA EXISTENCIAL. «La «ascética en sentido lato» y la «ascética en sentido estricto» se entrecruzan de muchas maneras. Mencionaremos primero algunas cosas más propias de esta última. Luego diremos algo sobre la ascética en general.

Un elemento de la *ascética* sacerdotal *en sentido estricto* es el *celibato.* No paliemos la dificultad y dureza de esta renuncia. No pretendamos endulzar este sacrificio con un analgésico «espiritual» cualquiera. Digámonos simplemente: confiando en la gracia de Dios, renuncio a algo cuyo sacrificio no tendría sentido, de no existir el amor de Dios y si, conforme a las palabras de Cristo, no pudiera y debiera darse en su Iglesia –signo elevado de su verdad– la renuncia al matrimonio como testimonio de su fe. Una renuncia que atestigua ante el mundo que existen hombres que, en el nombre de Dios, realizan en su vida otros valores distintos de los ultramundanos, por altos que éstos sean.

Ciertamente, el celibato es sólo un apartado de la abnegación sacerdotal. Ésta la pide también la entera estructura sociológica en que el sacerdote vive hoy día; la oposición que encuentra; el aire un tanto raro que le acompaña; el no ser tomado en serio; el sentimiento anticlerical, que no sólo se produce porque seamos anticuados o autoritarios o porque irritemos a la gente con nuestra manera de vivir, de hablar y de obrar, no necesariamente vinculadas a la naturaleza sacerdotal. (El anticlericalismo tiene raíces muy profundas en el hombre no redimido. La misma tenebrosidad de su ser, que protesta contra la luz de Dios y busca atrincherarse contra su gracia, rechaza también a los mensajeros de Dios, que tienen que dar testimonio de su gracia sobrenatural).

La obediencia a los superiores en la Iglesia exige asimismo mucha y no fácil renuncia ascética.

Sobre la *ascética en sentido lato* mucho podría decirse. Lo que sobre todo importa es el mantenimiento de determinadas actitudes. Muy importante es querer tener una vida espiritual auténticamente personal. La religiosidad corre siempre el peligro de dejar de ser una eclosión del corazón a Dios para reducirse a un funcionarismo institucional. La tendencia a la exterioridad y el anonimato amenaza no sólo nuestra actividad pastoral –cuando nos convertimos en simples funcionarios de la Iglesia, en lugar de ser hombres poseídos del entusiasmo pneumático–, sino que amenaza nuestra propia vida espiritual, privada, por así decirlo.

Hay demasiados clérigos que hacen su meditación diaria, que despachan los demás rezos de obligación y las prácticas de piedad de forma rutinaria. Quizás a causa de esta mecánica rutina, al cabo de veinte o más años de vivir su vocación dan la impresión de que su proceso de maduración interior todavía no ha comenzado.

Ciertamente, cada cual es como es. Pero no deberíamos perdernos en el activismo –que en ocasiones se disfraza de fidelidad a la regla–, de suerte que ni siquiera advirtamos cuán poco auténtica y personal es nuestra relación con Dios.

Procuremos adquirir y mantener la actitud del que «obra su salvación con temor y temblor». Pero busquemos asimismo la perseverancia con una inmedible confianza en la gracia de Dios. Esto puede sonar a perogrullada. Pero, si nos examinamos más a fondo, advertiremos que muchas veces no creemos existencialmente que Dios es mayor que nuestro corazón y que la gracia puede hacer milagros. A veces esquivamos los obstáculos, como caballos espantadizos, e imaginamos no poder superarlos, cuando frecuentemente bastaría un poco de confianza en Dios para lograrlo.

En la ascética general entra también la actitud de desconfianza de uno mismo, el contar con los engaños propios. ¿Somos capaces de estar sinceramente descontentos de nosotros mismos y no sólo de nuestras acciones? Muchas veces nos «arrepentimos» de ellas porque, ante el mundo y ante nosotros, no hemos quedado como habría sido nuestro deseo. ¿Creemos de verdad que podemos equivocarnos y engañarnos, incluso en los casos en que el instinto y el sentido de la vida parecen hablar espontánea y claramente? La voluntad de contar con ello en uno mismo forma parte de la existencia cristiana, sacerdotal sobre todo.

En este contexto, preguntémonos si permitimos que otros nos amonesten, si de verdad aceptamos las indicaciones de los superiores, del padre espiritual, del confesor..., y ello por razón de su autoridad, sin necesidad de que tenga que darnos explicaciones. En realidad, puedo decirme: el hecho de que yo lo vea de otra manera puede deberse a que mi actitud, fruto de una evolución de años, estaba radicalmente mal planteada, pero se me ha hecho tan connatural que ya no advierto su desvío. Este someterse libremente a la crítica ajena –un aspecto tan sólo de la obediencia cristiana– podrá traernos horas de amargura y conflictos.

Pero quien rehúsa obedecer cuando la cosa no le cae bien, no sólo no tiene voluntad de obediencia auténtica, sino que se priva de una importantísima y casi insustituible posibilidad de superarse. Quien realmente quiere superarse necesita una especie de punto arquimédico fuera de sí mismo, de su sensibilidad y de sus propios esquemas con los que se ha identificado. El criterio de los principios objetivos no basta aquí. Se requiere además el encuentro con el tú humano concreto, la exhortación y corrección fraterna.

La actitud ascética general implica también el valor y la voluntad de soledad y silencio interior. Según Schopenhauer, los jóvenes tienden a huir de sí, cualquier cosa soportan mejor que a sí mismos. El que quiere servir a Dios tiene que saber soportarse; no puede escapar de sí refugiándose en la charlatanería, el activismo y la disipación, ni siquiera en un trabajo febril por el reino de Dios, que puede equivaler a una fuga de la interioridad.

El sacerdote necesita en gran medida la auténtica actitud ascética, ya que debe entrenar continuamente su voluntad para las tareas libremente escogidas. Lo más importante, decisivo, máximo, es siempre, por supuesto, lo impuesto, el deber, el destino. Ahora bien, nuestra capacidad de llevarlo a término cristianamente, con fe, valentía y sinceridad, sin derrotismos ni murmuraciones, depende prevalentemente de que hayamos ejercitado la renuncia y la abnegación en las tan criticadas «obras de supererogación».

Para terminar, quisiera referirme a las indicaciones del Código de Derecho Canónico acerca de la vida espiritual de los sacerdotes; por ejemplo, el canon 125. Indudablemente, aquella enumeración está, en muchos aspectos, históricamente condicionada: misa, meditación, visita al santísimo sacramento, rosario, exhortaciones... Pero en todas estas cosas podemos plantearnos el problema de la configuración concreta de nuestra vida espiritual. Puesto que la ascética es algo pretendido y programado, en que hay que seguir «remando» cuando no sopla el viento impetuoso del espíritu, aun teniendo en cuenta las diferencias individuales y las diversas perspectivas que estas cosas ofrecen, se requiere una ordenación concreta, práctica y firme.

– Meditaciones sobre los EE..., 75-78

ESTAR CERCA DE LOS POBRES. Cuando miramos la historia de Ignacio de Loyola, descubrimos ciertamente que él se dejó ordenar (corno presbítero). Yo quiero decir, sin embargo, que él se ordenó, simplemente, porque tal era para él el camino más práctico y el presupuesto que le ofrecía la posibilidad de hacer aquello que él propiamente deseaba. En su propia espiritualidad personal, él no insistió de un modo temeroso en la necesidad de celebrar desde entonces la misa. Si no recuerdo mal, después de su ordenación sacerdotal esperó todo un año hasta celebrar la misa, y desde entonces la celebró con mucho gusto y de una forma infinitamente piadosa. A pesar de eso, él fue con sus compañeros a las cárceles y se ocupó de cuidar enfermos.

Esto era para él enormemente importante: ponerse lo más cerca posible de los pobres y de los socialmente rechazados de su tiempo; ofrecer su ayuda en las cárceles y en los horribles hospitales de aquel tiempo; convertir a prostitutas en Roma y quizá también dar clases y motivar a princesas piadosas; etcétera, Dicho de manera breve y clara: se puede objetar que lo que él hacía, todo ello, podían hacerlo también otras personas que no fueran sacerdotes (de manera que no realizaba un ministerio sacerdotal). En contra de esto tenemos que decir: ¡eso no es así! A la vista de la variabilidad de la historia e incluso de la teología, las cosas no son así. [...]

No se puede afirmar en modo alguno que en sentido estricto al sacerdocio le pertenece sólo aquello que *únicamente* pueden realizar los sacerdotes. Para decirlo de manera clara: la predicación del evangelio, el servicio a los pobres, el compromiso en favor de los marginados, el seguimiento de Jesús en esa línea, la oración, la creación de una esfera o entorno místico para la propia existencia...: todas estas cosas pertenecen al ministerio presbiteral lo mismo que –y no se vea en ello ningún sentido peyorativo– la posibilidad de celebrar misa.

– Schriften zur Theologie, XIV, 190

La valentía para ser y permanecer sociológicamente en los estratos inferiores, para llevar una vida en la que uno pertenece de algún modo a los marginados, a la plebe; la valentía para asumir una vida en la que uno ya no es más el papa de su aldea, ni pertenece simplemente a los estratos más cultos de la población, ni consigue ventajas en su carrera como académico o universitario; la valentía de vivir en contacto con los pobres, allí donde la vida resulta amarga, monótona, aburrida; una valentía como la que determina la mentalidad de los verdaderos sacerdotes obreros –y yo conozco gente de ésa–, que no quieren evadirse de su auto-conciencia sacerdotal a través de ese sacerdocio obrero (ciertamente, existen también tipos como éstos). Una mentalidad así podría ser, a mi juicio, como un aguijón crítico; podría tener para nosotros un poder evocador.

Debo confesar que, para mí, gentes de ese tipo son hombres que constituyen un principio de amenaza contra una existencia burguesa bien cuidada, mostrando al rechazarla que esa existencia burguesa no puede tomarse como algo evidente y normal. De aquí podría sacarse alguna consecuencia. Yo pienso que el sacerdote de hoy debería ser –en la medida en que lo anterior es exacto– algo así como un inconformista.

Ese sacerdote de hoy no debe ser un simple crítico radical, alguien que está buscando siempre enfrentamientos, alguien que no hace más que mantenerse siempre en lucha en contra de su obispo o en contra de Roma... Aquí no queremos aludir en modo alguno a esas actitudes infantiles. Pero si la Iglesia sigue siendo también una Iglesia de los pecadores, y si esa pecaminosidad se expresa también en su jerarquía, y si esa jerarquía eclesial, conforme a su naturaleza, tiene la tentación de dejarse llevar por la dureza institucional, por el primitivismo y por cosas que son reaccionarias..., entonces no se puede decir que una cierta distancia crítica frente a lo que realiza en la práctica la jerarquía resulte algo que por principio no puede vincularse con la imagen del sacerdote actual

– Ibid, 202-203

AMAR A LA IGLESIA. Finalmente, nos toca meditar sobre la Iglesia como pueblo de Dios, comunidad de Cristo y sacramento original de la gracia. No lo olvidemos: la Iglesia no es sólo la maestra de una verdad abstracta, sino también, puesto que posee la vida infinita de Dios, la gracia. Pensemos que la Iglesia es la unidad en el amor, la promesa de lo que está por venir, el testimonio por Cristo ante el mundo, la comunidad de los pecadores redimidos.

En esta perspectiva, interroguémonos acerca de nuestro amor a la Iglesia, como tiene que ser si hemos de ser sacerdotes y representar a dicha Iglesia. ¿Cuál debe ser nuestra actitud para que la Iglesia, tal como es, encuentre a los hombres en nuestras palabras y acciones, en nuestra fidelidad, desinterés, honestidad, en la confianza que inspiremos? La verdad vivida, la unidad en el amor, la tensa proyección al futuro, la conciencia de ser pecadores redimidos, presa, por así decirlo, del amor originario de Dios presente en Jesucristo... ¿pueden manifestarse por mi medio, al menos un poco, y, en todo caso, mostrar mi buena voluntad de hacer siempre más?

El amor a la Iglesia nace, probablemente, igual que cualquier otro amor. Nos encendemos ante la bondad y belleza de una persona, la atraemos dominadoramente a nosotros; luego vienen las crisis y el dolor del amor. Descubrimos que el ser amado es distinto, que no se acomoda a mis exigencias, sino que reclama que sea yo quien me adapte y no pretenda que sea enteramente como yo quiero. A través de tensiones, sufrimientos y decepciones, me lleva acaso a amar de verdad, a ser desinteresadamente bueno, a hacer saltar el cerrojo de mi yo y darme a la persona amada. Algo parecido sucede con el amor a la Iglesia. Tal vez la hemos idealizado, forzada como está a peregrinar aún lejos del Señor, a recorrer los caminos de la historia de este mundo; y, así, hemos olvidado a aquel que la hace verdadera esposa de Cristo, sin arruga y sin mancha. Entonces nos sentimos decepcionados. Una desilusión que tiene que provocar la madurez de nuestro amor. Hemos de cobrar un amor que cree, espera y es fiel, que soporta y ora, que persevera y no se busca a sí mismo, sino de verdad a la Iglesia y, en ella, a Dios, el siempre más grande, que le ha infundido su Espíritu como su misterio de vida.

Preguntémonos si amamos así a la Iglesia, incluido su cuerpo, sus normas e instituciones, sus representantes, los obispos y los papas, los prelados; también su derecho canónico, sus usos y tradiciones, lo que en ella hay de cansado, de falto de brillo, de premioso.

¿La amamos como se ama a alguien cuando, sin encubrir sus defectos ni idealizarlo falsamente, sencillamente se vive para él sin hacer como si sólo hubiera que soportarlo?

Sólo cuando aceptamos a la Iglesia tal como es, llega el auténtico amor a su madurez. Preguntémonos si nos sacrificamos y oramos por la Iglesia, si confiamos en ella, si vivimos con ella y tenemos la mentalidad que, en sus reglas –naturalmente, con el sabor de su tiempo– recomienda san Ignacio. Pensemos en lo que la Iglesia espera de nosotros, que somos o queremos ser sacerdotes, a saber, fe, esperanza, caridad, servicio, confianza, paciencia, fortaleza y humildad. Cuando nos vienen ganas de criticar a la Iglesia, empecemos por nosotros mismos. Importa tener bien clara la idea de que cada uno de nosotros, a su modo, compromete a la Iglesia ante el mundo, y no sólo aquellos otros eclesiásticos sobre los que estamos dispuestos a lanzar nuestro indignado grito de escándalo.

– Meditaciones sobre los EE, 255-257

4. María, modelo de sacerdotes

UNA FUNCIÓN QUE BROTA DE UN «SÍ». María es, en cierto modo, una protesta decidida contra todas las formas unilaterales de clericalismo y de «seglarismo».

A nosotros, los sacerdotes, nos dice: La más alta función, el papel más tangible (en razón de su aspecto profundamente material) en la Iglesia visible y en la Historia de la Salvación, en lo que de más accesible tiene para nuestros sentidos, es una función que depende del Espíritu, una función que ha de nacer del «sí» resuelto, brotado de lo más intimo de la personalidad y que integra todas las potencias de la persona.

A nosotros, los sacerdotes, nos dice que la «función», en la Iglesia del Espíritu vivo, sólo será auténticamente lo que debe ser, lo que quiere ser, en el caso de que también sea algo personal, algo que se ha experimentado en la gracia y en el amor, algo carismático; en el caso de que sea una función que no descanse cómodamente en las instituciones. ¡Como si la función oficial, con la autoridad que conlleva desde siempre y para siempre, y que supera en nosotros a todo lo que se apoya en la persona, pudiera dispensarnos de participar en ella desde lo más intimo y desde lo más profundo de todo nuestro ser!. [...]

El verdadero defensor de la institución es aquel que hace casi superflua la apologética de la misma, gracias a la santidad de su servicio desinteresado para con los hombres en el ejercicio de su función; es aquel que no ve en su oficio nada más que una llamada de Dios a su propia persona. ¿Acaso no sabe que la dignidad y el valor objetivo de su predicación, de los sacramentos que administra, de los poderes pastorales que ejerce..., le son concedidos para que no sucumba a la desesperación ante sus insuficiencias, abrumado por la magnitud de su misión? Por lo tanto, no convertirá, al modo de un pachá o de un curandero de pueblo, su función –y el poder que ésta le da– en un arma al servicio de sus ambiciones; pues esta misma función oficial sólo se cumple como es debido y sólo evitará la condenación eterna si consume, como el fuego a la víctima, al personaje público que es, al servicio de su misión para con los hombres.

UNIDAD ENTRE INTERIORIDAD Y EXTERIORIDAD. Todos llevamos como una carga el deber que nos incumbe de encaminar a la unidad, en nuestra vida sacerdotal, nuestra santificación personal interior y nuestra actividad exterior, la contemplación y la acción. Ya lo sabemos: si no somos hombres interiormente unidos a Dios, contemplativos, nuestro apostolado se convierte en el del «bronce que suena y el címbalo que retiñe»; el del propagandista a sueldo que, en su fuero interno, más defiende sus intereses personales y los de un prestamista que está al servicio de las almas y que, en consecuencia, corre el riesgo de perder a la larga toda eficacia.

Pero también conocemos el peligro que hay en huir de las crudas fatigas del apostolado refugiándose en la contemplación, la vida todo reposo y sin historia. Hoy, en el momento en que tienen lugar las decisiones supremas, tal cosa sería un pecado contra nuestra misión. Sabemos que, si el corazón no la comprende, toda palabra resulta hueca y vacía; pero sabemos también que demasiadas veces el corazón mismo queda vacío si dice lo que tiene que decir. Sin el espíritu, la obra es algo muerto. Pero ¡qué frecuente es que el peso de la obra aplaste el espíritu de ésta; mientras que el espíritu, sin la obra misma, degenera en un sentimiento fluctuante, sin alcance en la realidad!

Entre la santa interioridad y la obra apostólica exterior hay una relación análoga a la que existe entre el alma y el cuerpo. El alma no sería alma si no tomase forma en un cuerpo para expresarse exteriormente; pero precisamente este mismo cuerpo, obra del alma, es para ella una peligrosa carga.

Esta relación entre la santa interioridad y la aspereza de la acción exterior, entre el espíritu y la ley, es una cuestión torturante para el apóstol. Siempre nos daremos cuenta de que no satisfacemos a uno o a otro; es decir, a fin de cuentas, ni a uno ni a otro. Ciertamente, pueden decirse sobre esto, en teoría, hermosas, profundas y acertadas cosas; es un consuelo y una liberación. Pero, en la práctica, siempre tendremos que soportar nuestra naturaleza, con su imperfección, su insuficiencia, su propensión al pecado...: todo aquello de lo que vemos aquí una nueva manifestación. Sólo la perfección del *más allá* nos proporcionará el remedio radical.

Importa, no obstante, que observemos y nos repitamos constantemente esto. Fundamentalmente, la relación entre estas dos dimensiones no es la de un antagonismo recíproco; no crecen en sentido inverso, sino en el mismo sentido; y son susceptibles de condicionarse y promoverse una a otra, por lo menos en aquel que es llamado al apostolado exterior por una vocación que lo envía fuera, al exterior del obrar, sin por ello eximirle del deber de la santificación interior; éste, por el contrario, crece y se hace más imperioso por efecto de esta misión.

Esta relación mutua de exigencia y de promoción la encontramos en el apostolado de la Santísima Virgen. La más grande gesta de la Historia de la Salvación, la más cargada de realismo, se produce en el aposento tranquilo de una joven retirada del mundo, en oración. Pero la santa vida interior de esta mujer no nos habría servido de nada si el Espíritu que la cubría con su sombra no se hubiese hecho fecundo en su seno. En María, el obrar y el espíritu son una misma cosa. Su interioridad no tiene que temer perder su naturaleza y morir derramándose en la acción exterior: la concepción de un hijo, los deberes maternales, una vida de trabajo llena de inquietudes, un contexto político que preocupa y que pone a prueba, y el camino de la Cruz hasta el final. Lo que la impulsa en esta empresa es el Espíritu que se le había dado; y ella gana este Espíritu perdiéndose en la pura disponibilidad de sí misma al servicio de esta obra. María pertenece de tal manera a Dios que puede encontrarlo en cada una de sus situaciones, de sus oraciones, de sus acciones, de sus sufrimientos. Ella es la acción en la contemplación y la contemplación en la acción. Puede ser ambas cosas a la vez, porque es *la que está constantemente en la disponibilidad de la esclava;* porque nunca se busca a si misma; porque hasta el dualismo de su vida (su acción exterior y su interioridad) viene del Solo y Único que dispone de ella en todo instante. Tal dualismo no es un antagonismo y no constituye problema alguno, porque este Único quiere ambas cosas y da con qué realizarlo. No es más que el cumplimiento, siempre igual en la multiplicidad de las funciones, de la Voluntad del Único cuya humilde esclava es, aceptando en cada momento lo que le cae en suerte.

Bajo la mirada de María no hemos de temer perder nuestra alma al dejarnos consumir por el trabajo. Naturalmente, hemos de dejarnos guiar por la prudencia cristiana y medir nuestras fuerzas. Naturalmente, no tenemos derecho, como enviados de Dios y como pastores de almas que somos, a degradarnos en modernos apoderados y en propagandistas de una «empresa» que se llamaría Iglesia. Naturalmente, todavía sólo puede predicarse en realidad lo que es objeto de experiencia vivida, de oración y de fe personales. Pero el que está al servicio de los demás sin ocuparse de sí mismo; el que soporta humildemente las contradicciones, que ayuda a los demás a llevar sus cargas, que no es víctima de las frecuentes ilusiones a que da lugar el cuidado de las almas; el que no se vuelve amargado y escéptico, el que se deja utilizar sin cansarse, consumir en silencio y sin tregua por su labor; el que no busca su interés, sino verdaderamente el del prójimo..., ése no debe preocuparse por no ser lo bastante «interior». Su actividad apostólica crea efectivamente, en lo más íntimo de sí mismo, ese espacio infinito del corazón en que Dios penetra.

Mediante la oración y el recogimiento, ese hombre tendrá también que inflamar la brasa interior de donde sólo puede surgir semejante actividad, pero comprobará igualmente que un corazón que se ha vaciado de sí mismo al servicio de los hombres es en cierto modo, y precisamente por eso, interior. Comprobará, en el caso de María, que el momento en que el niño está más cerca de ella no es cuando descansa en su seno, sino cuando, nacido en el mundo, aparentemente se ha alejado de ella al máximo, hasta las tinieblas de la Cruz, donde no hay más que vacío, noche, inutilidad.

El que es llamado, por voluntad de Dios y de su Iglesia, al cuidado de las almas, a la palabra, a la acción, a la vida en el mundo, al afrontamiento de una situación aparentemente sin Dios, al ministerio en la Diáspora; al sufrimiento que alcanza el del Calvario, que constituye la sensación de actuar en vano..., ése puede también tener la osada confianza de encontrar a Dios en esta obra y en esta cruz.

El que entrega lo mejor de su vida al cuidado de las almas realiza el contenido de un viejo adagio monástico: recibe con más seguridad al Espíritu de gracia, de fuerza y de santidad que si hubiese llevado una vida contemplativa.

...Y ENTRE ESPÍRITU Y LETRA. Todos nosotros, sacerdotes y seglares, nos hemos hecho desconfiados hacia tantos y tantos reglamentos en materia de pastoral y de apostolado. Por un lado, están el espíritu y la vitalidad, el ímpetu y el entusiasmo; por otro, la masa de papeles oficiales, de cánones y de párrafos. Y estamos por creer que todo esto no crece necesariamente al mismo ritmo. Pero si miramos a María, nuestro escepticismo ceñudo para con todo lo que es oficial, legislativo y de apariencia puramente burocrática, para con ciertas prescripciones elaboradas en torno a una mesa de juego, quedará en entredicho y será desenmascarado en ocasiones como muy poco «espiritual» e incluso manchado por el pecado.

¿Qué representa realmente la venida de la Virgen? ¿Qué nos ha dado y transmitido? El Espíritu de Dios que nos justifica. Es cierto. Pero lo ha hecho dándonos la carne del Verbo, *dando a la Palabra infinita de Arriba nuestra carne terrenal,* tan limitada. No arrancándonos de este mundo, en el que, a fin de cuentas, todo está determinado, reducido a planos; de este mundo donde esto no es aquello y donde tiene que haber reglas precisas; sino precisamente introduciendo la libertad espiritual de Dios donde, según nosotros, es imposible: en la carne, en la ley, en determinaciones concretas.

El espíritu de un apostolado cristiano auténtico no es un espíritu desenfrenado, no es el espíritu de los exaltados; es el espíritu que tiene la valentía de entrar, detalladamente, en lo carnal, lo preciso, lo concreto. Si, al penetrar así en el detalle, desaparece, si muere, prueba con ello que no es el espíritu de Dios. *La valentía de lo concreto,* quiero decir la valentía de ordenar las cosas detalladamente, *es una propiedad esencial del verdadero espíritu apostólico.* La adoración de la letra puede ciertamente sofocar el espíritu. Pero al menos con igual frecuencia ocurre que el espíritu muere por no haber salido de la esfera cómoda –porque no compromete a nada– de los principios generales. [...]

Hemos de concebir la ley como el cuerpo y la carne del espíritu. Hemos de ser capaces de reconocer que la desconfianza frente a normas llegadas de arriba, de lo que se impone a todos de manera uniforme, de lo que se elabora en común, puede ser la manifestación de una envergadura de espíritu perfectamente legítima, pero también una especie de docetismo pastoral que pondría en duda que el Verbo de Dios vino verdaderamente a nuestra carne; un orgullo culpable y una despreocupación camuflada. Allí donde, entre los seglares de hoy, se ve manifestarse el dinamismo apostólico y el espíritu emprendedor, existe un valor que a veces nos da la impresión de un cierto fanatismo: el de poner concretamente en práctica los planes y las tareas elaborados previamente con precisión; el de rendir cuentas de lo que se ha hecho; el de trabajar juntos y en el mismo sentido.

– *Misión y Gracia,* 242-251

EPÍLOGO

La última intervención pública de Karl Rahner tuvo lugar en Freiburg, en febrero de 1984, con ocasión de su octogésimo aniversario. En el Aula Magna de la Universidad se juntaron unos mil oyentes que, en medio de un silencio impresionante, le escucharon disertar sobre el tema «Experiencias de un teólogo católico».

Nada nuevo, en realidad. Rahner no hizo más que referirse a cuatro puntos focales de toda su teología. No se trataba tanto de experiencias biográficas cuanto de «fuentes» personal y espiritualmente vividas de las que nace y en las que se sustenta su teología: la analogía de los enunciados teológicos, la autocomunicación de Dios como centro y corazón del cristianismo, la espiritualidad ignaciana en cuanto inspiración central de su propia existencia teológica y, finalmente, la relación entre la teología y las otras ciencias del saber humano.

«Al final –comenta el ahora cardenal Kart Lehmann, presente en el acto– Karl Rahner interrumpió de repente su conferencia. Se refirió a muchas experiencias de su vida sobre las que aún podía hablar... Pero a él le apremiaba decir todavía algo más, que se cruza con todas las exhortaciones teológicas. Poco antes de finalizar la celebración de su ochenta cumpleaños, quería hablar de la esperanza de la vida eterna». Dos páginas de una enorme densidad y concentración en las que «se halla reunido todo Rahner»:

«A mí me parecería que los esquemas de ideas con los que se trata de interpretar lo que es la vida eterna se ajustan poco, en la mayoría de los casos, a aquella cesura radical que viene dada con la muerte. Se piensa en la vida eterna, a la que ya de manera extraña se designa extensamente como "el más allá" y como lo que hay "después" de la muerte, recurriendo demasiado engalanadamente a realidades que aquí nos resultan familiares, como la supervivencia, como el encuentro con aquellos que aquí estuvieron cerca de nosotros, como gozo y paz, como banquete festivo y júbilo. Y todo esto y otras cosas semejantes se representan como algo que no va a cesar nunca, sino que ha de continuar.

Me temo que la radical incomprensibilidad de lo que se entiende realmente por "vida eterna" se minimiza, y que lo que nosotros llamamos "visión inmediata de Dios" en esa vida eterna se reduce a un gozoso disfrute junto a otros que llenan esta vida; la indecible enormidad de que la Divinidad absoluta descienda, pura y simplemente, a nuestra estrecha creaturidad no se percibe auténticamente. Me parece que es una atormentadora tarea, no dominada, del teólogo de hoy el descubrir un mejor modelo de representación de esa vida eterna, un modelo que excluya desde un principio esas minimizaciones a que nos referíamos. Pero ¿cómo?

- Cuando los ángeles de la muerte hayan eliminado de los espacios de nuestro espíritu toda la basura vana a la que llamamos nuestra historia (aunque permanezca, claro está, la verdadera esencia de la libertad realizada);
- cuando dejen de brillar y se apaguen todas las estrellas de nuestros ideales con las que nosotros mismos, por nuestra propia arrogancia, hemos ido adornando el cielo de nuestra existencia;

- cuando la muerte cree un vacío enormemente silencioso, y nosotros, creyendo y esperando, hayamos aceptado tácitamente ese vacío como nuestra verdadera esencia;
- cuando nuestra vida vivida hasta aquel momento, por muy larga que sea, aparezca simplemente como una única explosión breve de nuestra libertad que nos parecía extensa como contemplada a cámara lenta, una explosión en la cual la pregunta se convierta en respuesta, la posibilidad en realidad, el tiempo en eternidad, lo ofrecido en libertad realizada;
- y cuando entonces, en un enorme estremecimiento de un júbilo indecible, se muestre que ese enorme vacío callado al que sentimos como muerte está henchido verdaderamente por el misterio originario al que denominamos "Dios", por su luz pura y por su amor que lo toma todo y lo regala todo;
- y cuando desde ese misterio sin forma se nos manifieste además el rostro de Jesús, del Bendito, y nos mire, y esa concretez sea la *superación divina* de toda nuestra verdadera aceptación de la inefabilidad del Dios que no tiene forma...,
- entonces no querría describir propiamente de manera tan imprecisa lo que viene, pero lo que sí desearía es indicar balbuceando cómo puede uno esperar provisionalmente lo que viene, experimentando la puesta de sol de la muerte misma como el amanecer mismo de aquello que viene.

Ochenta años son un largo espacio de tiempo. Pero, para cada uno, el tiempo de vida que se le ha concedido es el breve instante en el que llega a ser lo que ha de ser» (*Experiencias de un teólogo católico,* 49-52)

Al terminar su exposición se produjo en el Aula Magna un enorme aplauso, tras el cual Karl Rahner dijo todavía unas palabras «desconcertantes» para el momento aquel. Se refirió a un misionero africano que le había pedido un favor y para el que solicitaba una ayuda. «Es significativo de Rahner –dice Albert Raffelt, editor suyo y uno de sus mejores conocedores– el hecho de que considerara siempre como más importante la concretización del ser cristiano en la cotidianidad concreta que las especulaciones, por sutiles que fueran y por importantes que a su vez fuesen».

Éstas fueron sus últimas palabras:

«Hace unos cuantos días he recibido una carta de un sacerdote africano de la selva virgen de Tanzania. A aquel buen hombre, a quien no conozco y acerca de quien me voy a informar, se le estropeó por completo la motocicleta, y realmente necesita una motocicleta nueva, porque de lo contrario ha de caminar durante horas enteras para llegar hasta los distintos lugares alejados de su propio sector misionero.

Cuando recibo una carta así, ¿qué debo hacer? ¿Decirle que para casos como éste existen las misiones católicas y su bolsa de dinero, y añadir: "Vete a pedir allí, y seguro que te darán algo?".

Espero, desde luego, que a esta carta no la sigan otras. Pero me la han escrito, y pienso: "Si vemos que alguien se está ahogando allí donde estamos nosotros, no podremos dispensarnos de sacarle del agua". Y por eso les pido a ustedes que, cuando salgan, si tienen algún marco o algo que echar en un cepillo de limosnas, lo hagan para ayudar un poquito al Rdo. Parahani de la parroquia católica de Sumbawanga, en Tanzania (África oriental). Si lo hacen, me darán una gran alegría, porque tengo naturalmente la impresión de que todos los discursos teológicos, expertos, profundos, grandiosos, conmovedores hasta hacer derramar lágrimas, no son tan importantes como el dar un poquito de sopa a un pobre, según creo que dijo ya el Maestro Eckhart.

Por eso quiero señalar a la atención de ustedes un pequeño cepillo de limosnas que hay a la salida, y les doy las gracias de corazón, en nombre también de ese párroco africano, por su contribución. Cuando él, con el impulso sentido en su corazón, viaje con la moto a los lugares alejados de su propio sector misionero, seguro que pensará en ustedes con gratitud» (*Experiencias de un teólogo católico*, 59-61).

Karl Rahner murió pocos días después, el 30 de mazo de 1984. Había nacido, como dijimos, 80 años atrás, el 5 de marzo de 1904.

FUENTES

OBRAS DE KARL RAHNER

— *Amar a Jesús, amar al hermano,* Sal Terrae, Santander, 1983.
— *Cambio estructural en la Iglesia,* Cristiandad, Madrid 1974.
— *De la necesidad y don de la oración,* Mensajero, Bilbao 2004³.
— *Dios con nosotros. Meditaciones,* BAC, Madrid 1979.
— *El sacerdocio cristiano en su realización existencial,* Herder, Barcelona 1974.
— *Escritos de Teología* (Tomos I-VII), Taurus, Madrid, 1961-1969.
— *Experiencia del Espíritu,* Narcea, Madrid 1978.
— *Fieles a la tierra. Reflexiones de un cristiano sobre la vida cotidiana,* Herder, Barcelona 1971.
— *Gott ist Mensch geworden,* Freiburg i.Br. 1975.
— *Homiliario bíblico,* Herder, Barcelona 1967.
— *Karl Rahner im Erinnerung* (A. Raffelt ed.), Patmos, Düsseldorf 1994.
— *Karl Rahner im Gespräch mit Meinold Krauss,* Stuttgart 1991.
— *La fe en tiempos de invierno. Diálogos con Kart Rahner en los últimos años de su vida* (P. Imhof y H. Biallowons [eds.]), Desclée de Brouwer, Bilbao 1989.

— *La gracia como libertad,* Herder, Barcelona 1972.
— *Lo dinámico en la Iglesia,* Herder, Barcelona 1968.
— *Meditaciones sobre los Ejercicios de san Ignacio,* Herder, Barcelona 1971.
— *Misión y gracia,* Dinor, San Sebastián 1966.
— *Oraciones de Vida,* Publicaciones Claretianas, Madrid 1984.
— *Palabras al silencio,* Verbo Divino, Estella 1981[6].
— *Palabras de Ignacio de Loyola a un jesuita de hoy,* Sal Terrae, Santander 1990.
— *Sacramentum Mundi,* II y IV, Herder, Barcelona 1972 y 1973.
— *Sämtliche Werke,* vol. 17/2, Freiburg i. Br. 2002.
— *Schriften zur Theologie,* 16 volúmenes, Einseldeln-Zürich-Köln, 1954-1984.
— *Siervos de Cristo. Meditaciones en torno al sacerdocio,* Herder, Barcelona 1970.
— *Sobre la inefabilidad de Dios. Experiencias de un teólogo católico,* Herder, Barcelona 2005.

OTRAS

— A. CORDOVILLA, *Gramática de la encarnación. La creación en Cristo en la teología de K. Rahner y Hans Urs von Balthasar,* Universidad Comillas, Madrid 2004.
— PH. ENDEAN, *Karl Rahner and Ignatian Sprirituality,* Oxford University Press, Oxford 2001.
— PH. ENDEAN, *Karl Rahner. Spiritual Writings,* Orbis Books, Maryknoll, New York 2004.
— H. VORGRIMLER, *Karl Rahner. Experiencia de Dios en su vida y en su pensamiento,* Sal Terrae, Santander 2004.